TOEIC® L&Rテスト 英文法を ひとつひとつわかりやすく。

富岡 恵 著

Gakken

はじめに

数ある本の中からお選びいただき，ありがとうございます。本書は2017年に発刊した『TOEIC® テスト英文法をひとつひとつわかりやすく。』に加筆・修正した，TOEIC® Listening & Reading テスト（以下, TOEIC L&R テスト）対策の英文法と語彙の入門書です。**英文法のエッセンスを学習し，実戦形式の練習問題でチェックするというスモールステップで，TOEIC L&R テストに必要な英文法の基礎を身につけていただけるように構成しています。**練習問題の「EXERCISE」は Part 5 の短文穴埋め問題と Part 6 の長文穴埋め問題です。最後の「模擬試験」は，テスト本番の Part 5 と 6 を通して解くリハーサルとして取り組んでいただけます。

みなさんの中には「英文法はちょっとニガテ……」という方もいらっしゃるかもしれません。でも心配はいりません。本書では，そんな方にも無理なく読み進めていただけるように，ポイントをしぼったやさしい解説を心がけました。また，本書の随所に基礎英文法のイメージがわかるイラストを満載しています。文字だけの参考書とちがい，楽しみながら勉強を進めていただけると思います。「基礎英文法で TOEIC L&R テストに対応できるの？」と心配されている方もいらっしゃるかもしれません。安心してください！ **英文法の基礎さえしっかり身につけておけば，TOEIC L&R テストに十分に立ち向かえます。**

TOEIC L&R テストにはビジネスシーンでの会話や文書が多く登場するため，「語彙」に関しては基本語彙に加えて，ビジネス関連の語彙をプラスしていく必要があります。こうした語彙にもできるだけ多く触れていただけるように，**例文や練習問題では TOEIC L&R テストに頻出の語句を多く使いました。**基礎文法だけでなく，単語や熟語を覚える際にも本書をご活用いただけます。

本書で基本の文法力と語彙力が身につけば，実際の仕事や旅行などの会話でも，自分の言いたいことが相手に伝わりやすくなり，相手の言うこともよくわかるようになります。本書での学習を通じて英語を使うことがどんどん楽しくなり，みなさんの世界がますます広がっていくと思います。そんな英語学習の第一歩のおともとして，本書が少しでもお役にたてば著者として大変光栄です。

富岡恵

音声の活用法

音声の聞き方は4通り。自分のスタイルで選べる！

本書のEXERCISE，実戦テスト，模擬試験の問題の正解の英文を読み上げた音声を用意しています。**音声はアメリカ英語とイギリス英語の2種類を用意**しています。くり返し聞いて，リスニング対策にも活用してください。

音声の聞き方は次の4通り。みなさんご自身のスタイルに合わせて活用してください。

❶ 二次元コードで聞く

各ページの二次元コードを読み取ることで，インターネットに接続されたスマートフォンやタブレットで再生できます。（通信料はお客様のご負担になります。）

❷ スマホのアプリで聞く

音声再生アプリ「my-oto-mo（マイオトモ）」に対応しています。右のURLからダウンロードしてください。

https://gakken-ep.jp/extra/myotomo/

アプリは無料ですが，通信料はお客様のご負担になります。パソコンからはご利用になれません。

❸ パソコンにダウンロードして聞く

下記URLのページ下部のタイトル一覧から，『TOEIC L&R テスト英文法をひとつひとつわかりやすく。』を選択すると，MP3音声ファイルをダウンロードできます。

https://gakken-ep.jp/extra/myotomo/

ダウンロード音声のトラック番号

❹ AI英語教材「abceed」で聞く

本書はAI英語教材「abceed」にも対応しています。スマートフォンやタブレット，パソコンで「音声再生」を無料でご利用いただけます。

○スマートフォン，タブレットの場合はアプリをダウンロードいただきます。
　右の二次元コードからご利用を開始いただけます。

https://www.abceed.com

○ abceedの「教材」から書籍名で検索をしてご利用ください。

※その他の注意事項はダウンロードサイトをご参照ください。

※お客様のネット環境およびスマートフォンやタブレット端末の環境により，音声の再生やアプリの利用ができない場合，当社は責任を負いかねます。また，スマートフォンやタブレットやプレイヤーの使用方法，音声ファイルのインストールおよび解凍，転送方法などの技術的なお問い合わせにはご対応できません。

※また，abceedは株式会社Globeeの商品です。abceedに関するお問い合わせは株式会社Globeeまでお願いします。 本サービスは予告なく終了することがあります。

本書の使い方

本書は，TOEIC® Listening & Readingテスト（以下，TOEIC L&Rテスト）に挑戦するみなさんのための参考書です。600点，740点とスコアアップをめざすみなさんのために，英文法の重要ポイントを解説します。

1　まずは「英語の基本ルール」を確認しよう！

本編に入る前に，英語の基本的なルールと用語をチェックしておきましょう。本書を読んでいて，わからないルールや用語が出てきたら，このコーナーに戻って確認するようにしましょう。

①解説
「品詞」「文の種類」など英語の基本ルールの復習と，勉強をしていく中でよく登場する用語などを解説しています。

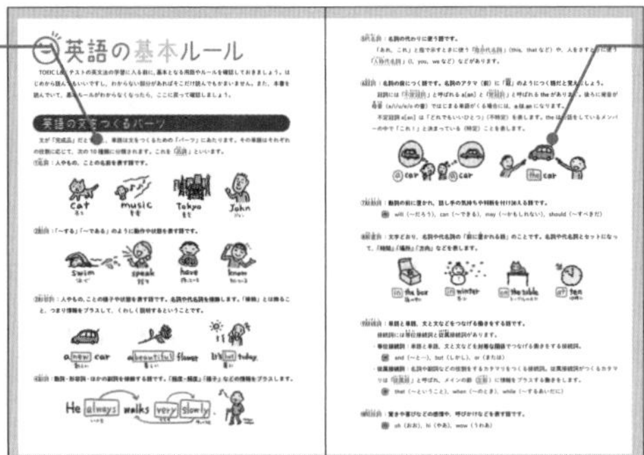

②イラスト・図解・表
知っておきたい表現や重要なルールは，イラスト・図解や表にまとめて，紹介しています。

2　本編で「英文法のポイント」をつかもう！

ここからは，いよいよ本格的なレッスンに入っていきます。本編は，１回分の学習が１見開き（２ページ）で展開します（一部の章は４ページ展開です）。毎日少しずつ学習を進めましょう。

①解説
左ページでは，各項目の文法用語や重要ポイントを例文やイラストを豊富にまじえて，くわしく説明しています。しっかりと英文法のポイントを確認しましょう。

② EXERCISE
解説を読み終えたら，TOEIC L&R テストの Part 5 & 6 形式の練習問題を解いて，学習したポイントを確認しましょう。マーク欄もあるので，正解を選んでマークしてみてください。

3 実戦テストで実力チェック&模擬試験で総仕上げ！

単元の区切りのところに，各単元で学習した内容を含む問題をまとめた「実戦テスト」のコーナーがあります。また，本書の最後にはTOEIC L&RテストPart 5形式の問題（30問），Part 6形式の問題（16問）の模擬試験を掲載しています。

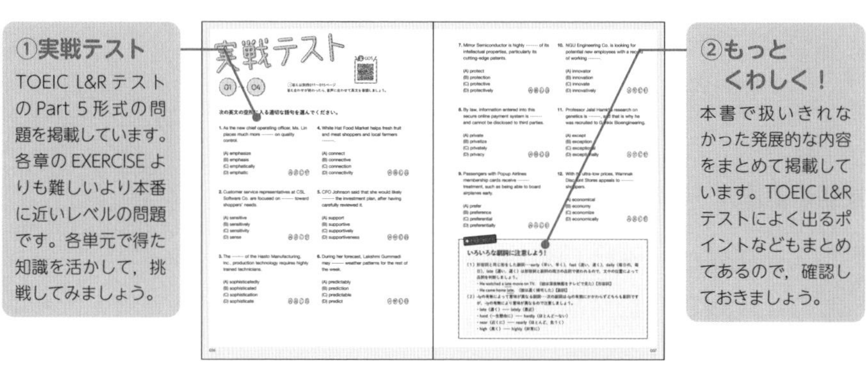

①実戦テスト

TOEIC L&R テストの Part 5 形式の問題を掲載しています。各章の EXERCISE よりも難しいより本番に近いレベルの問題です。各単元で得た知識を活かして，挑戦してみましょう。

②もっとくわしく！

本書で扱いきれなかった発展的な内容をまとめて掲載しています。TOEIC L&R テストによく出るポイントなどもまとめてあるので，確認しておきましょう。

---

4 別冊の解答&解説で「答え」と「解き方」をチェック！

「EXERCISE」，「実戦テスト」，「模擬試験」の解答と解説は，すべて別冊に掲載しています。

答え合わせだけで終わらせるのではなく，「なぜ，その答えになるのか」，「どう解けばいいのか」など，正解にたどりつくまでのプロセスも「解説」でしっかりと確認してみてください。

別冊は，本体に軽くのりづけしてありますので，本冊と引き離してご利用いただけます。表紙が破れないようにていねいに引き離してお使い下さい。

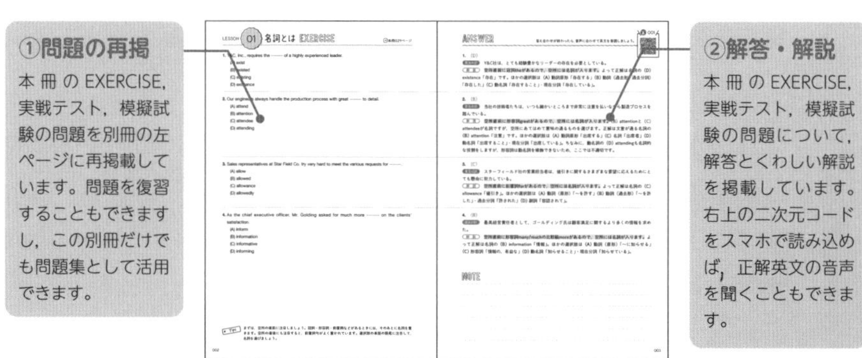

①問題の再掲

本冊の EXERCISE，実戦テスト，模擬試験の問題を別冊の左ページに再掲載しています。問題を復習することもできますし，この別冊だけでも問題集として活用できます。

②解答・解説

本冊の EXERCISE，実戦テスト，模擬試験の問題について，解答とくわしい解説を掲載しています。右上の二次元コードをスマホで読み込めば，正解英文の音声を聞くこともできます。

CONTENTS

TOEIC® Listening & Readingテスト 受験パーフェクトガイド

ここでは TOEIC® Listening & Reading テストを受験するみなさんのために，テストの申し込み方法，試験当日のテストの流れなどをくわしく紹介します。

どんなテストなの？

●英語でのコミュニケーション能力を測るテスト

TOEIC（トーイック）とは**Test of English for International Communication**の略で，英語でのコミュニケーション能力を測るテストです。アメリカに拠点を置くETS（Educational Testing Service）が製作しています。

日常生活からビジネスシーンまで，さまざまな場面で英語を使って，コミュニケーションができるかどうかが測られます。テストはすべて英語で行われます。また，**テストの結果は合否の判定ではなく，10点から990点までのスコアで評価されます。**

●３種類のテストがある

TOEICには，英語を聞く力，読む力を測る「TOEIC Listening & Readingテスト」，話す力，書く力を測る「TOEIC Speaking & Writingテスト」，またTOEICの入門的なテストの「TOEIC Bridgeテスト」の３種類のテストがあります。本書は，「TOEIC Listening & Readingテスト」についての対策書です。

また，TOEICの入門的なテストであるTOEIC Bridgeテストには①TOEIC Bridge Listening & Readingテスト，②TOEIC Bridge Speaking & Writingテストの２種類があります。

試験の申し込み方法は？

●申し込み方法は2種類ある

TOEIC Listening & Readingテスト（以下，TOEIC L&Rテスト）には「公開テスト」と「ＩＰテスト」の2種類があります。

最も一般的なのは「公開テスト」で，みなさんが個人で申し込みをして，指定された日時に試験会場に行って受験するタイプのテストです。試験会場については，申し込みをする際に受験する都道府県や地域を選びます。ただし，選べるのは都道府県や地域のみで試験会場の指定はできません。また，公開テストは毎回，すべての都道府県で実施されているわけではないのでTOEIC公式サイトの受験地別テスト日程を参照してください。

「IPテスト」はInstitutional Program（団体特別受験制度）のことで，学校や企業側が主催で開催する形式です。同じ学校や企業に所属している人たちと一緒に指定された会場に行くパターンと，自宅などでオンラインで受験をするパターンがあります。IPテストの申し込みについては，所属する学校や企業に確認してください。

●公開テストの申し込みはインターネットで

公開テストの申し込みは，インターネットで，TOEIC公式サイトからの申し込みが可能です。初めて受験する方は会員登録（無料）が必要なので，サイトの指示に従ってアカウントを作成しましょう。申し込みの受付は試験日の約2カ月前から始まります。

支払いはクレジットカードや，楽天IDをお持ちであれば申し込み時に決済が可能です。現金支払いを希望する場合はコンビニエンスストア支払いを選べます。ローソン，ミニストップ，ファミリーマート，セブンイレブンなどの店頭で支払いが可能です。くわしくはTOEIC公式サイトのコンビニエンスストア支払方法を参照してください。

公開テストは基本的に，月に1回，日曜日の午前と午後に分かれてテストが実施されます。午前の部か午後の部のどちらかを選びましょう。ただし，例外的に土曜日の場合や，月に2回実施されることもあるので，くわしくはTOEIC公式サイトのテスト日程を参照してください。

テストの出題内容を知ろう！

TOEIC L&Rテストは合計約２時間（休憩なし）です。リスニングセクション（約45分）とリーディングセクション（75分）の２つのセクションに分かれており，問題形式の異なる７つのパートで構成されています。すべて選択式の問題で，マークシートで解答します。ここではパートごとの内容を見てみましょう。

●リスニングセクション：約45分，100問

Part 1　写真描写問題（６問）

問題用紙には１問につき１枚の写真が印刷されています。放送される４つの説明文の中から，それぞれの写真を最も的確に描写しているものを１つ選ぶ問題です。

説明文は１度だけ放送され，問題用紙には説明文は印刷されていません。

1.

Part 2　応答問題（25問）

まず１つの質問または発言が放送されます。続いて，それに対する応答文が３つ放送されます。応答として，最も適切なものを１つ選ぶ問題です。

質問文と応答文はそれぞれ１度だけ放送され，問題用紙には印刷されていません。

7. Mark your answer on your answer sheet.
8. Mark your answer on your answer sheet.
9. Mark your answer on your answer sheet.
10. Mark your answer on your answer sheet.
11. Mark your answer on your answer sheet.
12. Mark your answer on your answer sheet.
13. Mark your answer on your answer sheet.
14. Mark your answer on your answer sheet.
15. Mark your answer on your answer sheet.
16. Mark your answer on your answer sheet.
17. Mark your answer on your answer sheet.
20. Mark your answer on your answer sheet.
21. Mark your answer on your answer sheet.
22. Mark your answer on your answer sheet.
23. Mark your answer on your answer sheet.
24. Mark your answer on your answer sheet.
25. Mark your answer on your answer sheet.
26. Mark your answer on your answer sheet.
27. Mark your answer on your answer sheet.
28. Mark your answer on your answer sheet.
29. Mark your answer on your answer sheet.
30. Mark your answer on your answer sheet.

Part 3　会話問題（39問）

２人または３人の人物による会話を聞き，その内容に関する３つの設問に答える問題です。各設問には４つの選択肢があり，その中から最も適切なものを１つ選びます。設問の質問文と選択肢は問題用紙に印刷されています。会話文は１度だけ放送されます。

会話の中で聞いたことと，問題用紙に印刷された図などで見た情報を関連づけて解答する設問もあります。

32. What does the man ask for?

(A) Special delivery
(B) Ideas for a logo
(C) Letters on a T-shirt
(D) Custom-ordered items

33. What does the woman say the man will get?

(A) A free pen
(B) A reduced price
(C) A discount on another pen
(D) A free color for his order

34. What is indicated about the man's order?

(A) It is for replenishing the company's stock.
(B) It is part of a marketing strategy.
(C) It will take longer than expected.

35. Who most likely are the speakers?

(A) Managerial workers
(B) Seminar instructors
(C) New employees
(D) Graduate students

36. Why did the man skip basic level last year?

(A) There was a schedule conflict.
(B) He was advised to do that.
(C) He wasn't interested in it.
(D) He found it expensive.

37. What will the woman do next?

(A) Host a seminar
(B) Meet her supervisor
(C) Sign up for a seminar
(D) Take a promotional exam

Part 4　説明文問題（30問）

アナウンス，ナレーション，留守番電話のような１人の人物によるトークを聞き，その内容に関する３つの設問に答える問題です。各設問には４つの選択肢があり，その中から最も適切なものを１つ選びます。設問の質問文と選択肢は問題用紙に印刷されています。トークは１度だけ放送されます。

トークの中で聞いたことと，問題用紙に印刷された図などで見た情報を関連づけて解答する設問もあります。

71. Why does the speaker mention the lunch wagon?

(A) The cafeteria is going to be closed.
(B) It changed its hours.
(C) Someone asked about it.
(D) Its menu has recently changed.

72. What will happen at 10:30 in the morning?

(A) The south wing temporarily closes before lunchtime.
(B) The factory starts business for the day.
(C) The lunch wagon changes its menu from one to another.
(D) The cafeteria offers a free mid-morning coffee service.

73. What does the speaker recommend for someone who wants other items?

(A) Eat in the factory cafeteria
(B) Place a special order
(C) Come to the lunch wagon early

74. What type of business is this association?

(A) A roadside service
(B) A telephone-answering service
(C) An auto dealer
(D) An Internet provider

75. What is the caller requested to have in hand?

(A) Credit card information
(B) An application to register
(C) A driver's license
(D) Membership information

76. What should the caller do if instructions are not understood?

(A) Press 0
(B) Press 1
(C) Press 2
(D) Press 3

●リーディングセクション：75分，100問

Part 5　短文穴埋め問題（30問）

短い文の中に１か所だけ空所があります。その空所に入る最も適切なものを４つの選択肢から１つ選び，文を完成させる問題です。

文法や語彙の力が試されます。

101. Much of Jane's free time has been devoted to ------- care of her sick father.

(A) take
(B) took
(C) taking
(D) taken

102. Our new computer system, installed this morning, allows

103. We would like to inform you that new voting laws have ------- since the last election.

(A) to introduce
(B) introduced
(C) been introduced
(D) introduce

104. Please present your invitation card

Part 6　長文穴埋め問題（16問）

手紙，社内文書，Eメールなどの長文の中に，４か所の空所があります。それぞれの空所に入る最も適切なものを４つの選択肢（単語や句または文）から１つ選び，文を完成させる問題です。

文法や語彙の力や文脈把握力が試されます。

Questions 135-138 refer to the following notice.

Regional Department of Transportation
Travel Advisory

Beginning this spring, there will be a renovation of the Kalen City Bridge.

------- **135.**

When possible, commuters should consider making use of alternative routes that ------- (**136.**) by this project.

In addition, ------- (**137.**) should check traffic conditions online before beginning journeys.

Part 7　読解問題（54問）

広告，手紙，Eメール，記事などのさまざまな文書を読み，その文書に関する設問に答える問題です。設問を読み，４つの選択肢から最も適切なものを選びます。

文書内に新たな１文を挿入するのに最も適切な箇所を選ぶ設問もあります。

Questions 147-148 refer to the following coupon.

Janko Drug Store
To celebrate our 35th year in town!

Get 5% off your next purchase of:
・Cold Medicine
・Vitamins
・Aspirin
・Pain medicine
・Mouthwash
・Soap

Save money the next time you buy anything in this store from cold medicine to prescription drugs.

No minimum purchase amount required. Offer valid through September 30. Offer cannot be combined with any other membership benefits.

Part 7の問題形式には「1つの文書を読んで答える問題」と「複数の文書を読んで答える問題」の2種類があります。

（1）1つの文書を読んで答える問題

「シングルパッセージ問題」と呼ばれるもので，1つの文書を読んで，それに関する設問に答える問題です。2～4つの設問が付された文書が10セット出題されます。

（2）複数の文書を読んで答える問題

2つの文書を読んで答える「ダブルパッセージ問題」（5つの設問が2セット）と，3つの文書を読んで答える「トリプルパッセージ問題」（5つの設問が3セット）が出題されます。

ここではPart 7で出題される典型的な文書の形式を画像とともに紹介します。形式ごとにさまざまな書式やフォントが使用されるのでこれらはあくまでも一例です。

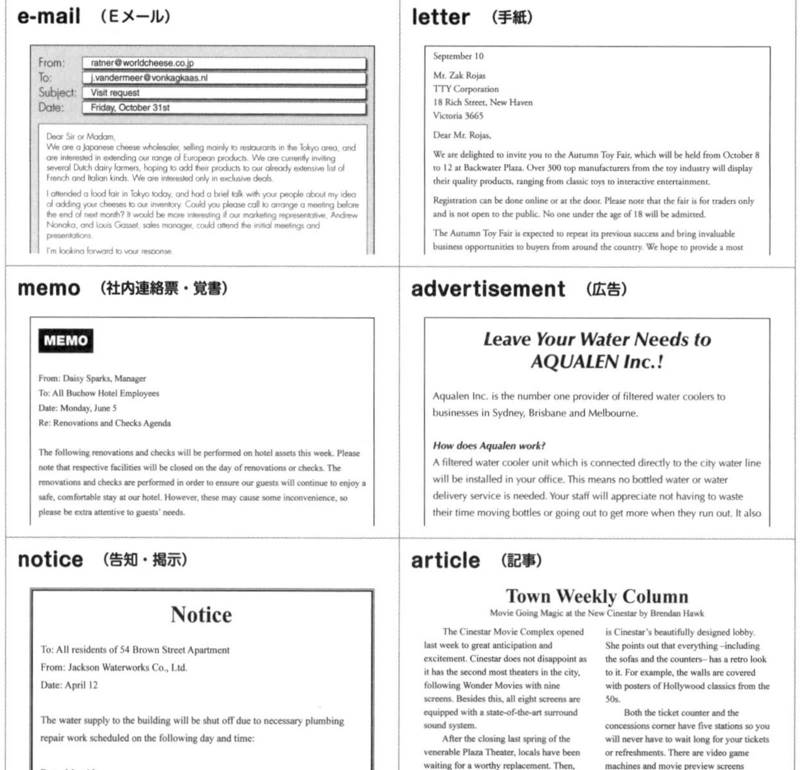

e-mail（Eメール）

From: ratner@worldcheese.co.jp
To: j.vandermeer@vonkagkaas.nl
Subject: Visit request
Date: Friday, October 31st

Dear Sir or Madam,
We are a Japanese cheese wholesaler, selling mainly to restaurants in the Tokyo area, and are interested in extending our range of European products. We are currently inviting several Dutch dairy farmers, hoping to add their products to our already extensive list of French and Italian kinds. We are interested only in exclusive deals.

I attended a food fair in Tokyo today, and had a brief talk with your people about my idea of adding your cheeses to our inventory. Could you please call to arrange a meeting before the end of next month? It would be more interesting if our marketing representative, Andrew Nonaka, and Louis Gasset, sales manager, could attend the initial meetings and presentations.

I'm looking forward to your response.

letter（手紙）

September 10

Mr. Zak Rojas
TTY Corporation
18 Rich Street, New Haven
Victoria 3665

Dear Mr. Rojas,

We are delighted to invite you to the Autumn Toy Fair, which will be held from October 8 to 12 at Backwater Plaza. Over 300 top manufacturers from the toy industry will display their quality products, ranging from classic toys to interactive entertainment.

Registration can be done online or at the door. Please note that the fair is for traders only and is not open to the public. No one under the age of 18 will be admitted.

The Autumn Toy Fair is expected to repeat its previous success and bring invaluable business opportunities to buyers from around the country. We hope to provide a most

memo（社内連絡票・覚書）

MEMO

From: Daisy Sparks, Manager
To: All Buchow Hotel Employees
Date: Monday, June 5
Re: Renovations and Checks Agenda

The following renovations and checks will be performed on hotel assets this week. Please note that respective facilities will be closed on the day of renovations or checks. The renovations and checks are performed in order to ensure our guests will continue to enjoy a safe, comfortable stay at our hotel. However, these may cause some inconvenience, so please be extra attentive to guests' needs.

advertisement（広告）

Leave Your Water Needs to AQUALEN Inc.!

Aqualen Inc. is the number one provider of filtered water coolers to businesses in Sydney, Brisbane and Melbourne.

How does Aqualen work?
A filtered water cooler unit which is connected directly to the city water line will be installed in your office. This means no bottled water or water delivery service is needed. Your staff will appreciate not having to waste their time moving bottles or going out to get more when they run out. It also

notice（告知・掲示）

Notice

To: All residents of 54 Brown Street Apartment
From: Jackson Waterworks Co., Ltd.
Date: April 12

The water supply to the building will be shut off due to necessary plumbing repair work scheduled on the following day and time:

Date: May 15
Time: 2 P.M. for approximately 3 hours

article（記事）

Town Weekly Column
Movie Going Magic at the New Cinestar by Brendan Hawk

The Cinestar Movie Complex opened last week to great anticipation and excitement. Cinestar does not disappoint as it has the second most theaters in the city, following Wonder Movies with nine screens. Besides this, all eight screens are equipped with a state-of-the-art surround sound system.

After the closing last spring of the venerable Plaza Theater, locals have been waiting for a worthy replacement. Then, Walter Investment, LLC. decided to bail out the theater. The company appointed Tracy is Cinestar's beautifully designed lobby. She points out that everything –including the sofas and the counters– has a retro look to it. For example, the walls are covered with posters of Hollywood classics from the 50s.

Both the ticket counter and the concessions corner have five stations so you will never have to wait long for your tickets or refreshments. There are video game machines and movie preview screens scattered about and plenty of those retro sofas for everyone to relax on while they're

公開テスト当日までの注意点

受験票が届いたらこれをチェック！

公開テストの受験票は，受験日のだいたい２週間前くらいに届きます。受験票を受け取ったら，まず次のことを確認しましょう。

（1）証明写真を撮影し，受験票に貼り付ける

直前になって慌てなくていいように，時間を見つけて証明写真を撮影しておきましょう。

（2）署名欄に記入する

署名欄に自分の名前を書くことも忘れずに。この署名は公式認定証に印刷されるものなので，しっかり丁寧に書いておきましょう。

テスト前日の準備

（1）テスト当日の持ち物を確認する

- 受験票（証明写真の貼り付け，署名の記入をもう１度確認）
- 写真付きの本人確認書類（運転免許証，学生証，パスポートなど）
- 筆記用具（ＨＢの鉛筆かシャープペンシル，消しゴム）
- 腕時計（試験会場には時計がないことがあります。また，スマートフォンやウェアラブル端末を時計として使用することは禁止されています）

（2）受験会場の確認をする

受験会場は毎回異なる可能性があります。受験票の地図だけでは不安な場合は，インターネットなどで会場までの交通機関，道順などを確認しておきましょう。

（3）睡眠をしっかりとる

ベストコンディションでテストに臨むことが何よりも重要です。前日は夜更かしなどをせず，テストに備えて十分に睡眠をとりましょう。

テスト本番イメージトレーニング

テスト当日の流れをシミュレーションしてみましょう。

午前の部　9：25～ 9：55
午後の部　14：05～14：35

■会場に到着→受付→教室へ

会場に入ると，受験番号ごとに教室が割り振られた掲示が入り口付近に貼り出されています。自分の受験番号を確認して，指定された教室に向かいましょう。

受付は，各教室にいる係員に受験票と写真付きの本人確認書類を提示すれば完了です。

教室に入ると，席にそれぞれの受験番号が割り振られているので，自分の受験番号のある席を探して座ります。この時間に解答用紙の必要事項を記入し，アンケートの回答を済ませておきましょう。

午前の部　9：55頃～10：20
午後の部　14：35頃～15：00

■試験の説明などが行われる

試験官による受験案内のあと，CDによる受験の注意事項のアナウンスが流れます。リスニング問題の音チェックもあるので，音声が聞こえづらい場合は，試験官に伝えましょう。

試験官が席を回り，受験票の回収と本人確認を行います。全員の確認が終わり次第，問題冊子が配布されます。

午前の部　10：20
午後の部　15：00

■試験開始

試験開始のアナウンスが流れたら，問題冊子のシールを切ります。リスニングの説明が流れたあと，解答を始めましょう。

午前の部　11：05頃
午後の部　15：45頃

■リスニング終了→リーディングへ進む

リスニングが終わり次第，リーディングの問題に移ります。リスニングが終わるまでリーディングの問題を解くことは禁止されているので注意しましょう。

午前の部　12：20頃
午後の部　17：00頃

■試験終了

試験終了のアナウンスが試験官から伝えられます。解答用紙と問題冊子を回収されたあと，試験官の指示に従って退室します。

英語の基本ルール

TOEIC L&R テストの英文法の学習に入る前に，基本となる用語やルールを確認しておきましょう。はじめから読んでもいいですし，わからない部分があればそこだけ読んでもかまいません。また，本書を読んでいて，基本ルールがわからなくなったら，ここに戻って確認しましょう。

英語の文をつくるパーツ

文が「完成品」だとすると，単語は文をつくるための「パーツ」にあたります。その単語はそれぞれの役割に応じて，次の 10 種類に分類されます。これを「品詞（ひんし）」といいます。

①名詞（めいし）：人やもの，ことの名前を表す語です。

②動詞（どうし）：「～する」「～である」のように動作や状態を表す語です。

③形容詞（けいようし）：人やもの，ことの様子や状態を表す語です。名詞や代名詞を修飾します。「修飾」とは飾ること，つまり情報をプラスして，くわしく説明するということです。

④副詞（ふくし）：動詞・形容詞・ほかの副詞を修飾する語です。「程度・頻度」「様子」などの情報をプラスします。

⑤代名詞：名詞の代わりに使う語です。

「あれ，これ」と指で示すときに使う「指示代名詞」（this，that など）や，人をさすときに使う「人称代名詞」（I，you，we など）などがあります。

⑥冠詞：名詞の前につく語です。名詞のアタマ（前）に「冠」のようにつく語だと覚えましょう。

冠詞には「不定冠詞」と呼ばれる a[an] と「定冠詞」と呼ばれる the があります。後ろに発音が母音（a/i/u/e/o の音）ではじまる単語がくる場合には，a は an になります。

不定冠詞 a[an] は「どれでもいいひとつ」（不特定）を表します。the は会話をしているメンバーの中で「これ！」と決まっている（特定）ことを表します。

⑦助動詞：動詞の前に置かれ，話し手の気持ちや判断を付け加える語です。

例 will（～だろう），can（～できる），may（～かもしれない），should（～すべきだ）

⑧前置詞：文字どおり，名詞や代名詞の「前に置かれる語」のことです。名詞や代名詞とセットになって，「時間」「場所」「方向」などを表します。

⑨接続詞：単語と単語，文と文などをつなげる働きをする語です。

接続詞には等位接続詞と従属接続詞があります。

・**等位接続詞**：単語と単語，文と文などを**対等な関係**でつなげる働きをする接続詞。

例 and（～と…），but（しかし），or（または）

・**従属接続詞**：名詞や副詞などの役割をするカタマリをつくる接続詞。従属接続詞がつくるカタマリは「従属節」と呼ばれ，メインの節（主節）に情報をプラスする働きをします。

例 that（～ということ），when（～のとき），while（～するあいだに）

⑩間投詞：驚きや喜びなどの感情や，呼びかけなどを表す語です。

例 oh（おお），hi（やあ），wow（うわあ）

単語の役割に関する用語

単語は文の中でさまざまな役割を果たします。ここでは単語の役割を表す用語をまとめておきます。

●主語（しゅご）：「～は」「～が」という動作をする人やものを表す単語です。**主語になるのは名詞や代名詞**です。

●述語動詞（じゅつごどうし）：主語の後ろに続いて，「～する」（動作）「～である」（状態）などの意味を表す単語です。

●目的語（もくてきご）：他動詞や前置詞の後ろに置いて，動作の対象を表す単語。**目的語になるのは名詞や代名詞**です。

●補語（ほご）：主語や目的語に説明を補う単語です。**補語になるのは名詞や形容詞**です。

●修飾語（しゅうしょくご）：文や語句を「飾る」単語，つまり情報をプラスする単語ということです。**形容詞や副詞などが修飾語**にあたります。

単語のカタマリに関する用語

主語と動詞を含み，ピリオド（.）やクエスチョンマーク（？）で終わるものを「文」といいます。「文」よりも小さな単語のカタマリとして「句（く）」と「節（せつ）」と呼ばれるものがあります。

●句：〈主語＋動詞〉を含まない，２語以上の単語からできているカタマリのことです。句は名詞，形容詞，副詞の働きをします。

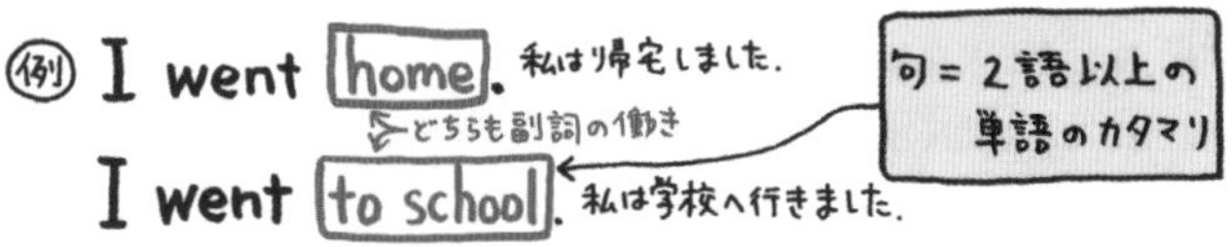

●節：〈主語＋動詞〉を含む，２語以上の単語からできているカタマリのことです。節は名詞，形容詞，副詞などの働きをします。

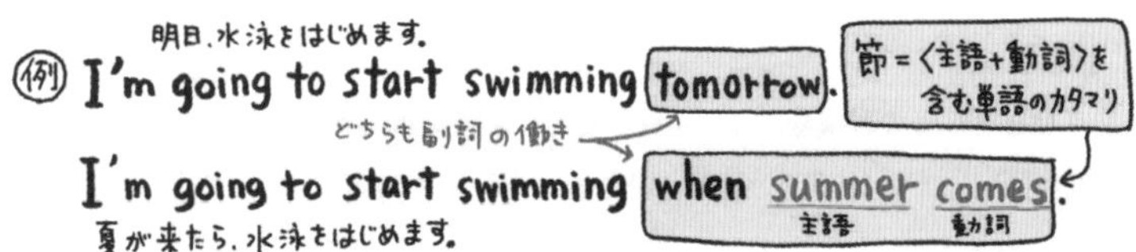

名詞の種類

英語では，名詞が「数えられるか，数えられないか」ということが強く意識され，「可算名詞」と「不可算名詞」の2種類に分けられます。

●可算名詞：「1つ，2つ…」と数えられる名詞のことです。

可算名詞には単数（1つ［1人］）を表す形（単数形）と，複数（2つ［2人］以上）を表す形（複数形）があります。単数のときは名詞の前にa[an]を置き，複数のときは名詞の語尾にs[es]をつけます。名詞の複数形のつくり方も確認しておきましょう。

基本のルール	語尾にsをつける。 例 book（本）→ books, dog（犬）→ dogs
s,o,x,ch,shで終わる名詞	語尾にesをつける※。 例 class（クラス）→ classes, box（箱）→ boxes
〈a,i,u,e,o以外の文字（子音字）+y〉で終わる名詞	語尾のyをiにかえて，esをつける。 例 country（国）→ countries, city（都市）→ cities
f,feで終わる名詞	語尾のf,feをvにかえて，esをつける。 例 leaf（葉）→ leaves, life（生命）→ lives
不規則変化	man（男性）→ men, woman（女性）→ women, child（子ども）→ childrenなどのように不規則に変化する。

※oで終わる名詞でも，sをつけるだけのものもあります（例：piano → pianos）。

●不可算名詞：具体的な形をもたない名詞（love（愛），happiness（幸せ）など）や液体や素材・材料（water（水），bread（パン），sugar（砂糖），paper（紙）など）を表す名詞です。

不可算名詞にはa[an]はつきません。また，複数形にもしません。some（いくらかの）やa lot of（たくさんの）などをつけて量を表すことや，容器や単位などを用いて数えることができます。

動詞の種類

動詞は文の形を決定する重要な働きをします。高校英語で学習する「文型（ぶんけい）」を理解する上で，欠かすことのできない品詞です。種類や意味をしっかり押さえておきましょう。

英語の動詞は，「be（ビー）動詞」と「一般動詞」の２種類に分けられます。am，is，are が be 動詞で，それ以外の動詞が一般動詞です。

be 動詞は，その前後にくる名詞を「イコール（＝）」でつなぎ，「A＝B」という状態を表します。

一般動詞は，主に「～する」という動作を表します。「自動詞（じどうし）」と「他動詞（たどうし）」に分けられます。

自動詞は「歩く」，「住んでいる」などの完結した動作や状態を表す動詞で，直後に人やものなどを表す**名詞（目的語）を必要としません**。

他動詞は「…を～する」という意味を表します。動詞のあとに，動作の対象となる人やものなどを表す**名詞（目的語）を置く必要があります**。

主述の一致と3単現のs

英語には，主語の形に合わせて動詞の形を変える「主述の一致（しゅじゅつ）」というルールがあります。このルールをマスターするためには，名詞の「数」と「人称」を押さえておく必要があります。

名詞の数は「名詞の種類」で説明した「単数」と「複数」のちがいです（→ p.019）。

「人称」には，「1人称」「2人称」「3人称」の3つの種類があります。

「1人称」は「私」(I)，「私たち」(we)という話し手(自分)自身をさす語です。

「2人称」は「あなた(たち)」(you) という話の相手をさす語です。

「3人称」は話し手(自分)と相手以外をさす語です。he(彼)，she(彼女)，Jim(ジム) など人を表す語のほか，**ものや動物などもすべて3人称**です。

特に主語が「3人称単数」で「現在形」の場合，**一般動詞の語尾にs（3単現のs）をつける**というルールがあります。ここでは，3単現のsのつけ方のルールを確認しておきましょう。

基本のルール	語尾にsをつける。 例 come（来る）→ comes,　like（好む）→ likes
s,o,x,ch,sh で終わる動詞	語尾にesをつける。 例 do（する）→ does,　catch（つかむ）→ catches
〈a,i,u,e,o 以外の文字（子音字）+y〉で終わる動詞	語尾のyをiにかえて，esをつける。 例 carry（運ぶ）→ carries,　try（努力する）→ tries
特別な変化	have（持っている）→ has

一般動詞の過去形・過去分詞

英語では動詞の形を変えて，さまざまなことを表現します。「～した」「～だった」のように過去のことを言うときには，動詞を過去形に変えます。高校英語で頻繁に登場する「過去分詞」も過去形と同じルールにしたがって活用します。一般動詞の過去形，過去分詞の活用のルールをセットでマスターしましょう。

過去形・過去分詞の変化のルールには「規則変化」と「不規則変化」の２種類があります。多くの場合は，語尾に ed をつけるというルールにしたがった規則変化をします。このような動詞は規則動詞と呼ばれます。ただし，語尾の形により ed のつけ方に注意が必要なものがあります。その規則変化のルールを確認しておきましょう。

基本のルール	語尾に ed をつける。 例 play（する）→ played, help（助ける）→ helped
e で終わる動詞	語尾に d だけをつける。 例 use（使う）→ used, live（住む）→ lived
〈a,i,u,e,o 以外の文字（子音字）＋y〉で終わる動詞	語尾の y を i にかえて，ed をつける。 例 study（勉強する）→ studied, carry（運ぶ）→ carried
〈子音字＋アクセントのある母音字＋子音字〉で終わる動詞	語尾の子音字を重ねて ed をつける。 例 stop（止まる）→ stopped, drop（落ちる）→ dropped

このほかに，上のルールにはしたがわず，不規則に変化する動詞があります。このような動詞を不規則動詞といいます。

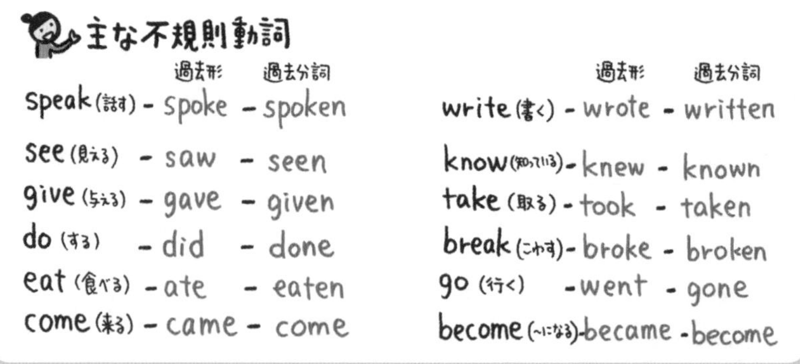

主な不規則動詞
過去形 過去分詞
speak (話す) - spoke - spoken
see (見える) - saw - seen
give (与える) - gave - given
do (する) - did - done
eat (食べる) - ate - eaten
come (来る) - came - come
過去形 過去分詞
write (書く) - wrote - written
know (知っている) - knew - known
take (取る) - took - taken
break (こわす) - broke - broken
go (行く) - went - gone
become (～になる) - became - become

巻末（p.132 ～）に不規則動詞の語形変化一覧もあるので，あわせてチェックしましょう。

一般動詞のing形

3単現のsや過去形・過去分詞と並んで大切な動詞の変化にing形があります。be動詞と結びついた〈be動詞＋動詞のing形〉で「現在進行形」(→ p.056) を表すなど，動詞のing形も文中でさまざまな役割を果たします。一般動詞のing形の活用ルールを確認しておきましょう。

基本のルール	語尾にingをつける。 例 walk (歩く)→ **walking**, go (行く)→ **going**
eで終わる動詞	eをとってingをつける。 例 come (来る)→ **coming**, use (使う)→ **using**
〈子音字＋アクセントのある母音字＋子音字〉で終わる動詞	最後の子音字を重ねてingをつける。 例 run (走る)→ **running**, swim (泳ぐ)→ **swimming**
ieで終わる動詞	ieをyにかえて，ingをつける。 例 die (死ぬ)→ **dying**, lie (嘘をつく)→ **lying**

be動詞の活用

ここまで一般動詞の活用を見てきましたが，be動詞も主語の数，時制などに応じて，さまざまな形に変化します。ここでbe動詞の活用についてもまとめておきましょう。

<table>
<tr><th colspan="2">主語</th><th>原形</th><th>現在形</th><th>過去形</th><th>過去分詞</th><th>ing形</th></tr>
<tr><td rowspan="2"></td><td>I</td><td rowspan="13">be</td><td>am</td><td>was</td><td rowspan="13">been</td><td rowspan="13">being</td></tr>
<tr><td>You</td><td>are</td><td>were</td></tr>
<tr><td rowspan="6">単数</td><td>John</td><td rowspan="6">is</td><td rowspan="6">was</td></tr>
<tr><td>That house</td></tr>
<tr><td>He</td></tr>
<tr><td>She</td></tr>
<tr><td>This</td></tr>
<tr><td>That</td></tr>
<tr><td rowspan="3">複数</td><td>John and Paul</td><td rowspan="3">are</td><td rowspan="3">were</td></tr>
<tr><td>We</td></tr>
<tr><td>They</td></tr>
</table>

文の種類

英語の文には，①肯定文，②否定文，③疑問文，④命令文，⑤感嘆文の5つの種類があります。肯定文と否定文をあわせて「平叙文」と呼ぶこともあります。

①肯定文：「〜だ」「〜です」という意味を表す文です。

②否定文：「〜ではない」「〜しない」という意味を表す文です。否定文では主に not が使われます。

③疑問文：「〜ですか？」と会話の相手に質問をする文です。

疑問文には，相手に Yes か No をたずねる「Yes/No 疑問文」と，疑問詞を使って相手に具体的な情報をたずねる「疑問詞疑問文」の2つがあります。

疑問文	Are you Japanese?	あなたは日本人ですか？
	Do you like cats?	あなたはネコが好きですか？
疑問詞疑問文	What do you like?	あなたは何が好きですか？

④命令文：「〜しなさい」という命令や「〜するな」という禁止を表す文です。

命令を表す文は，動詞の原形（s などがつかない動詞そのままの形）で文を始めます。禁止を表す文は命令を表す文の前に Don't を入れた〈**Don't ＋動詞の原形**〉で文を始めます。

⑤感嘆文：「なんと〜なんだろう」のように，驚きや感動を表す文です。

〈形容詞＋名詞〉を強調するときは〈**What ＋（a［an］）＋形容詞＋名詞＋主語＋動詞！**〉，形容詞や副詞を強調するときは〈**How ＋形容詞［副詞］＋主語＋動詞！**〉を使います。

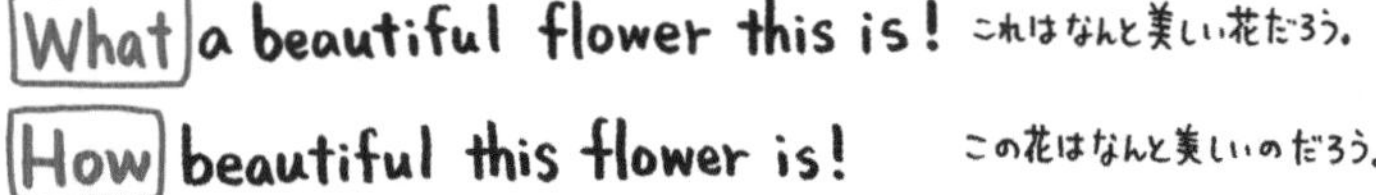

What a beautiful flower this is!
これはなんと美しい花だろう。
How beautiful this flower is!
この花はなんと美しいのだろう。

否定文のつくり方

否定文は be 動詞の文か，一般動詞の文かによってつくり方がちがいます。

be 動詞の場合は，be 動詞（am, is, are, was, were）のあとに **not** を入れれば否定文になります。be 動詞を含む文の否定文は，このつくり方が基本になるのでしっかり覚えておきましょう。

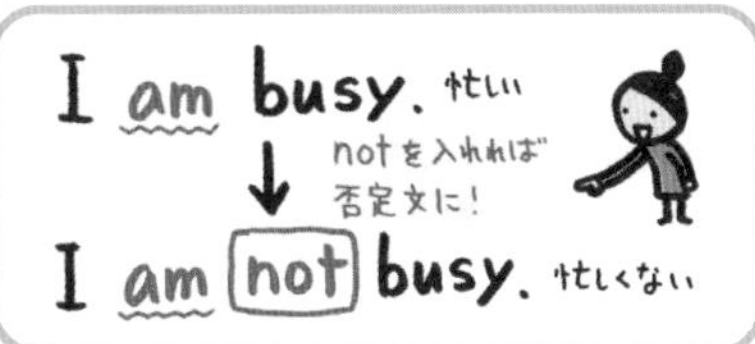

一般動詞の場合は，動詞の前に **do not**（短縮形は **don't**）を入れれば否定文になります。ただし，主語が 3 人称単数のときは do に 3 単現の s をつけた **does** を使い，**does not**（短縮形は **doesn't**）を入れます。一般動詞の否定文では動詞の形はいつも原形です。

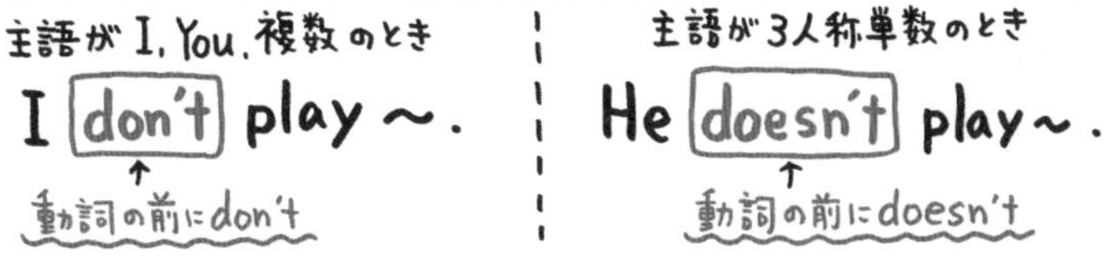

過去の文では，don't[doesn't] の代わりに，**did not**（短縮形は **didn't**）を使えば OK です。

疑問文のつくり方

疑問文も否定文と同じように，be 動詞の文と一般動詞の文とでつくり方がちがいます。

be 動詞の場合は，be 動詞と主語を入れかえて，**be 動詞で文を始める**と疑問文になります。be 動詞を含む文の疑問文は，このつくり方が基本になるのでしっかり覚えておきましょう。

一般動詞の場合，文の最初に **Do** か **Does** を置くと疑問文になります。〈Do[Does]＋主語＋動詞～？〉という語順になります。疑問文でも動詞の形はいつも原形です。

過去の文では，Do[Does] の代わりに，**Did** を使えば OK です。

疑問詞のまとめ

「何」「だれ」「どこ」「いつ」「なぜ」など，自分がわからないことを相手にたずねる際に使う語を疑問詞といいます。

ここでは，基本的な疑問詞とその意味をまとめます。疑問詞は疑問文をつくる以外にも，さまざまな形で使われるものなので，ここでしっかり押さえておきましょう。

疑問詞と意味	例
what（何）	What is this?（これは何ですか？）
who（だれ）	Who is she?（彼女はだれですか？）
which（どちら，どの）	Which is your pen?（どちらがあなたのペンですか？）
whose（だれの，だれのもの）	Whose car is this?（これはだれの車ですか？）
when（いつ）	When is your birthday?（あなたの誕生日はいつですか？）
where（どこ）	Where are you going?（あなたはどこに行くところですか？）
why（なぜ）	Why are you angry?（あなたはなぜ怒っているのですか？）
how（どのように）	How do you come to school?（どうやって学校に来ていますか？）

疑問詞がほかの単語とセットになって，１つの疑問詞のような役割をすることがあります。その代表的なものについてもまとめておきます。

疑問詞と意味	例
what kind of ～（どんな種類の）	What kind of movie did you see?（どんな映画を見ましたか？）
what time（何時）	What time is it now?（今，何時ですか？）
how old（何歳の）	How old are you?（あなたは何歳ですか？）
how long（どれくらいの長さの）	How long is this movie?（この映画はどのくらいの長さですか？）
how many（いくつの）数	How many books do you have?（あなたは何冊の本を持っていますか？）
how much（いくらの，どれくらいの）値段 量	How much is this?（これはいくらですか？）

英文の基本パターン

英語の文には〈主語＋動詞〉のカタマリが入っています。動詞の種類により，そのあとに何が続くかがある程度決まっており，そのパターンは次の５つにまとめられます。

①SV（名詞＋自動詞）：動詞のあとに何もなくても文が成立する。多くの場合，動詞などに意味をプラスするものが続く。おもな動詞は work（働く），run（走る），smile（笑う）など。

Mr. Smith works very hard.
(Mr. Smith = S, works = V, very hard = 意味をプラスするもの)

スミスさんはとても懸命に働きます。

②SVC（名詞＋自動詞＋形容詞［名詞］）：動詞のあとに主語の様子や性質を表す形容詞や名詞が続く。おもな動詞は be 動詞，become（～になる）など。

Alice Turner is an accountant.
(Alice Turner = S, is = V, an accountant = C)

アリス・ターナーは会計士です。

③SVO（名詞＋他動詞＋名詞）：動詞のあとに「何［だれ］を」を表す名詞が続く。おもな動詞は study（勉強する），have（持っている）など。

All workers submit the report.
(All workers = S, submit = V, the report = O)

従業員全員がレポートを提出します。

④SVOO（名詞＋他動詞＋人を表す名詞＋ものを表す名詞）：動詞のあとに「だれに」＋「何を」を表す名詞が続く。おもな動詞は give（与える），buy（買う）など。

The store manager gave his customers discount coupons.
(The store manager = S, gave = V, his customers = O（人）, discount coupons = O（もの）)

店長はお客さんに割引クーポンをあげました。

⑤SVOC（名詞＋他動詞＋名詞＋形容詞［名詞］）：動詞のあとに「何［だれ］を」を表す名詞と「どのように」を表す形容詞や名詞が続く。おもな動詞は call（呼ぶ），make（～にする）など。

We call our new product HHW.
(We = S, call = V, our new product = O, HHW = C)

私たちは新製品をHHWと呼びます。

LESSON 01 名詞とは

名詞とその特徴

人やもの，ことがらを示すことばを「名詞」と呼びます。**主語や目的語になる**ことが多く，名詞の前にきやすいのは，「冠詞」「形容詞」「動詞」「前置詞」「代名詞（所有格）」です。**文の中の名詞をしっかりと追うことが，文脈を理解するときにとても重要**です。

前にきやすいもの
冠詞
形容詞
動詞
前置詞
代名詞の所有格

My boss will explain (the exact) process for completion of the project later.

My：代名詞　explain：動詞　exact：形容詞　for：前置詞　the：冠詞

私の上司はあとでその企画の完成までの（正確な）手順を説明してくれるでしょう。

TOEIC L&R テストでは，選択肢の中に，１つの単語のいろいろな変化形（派生語）を並べて名詞を選ばせる問題がよく出題されます。名詞を選ぶときの大きなヒントとして，単語の最後の文字（**接尾辞**（せつびじ））があります。名詞の特徴的な接尾辞を覚えて，選択肢の中からすばやく名詞を選べるようにしましょう。

接尾辞	単語例	接尾辞	単語例
-al	refus**al**　拒否 propos**al**　提案	-ery	deliv**ery**　配達 machin**ery**　機械類
-ance	assist**ance**　援助 mainten**ance**　保守	-ity	creativ**ity**　創造性 real**ity**　現実
-ant （人を表す）	account**ant**　会計士 particip**ant**　参加者	-ment	employ**ment**　雇用 require**ment**　要件
-ee （人を表す）	employ**ee**　従業員 interview**ee**　面接を受ける人	-ness	aware**ness**　認知 effective**ness**　有効性
-er （人を表す）	employ**er**　雇用者 design**er**　デザイナー	-th	grow**th**　成長 wid**th**　幅
-ence	depend**ence**　依存 exist**ence**　存在	-tion	contribu**tion**　貢献 promo**tion**　昇進
-ency	consist**ency**　一貫性 effici**ency**　効率	-ty	safe**ty**　安全 difficul**ty**　困難

EXERCISE

答えは別冊003ページ
答え合わせが終わったら，音声に合わせて英文を音読しましょう。

空所に入る適切な語句を選んでください。

1. Y&C, Inc., requires the ------- of a highly experienced leader.

(A) exist
(B) existed
(C) existing
(D) existence

Ⓐ Ⓑ Ⓒ Ⓓ

2. Our engineers always handle the production process with great ------- to detail.

(A) attend
(B) attention
(C) attendee
(D) attending

Ⓐ Ⓑ Ⓒ Ⓓ

3. Sales representatives at Star Field Co. try very hard to meet the various requests for -------.

(A) allow
(B) allowed
(C) allowance
(D) allowedly

Ⓐ Ⓑ Ⓒ Ⓓ

4. As the chief executive officer, Mr. Golding asked for much more ------- on the clients' satisfaction.

(A) inform
(B) information
(C) informative
(D) informing

Ⓐ Ⓑ Ⓒ Ⓓ

重要語句

□ require	～を必要とする	□ process	過程
□ experienced	経験を積んだ	□ sales representative	営業担当者
□ engineer	技術者	□ various	さまざまな
□ handle	（物事）を扱う	□ executive	重役
□ production	生産	□ satisfaction	満足

LESSON 02
動詞とは

動詞とその特徴

状態や動きを表すことばを「動詞」と呼びます。おもに主語の後ろに置かれます。動詞には「be 動詞」と「一般動詞」の２種類があります。be 動詞は主語と後ろに続くものをイコールで結んで，**状態**を表す働きがあります。一般動詞は主語の**動作や行動**を表します。一般動詞は「自動詞」と「他動詞」に分けることができ，自動詞の後ろには前置詞など，他動詞の後ろには目的語（名詞など）が置かれます。後ろに置けるものが大きく異なるので，一般動詞を覚えるときに，自動詞なのか他動詞なのかを確認することがとても重要です。

be動詞，一般動詞

I am a banker. 私は銀行員です。
（am：be動詞）

I work for a bank. 私は銀行で働いています。
（work：一般動詞）

自動詞，他動詞

We walk to our office every day. 私たちは毎日オフィスまで歩く。
（walk：自動詞）

We attend a meeting on Mondays. 私たちは毎週月曜日，会議に参加する。
（attend：他動詞）

英語の動詞は,「主語」と「時制」によって形が変わります。動詞がどのように形を変えるのか，しっかり確認しておきましょう。

主語	be動詞 現在形	be動詞 過去形	一般動詞 現在形	一般動詞 過去形
I	am	was	work	worked
You	are	were	work	worked
She	is	was	works	worked
He	is	was	works	worked
It	is	was	works	worked
We	are	were	work	worked
They	are	were	work	worked

時制

動詞の形に注目!!

I study English.

I studied English yesterday.

I have studied English for a year.

I am studying English now.

I will study English someday.

EXERCISE

答えは別冊005ページ
答え合わせが終わったら，音声に合わせて英文を音読しましょう。

空所に入る適切な語句を選んでください。

1. The chief manager, Toshi Acker will ------- the teachers to create a new course for the kindergarten.

(A) instruct
(B) instruction
(C) instructor
(D) instructive

Ⓐ Ⓑ Ⓒ Ⓓ

2. After thinking twice, President Margaret Upfield said that she would likely ------- the renovation project.

(A) approve
(B) approval
(C) approvable
(D) approving

Ⓐ Ⓑ Ⓒ Ⓓ

3. Beach River Corporation helps suppliers and customers ------- over the Internet.

(A) collaborated
(B) collaborator
(C) collaboration
(D) collaborate

Ⓐ Ⓑ Ⓒ Ⓓ

4. The tax accountant ------- all the data she had in her computer when she sold it to the secondhand shop.

(A) delete
(B) deleted
(C) deletion
(D) deleting

Ⓐ Ⓑ Ⓒ Ⓓ

重要語句

□ chief	主任の	□ project	計画
□ create	～をつくる，創造する	□ supplier	供給者
□ kindergarten	幼稚園	□ customer	顧客
□ president	社長	□ accountant	会計士
□ renovation	修復	□ secondhand	中古品の

LESSON 03 形容詞とは

形容詞とその特徴

名詞の状態や様子を表すことばを「形容詞」と呼びます。形容詞の前にきやすいのは「be 動詞」や「自動詞」,「副詞」です。また，形容詞の後に名詞を置き，**よりくわしく説明する**場合もあります。

前にきやすいもの
be動詞、自動詞、副詞
後にきやすいもの
名詞

A dramatic increase (名詞) in profits showed that their plan was (be動詞) successful, so they were very (副詞) glad.

大幅な増収で彼らの計画が成功したことが示され、彼らはとてもうれしかった。

形容詞には，動詞のあとに置かれて補語の働きをする「叙述(じょじゅつ)用法」と，名詞に直接ついて名詞を修飾する「限定用法」の２つの用法があります。用法のちがいで意味が異なる形容詞もあるので，確認しておきましょう。

【certain】

〈叙述用法〉 We are certain of your success.　私たちはあなたの成功を確信している。

〈限定用法〉 He showed interest in a certain area.　彼はある分野に興味を示した。

【present】

〈叙述用法〉 All members were present at the meeting.　全員が会議に出席した。

〈限定用法〉 She is grateful for her present circumstances.　彼女は現在の状況に感謝している。

形容詞の特徴的な接尾辞も確認しておきましょう。

接尾辞	単語例	接尾辞	単語例
-able	avail**able** 利用できる comfort**able** 快適な	-ical	crit**ical** 重大な histor**ical** 歴史上の
-ful	success**ful** 成功した wonder**ful** すばらしい	-less	care**less** 不注意な use**less** 無用な
-ible	poss**ible** 可能な vis**ible** 目に見える	-ory	advis**ory** 助言の preparat**ory** 準備の
-ic	econom**ic** 経済的な electr**ic** 電気の	-ous	fam**ous** 有名な nerv**ous** 神経質な

EXERCISE

答えは別冊007ページ
答え合わせが終わったら，音声に合わせて英文を音読しましょう。

空所に入る適切な語句を選んでください。

1. Based on the regulation, all documents relating to the transaction with MRA Inc. are -------.

(A) confidence
(B) confident
(C) confidential
(D) confidentially

Ⓐ Ⓑ Ⓒ Ⓓ

2. A famous store called Avenir in Kyoto has very ------- designers, and they come up with breakthrough ideas.

(A) create
(B) creative
(C) creation
(D) creatively

Ⓐ Ⓑ Ⓒ Ⓓ

3. Secretaries at Thomas & Co. are in almost ------- contact with their bosses regardless of the schedule.

(A) day
(B) days
(C) daily
(D) date

Ⓐ Ⓑ Ⓒ Ⓓ

4. Dr. Norinak stayed ------- all through the night to complete the final report.

(A) awake
(B) awaking
(C) awoke
(D) wake

Ⓐ Ⓑ Ⓒ Ⓓ

重要語句

□ regulation	規則	□ breakthrough	(難局の)打開
□ document	書類	□ secretary	秘書
□ relate to	～と関係する	□ in contact with	～と連絡を取って
□ transaction	取引	□ regardless of	～にかかわらず
□ come up with A	Aを思いつく	□ complete	～を完成する

LESSON 04 副詞とは

副詞とその特徴

程度・速度・頻度などを表すことばを「副詞」と呼びます。**動詞・形容詞・ほかの副詞をくわしく説明する**ために用いられます。副詞の前には「be 動詞」「助動詞」がよく置かれ，副詞の後には「一般動詞」「過去分詞」「形容詞」「副詞」がよく置かれます。

前にきやすいもの	後にきやすいもの
be動詞、助動詞	一般動詞、過去分詞、形容詞、副詞

Most young people fully understand this relatively complicated system, so they can easily use it.
It will be widely accepted soon. ←文頭や文末にもきます。

（understand：一般動詞／complicated：形容詞／can：助動詞／be：be動詞／accepted：過去分詞）

ほとんどの若者はこの比較的複雑なシステムを十分に理解しているので彼らはそれを簡単に使える。じきに広く受け入れられるだろう。

副詞の接尾辞はおもに **-ly** なのでわかりやすいですが，それ以外のものもあります。また，接尾辞が -ly なのに形容詞の意味をもつものもあるので，意味と併せてしっかり確認しましょう。

特徴	単語例	
数に関する	approximate**ly**　おおよそ	
結論に用いる	eventual**ly**　結局	consequent**ly**　結局
プラスアルファ	furthermore　さらに	moreover　さらに
強調	absolute**ly**　完全に	extreme**ly**　極端に
理由	therefore　それゆえ	
逆接	however　しかしながら	nevertheless　にもかかわらず
実は形容詞もある	week**ly**　週ごとの	bodi**ly**　身体の

-lyで終わる単語でも
副詞ではないものに注意!!

004

EXERCISE

答えは別冊009ページ
答え合わせが終わったら，音声に合わせて英文を音読しましょう。

空所に入る適切な語句を選んでください。

1. Regolith International wants its employees to apply themselves to their tasks -------.

(A) energy
(B) energetic
(C) energetically
(D) energies

Ⓐ Ⓑ Ⓒ Ⓓ

2. The information about the trial that the prosecutor remembered was ------- accurate.

(A) surprise
(B) surprising
(C) surprised
(D) surprisingly

Ⓐ Ⓑ Ⓒ Ⓓ

3. Users can set their computer to ------- log off in 30 minutes.

(A) automate
(B) automation
(C) automatic
(D) automatically

Ⓐ Ⓑ Ⓒ Ⓓ

4. Recent reports indicate that working speed is quite ------- associated with the relationship to the colleagues.

(A) frequent
(B) frequently
(C) frequency
(D) frequents

Ⓐ Ⓑ Ⓒ Ⓓ

重要語句

□ employee	従業員	□ indicate	～を示す
□ apply *oneself* to	～に専念する	□ quite	かなり
□ trial	裁判	□ associated with	～と関連する
□ prosecutor	検事	□ relationship	関係
□ accurate	正確な	□ colleague	同僚

答えは別冊011～015ページ
答え合わせが終わったら，音声に合わせて英文を音読しましょう。

次の英文の空所に入る適切な語句を選んでください。

1. As the new chief operating officer, Ms. Lin places much more ------- on quality control.

(A) emphasize
(B) emphasis
(C) emphatically
(D) emphatic

Ⓐ Ⓑ Ⓒ Ⓓ

2. Customer service representatives at CSL Software Co. are focused on ------- toward shoppers' needs.

(A) sensitive
(B) sensitively
(C) sensitivity
(D) sense

Ⓐ Ⓑ Ⓒ Ⓓ

3. The ------- of the Hasto Manufacturing, Inc., production technology requires highly trained technicians.

(A) sophisticatedly
(B) sophisticated
(C) sophistication
(D) sophisticate

Ⓐ Ⓑ Ⓒ Ⓓ

4. White Hat Food Market helps fresh fruit and meat shoppers and local farmers -------.

(A) connect
(B) connective
(C) connection
(D) connectivity

Ⓐ Ⓑ Ⓒ Ⓓ

5. CFO Johnson said that she would likely ------- the investment plan, after having carefully reviewed it.

(A) support
(B) supportive
(C) supportively
(D) supportiveness

Ⓐ Ⓑ Ⓒ Ⓓ

6. During her forecast, Lakshmi Gummadi may ------- weather patterns for the rest of the week.

(A) predictably
(B) prediction
(C) predictable
(D) predict

Ⓐ Ⓑ Ⓒ Ⓓ

7. Mirror Semiconductor is highly ------- of its intellectual properties, particularly its cutting-edge patents.

(A) protect
(B) protection
(C) protective
(D) protectively　Ⓐ Ⓑ Ⓒ Ⓓ

8. By law, information entered into this secure online payment system is ------- and cannot be disclosed to third parties.

(A) private
(B) privatize
(C) privately
(D) privacy　Ⓐ Ⓑ Ⓒ Ⓓ

9. Passengers with Popup Airlines membership cards receive ------- treatment, such as being able to board airplanes early.

(A) prefer
(B) preference
(C) preferential
(D) preferentially　Ⓐ Ⓑ Ⓒ Ⓓ

10. NGU Engineering Co. is looking for potential new employees with a record of working -------.

(A) innovator
(B) innovation
(C) innovate
(D) innovatively　Ⓐ Ⓑ Ⓒ Ⓓ

11. Professor Jalal Hamid's research on genetics is -------, and that is why he was recruited to Genkix Bioengineering.

(A) except
(B) exception
(C) exceptional
(D) exceptionally　Ⓐ Ⓑ Ⓒ Ⓓ

12. With its ultra-low prices, Wamnak Discount Stores appeals to ------- shoppers.

(A) economical
(B) economy
(C) economize
(D) economically　Ⓐ Ⓑ Ⓒ Ⓓ

● もっとくわしく!

いろいろな副詞に注意しよう!

（1）形容詞と同じ形をした副詞…early（早い，早く），fast（速い，速く），daily（毎日の，毎日），late（遅い，遅く）は形容詞と副詞の両方の品詞で使われるので，文中の位置によって品詞を判断しましょう。

・He watched a late movie on TV.（彼は深夜映画をテレビで見た）【形容詞】

・He came home late.（彼は遅く帰宅した）【副詞】

（2）-lyの有無によって意味が異なる副詞…次の副詞は-lyの有無にかかわらずどちらも副詞ですが，-lyの有無により意味が異なるので注意しましょう。

・late（遅く）── lately（最近）

・hard（一生懸命に）── hardly（ほとんど～ない）

・near（近くに）── nearly（ほとんど，危うく）

・high（高く）── highly（非常に）

LESSON 05 代名詞とは

具体的な人やものをふたたび示すときに用いることばを「代名詞」と呼びます。
主語や目的語など，どの位置に置くかで形が変わりますので，しっかり覚えましょう。

	主格「～は[が]」	所有格「～の」	目的格「～を[に]」	所有代名詞「～のもの」	再帰代名詞「～自身」
私	I	my	me	mine	myself
あなた	you	your	you	yours	yourself
彼女	she	her	her	hers	herself
彼	he	his	him	his	himself
それ	it	its	it	–	itself
私たち	we	our	us	ours	ourselves
あなたたち	you	your	you	yours	yourselves
彼[彼女]ら	they	their	them	theirs	themselves

※ it は人以外の生き物やものをさします。また，時間・天候・距離を表すときに，主語として使われます。

TOEIC L&R テストでは，前や後ろに何がくるかを判断して，代名詞の形を選ぶ問題がよく出題されます。その他のよく出題される代名詞も，併せて確認しておきましょう。

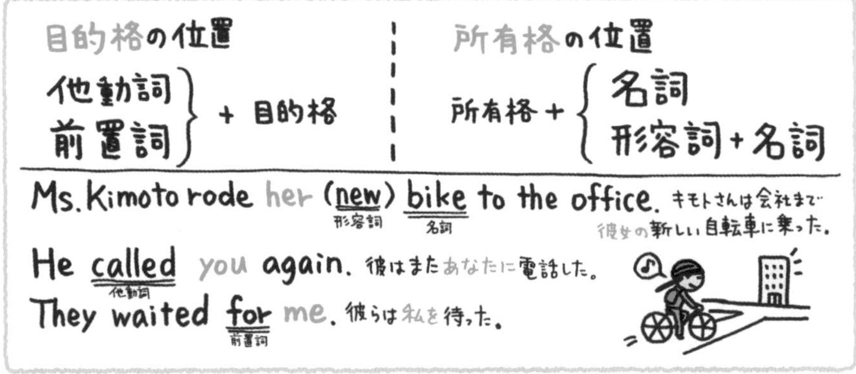

one	それ（既出の不特定の可算名詞の言いかえ）	some	（後ろにofを伴って）いくつかの
both	両方	all	全員，すべて
each	それぞれ	every	どの～も
other	the～で（2つのうちの）1つ	another	別のもの
either	（2つのうちの）どちらか	neither	（2つについて）どちらも～ない

EXERCISE

答えは別冊017ページ
答え合わせが終わったら，音声に合わせて英文を音読しましょう。

空所に入る適切な語句を選んでください。

1. When the customers have any requests for our services, they can write about ------- on our official Web site.

(A) it
(B) them
(C) our
(D) us

Ⓐ Ⓑ Ⓒ Ⓓ

2. Ms. Nicol has been running ------- own advertising company since 2000.

(A) she
(B) her
(C) hers
(D) it

Ⓐ Ⓑ Ⓒ Ⓓ

3. Please let ------- know what is convenient for you either by phone or via e-mail.

(A) your
(B) us
(C) his
(D) mine

Ⓐ Ⓑ Ⓒ Ⓓ

4. Mr. Senna finally achieved his goal because ------- believed in himself and didn't give up.

(A) his
(B) him
(C) he
(D) he's

Ⓐ Ⓑ Ⓒ Ⓓ

重要語句

☐ customer	顧客	☐ be convenient for A	Aにとって都合がよい
☐ request	要望	☐ via	～によって
☐ official	公式の	☐ achieve	～を達成する
☐ run	～を経営する	☐ goal	目標
☐ advertising	広告	☐ give up	あきらめる

LESSON 06 助動詞とは

助動詞とその特徴

動詞の前に置かれ，さまざまな意味合いを付け加えることばを「**助動詞**」と呼びます。

助動詞には，「～できます」「～かもしれません」など，**話し手の気持ちや判断の意味合いを動詞にプラスする**働きがあります。まずは，よく使う助動詞の意味などを確認しましょう。

	意味	訳	否定形の短縮形
will	推量・意志	～だろう	won't
would	推量・意志	～だろう	wouldn't
can	能力・可能	～できる(=be able to)	can't
	推量	～はあり得る	
could	可能	～できた	couldn't
	推量	～かもしれない	
may	許可	～してもよい	—
	推量	～かもしれない	
might	推量	～かもしれない	mightn't
shall	勧誘（Shall we～?）	～しませんか	—
should	義務	～すべきだ(≒ought to)	shouldn't
	推量	～のはずだ	
must	義務	～しなければならない（≒have to）	mustn't
	当然	～にちがいない	

助動詞の後ろには，動詞の原形を置きます。否定文をつくるには，助動詞の後ろに not を置きます。疑問文をつくるには，助動詞と主語を入れかえます。また，助動詞を 2 つ重ねることはできない（× will can）ので，並べて使いたいときは助動詞と同じような意味をもつ表現で代用します。

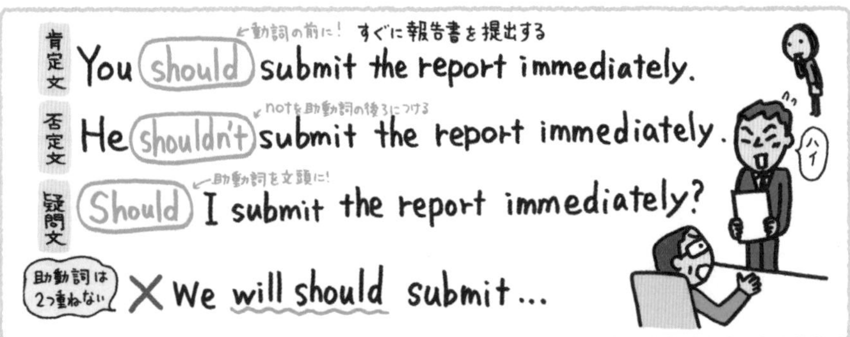

肯定文
←動詞の前に！
すぐに報告書を提出する
You should submit the report immediately.
否定文
notを助動詞の後ろにつける
He shouldn't submit the report immediately.
疑問文
←助動詞を文頭に！
Should I submit the report immediately?
ハイ
助動詞は2つ重ねない
× We will should submit...

EXERCISE

答えは別冊019ページ
答え合わせが終わったら，音声に合わせて英文を音読しましょう。

空所に入る適切な語句を選んでください。

1. You ------- not have the necessary permissions to execute this operation.

(A) may
(B) should have
(C) have to
(D) ought to

Ⓐ Ⓑ Ⓒ Ⓓ

2. The corporate income tax credit ------- be reimbursed to the company next week.

(A) be able to
(B) will
(C) may have
(D) would have

Ⓐ Ⓑ Ⓒ Ⓓ

3. In order to meet our clients' needs, we ------- overlook the fact that they aren't fully satisfied with our service.

(A) will have to
(B) must
(C) should not
(D) shouldn't have

Ⓐ Ⓑ Ⓒ Ⓓ

4. Ms. Villa ------- easily operate the system because she has been working for the company for over 20 years.

(A) shall not
(B) won't
(C) can't
(D) can

Ⓐ Ⓑ Ⓒ Ⓓ

重要語句

☐ permission	許可	☐ in order to *do*	〜するために
☐ execute	〜を実行する	☐ client	顧客
☐ operation	作業	☐ overlook	〜を見過ごす
☐ the corporate income tax	法人所得税	☐ be satisfied with *A*	Aに満足である
☐ reimburse	〜を払い戻す	☐ operate	〜を操作する

LESSON 07 前置詞とは

「前置詞」は「前に置かれる詞」という名前のとおり，「名詞」「代名詞」「動名詞」などの前に置かれて，**時や場所を表す**表現をつくります。前置詞の前には動詞，とくに自動詞がくることも多いです。動詞によっては，元の動詞の意味とは異なる意味を表す「**句動詞**」になることもあるので注意が必要です。

ただし，to は前置詞の役割のほかに，後ろに動詞の原形を置いて「**不定詞**」（→ p.092）の役割ももちます。to の前にくるフレーズなどによって役割が変わるので，注意しましょう。

前置詞のto	不定詞のto
後ろに名詞 動名詞	後ろに動詞の原形

All employees are dedicated to improving business.
全社員がビジネス向上のために尽力している。
前置詞＋動名詞

All employees are delighted to hear the news.
全社員がその知らせを聞いて喜んでいる。
不定詞＋動詞の原形

次のフレーズでは，to が前置詞として用いられています。頻出なので押さえておきましょう。

be used to ～に慣れている	We are used **to taking** the test. 私たちはその試験を受けるのに慣れています。
be accustomed to ～に慣れている	She was accustomed **to making** speeches in public. 彼女は人前でスピーチすることに慣れていました。

EXERCISE

答えは別冊021ページ
答え合わせが終わったら，音声に合わせて英文を音読しましょう。

空所に入る適切な語句を選んでください。

1. Ms. Kawasaki received a text message from the person in charge at FT New Field, and she ------- to it immediately.

(A) discussed
(B) attended
(C) opposed
(D) replied

Ⓐ Ⓑ Ⓒ Ⓓ

2. Monthly members are provided ------- free access to the Internet on the premises.

(A) under
(B) without
(C) on
(D) with

Ⓐ Ⓑ Ⓒ Ⓓ

3. The CEO of Office Safari is used ------- on business trips by herself.

(A) go
(B) going
(C) to go
(D) to going

Ⓐ Ⓑ Ⓒ Ⓓ

4. Please call the following number ------- case of malfunction of a part of apparatus.

(A) in
(B) on
(C) at
(D) to

Ⓐ Ⓑ Ⓒ Ⓓ

重要語句

☐ receive	～を受け取る	☐ premises	構内，敷地
☐ in charge	担当の	☐ business trip	出張
☐ immediately	ただちに	☐ malfunction	(機械などの)不調
☐ provide *A* with *B*	AにBを提供する	☐ a part of ～	～の一部
☐ free	無料の	☐ apparatus	装置

LESSON 08 そのほかの前置詞

TOEIC L&R テストで特に頻出の前置詞に,「時」を表す by と「条件・譲歩（〜だけれども）」を表す despite があります。文脈から判断して選ばせることもあるので, 例文とともにしっかり覚えましょう。

時

By the end of March, all the documents must be approved.

3月末までにすべての書類が承認されなくてはならない。

条件・譲歩

The experiment was successful despite many difficulties.

多くの困難にもかかわらずその実験は成功した。

辞書などには, 1つの前置詞に対して複数の訳が掲載されています。しかし, それらの訳はすべて1つの基本イメージから広がって生まれたものです。訳を確認するだけでなく, この**基本イメージをつかむことが重要**です。ここでは, 代表的な前置詞をイメージとともに, まとめておきましょう。

前置詞とほかの単語が組み合わさって前置詞の働きをする「前置詞句」も併せて確認しておきましょう。

because of	〜のために	according to	〜によれば	on behalf of	〜に代わって
due to	〜のために	apart from	〜は別として	in spite of	〜にもかかわらず
owing to	〜のために	as for	〜に関する限りでは	up to	〜まで

EXERCISE

答えは別冊023ページ
答え合わせが終わったら，音声に合わせて英文を音読しましょう。

空所に入る適切な語句を選んでください。

1. Mr. Smith will return from his business trip ------- the end of the month and continue working on the project.

(A) upon
(B) by
(C) without
(D) at

Ⓐ Ⓑ Ⓒ Ⓓ

2. Utensils sold at Captain Store are really useful in spite ------- being low in cost.

(A) for
(B) from
(C) of
(D) on

Ⓐ Ⓑ Ⓒ Ⓓ

3. The board of directors decided to change the construction plan ------- a variety of factors.

(A) due to
(B) instead of
(C) up to
(D) aside from

Ⓐ Ⓑ Ⓒ Ⓓ

4. ------- common belief, the rapid decline in sales brought new ideas to lead Miracle Bottle Co. to success.

(A) By means of
(B) Contrary to
(C) Thanks to
(D) In addition to

Ⓐ Ⓑ Ⓒ Ⓓ

重要語句

□ business trip	出張	□ construction	建設
□ project	プロジェクト	□ factor	要因
□ utensil	用具，器具	□ common	一般の
□ board	取締役会	□ belief	認識，考え
□ director	重役，ディレクター	□ rapid	急激な

LESSON 09

接続詞とは

単語と単語，文と文など，ことばをつなぐ役割をするものを「接続詞」と呼びます。

接続詞の中にはメインの文を修飾する副詞の働きをするカタマリ（**副詞節**）をつくるものもあります。副詞節は，主節の前にも後ろにも置くことができます。

副詞節をつくる接続詞のうち，代表的なものを確認しておきましょう。「時」，「条件」，「譲歩」，「理由」などのさまざまな情報をメインの文に付け加えます。

時		条件		譲歩	理由
when （～するときに）	while （～する間に）	if （もし～ならば）	unless （～でない限り）	although （～にもかかわらず）	because （～なので）
before （～する前に）	after （～したあとに）	suppose / supposing （～と仮定すると）		even though （～にもかかわらず）	since （～なので）
until （～するまで（ずっと））	by the time （～するときまでに）	providing / provided （もし～ならば）		even if （たとえ～でも）	as （～なので）
as soon as （～するとすぐに）	once （いったん～すると）	in case （～する場合は）	as long as （～しさえすれば）	whether A or B （A であろうと B であろうと）	now that （今や～だから）

※ as には「～するとき」「～するにつれて」と，前置詞で「～として」という意味もあります。

when や if などがつくる「時」や「条件」を表す副詞節の中では，未来のことでも現在形で表すというルールがあります。これらの節の中での動詞の時制には注意しましょう。

010

EXERCISE

答えは別冊025ページ
答え合わせが終わったら，音声に合わせて英文を音読しましょう。

空所に入る適切な語句を選んでください。

1. She has been working for the organization as a public relations manager, ------- she wants to do something different in another field.

(A) or
(B) as
(C) since
(D) but

Ⓐ Ⓑ Ⓒ Ⓓ

2. The manual of this smartphone doesn't include any special explanation ------- it's really necessary.

(A) when
(B) unless
(C) once
(D) while

Ⓐ Ⓑ Ⓒ Ⓓ

3. Mr. Shimada and Ms. Ito argued about how to proceed ------- they had different points of view.

(A) because
(B) even if
(C) now that
(D) though

Ⓐ Ⓑ Ⓒ Ⓓ

4. Dante Casado wanted to have his own house ------- it was expensive or not.

(A) whether
(B) as long as
(C) but
(D) provided

Ⓐ Ⓑ Ⓒ Ⓓ

重要語句

□ organization	団体	□ explanation	説明
□ public relations	広報活動	□ argue	議論する
□ field	分野	□ proceed	進む
□ manual	取扱説明書	□ point of view	見地，観点
□ include	～を含む	□ expensive	高価な

LESSON 10 そのほかの接続詞

p.046 で紹介した副詞節を含む文のように，文中に 2 つ以上の節（〈S + V〉をもつカタマリ）が含まれている場合，**メインの節を「主節」**，その主節に対して何らかの情報をプラスする**サブの節を「従属節」**といいます。従属節をつくる接続詞を**従属接続詞**といいます。

従属接続詞には，副詞のカタマリをつくるもののほかに，名詞の働きをするカタマリ（名詞節）をつくる従属接続詞 that，if，whether があります。名詞節は，文中で主語，目的語，補語になります。

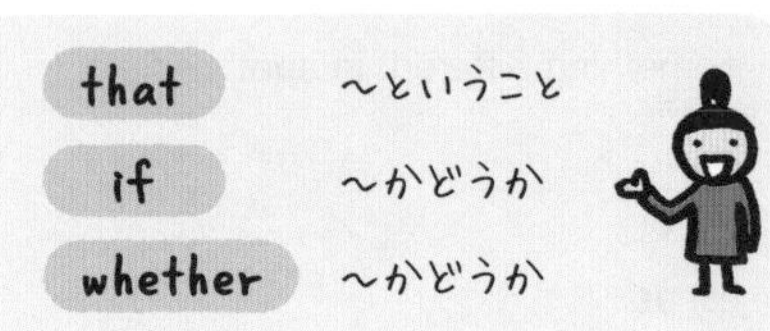

Many customers think (that) Orange Soft offers high quality products.

多くの客はオレンジソフト社が高品質の製品を提供していると思っています。

※that 節が目的語になる場合，接続詞の that は省略されることが多いです。

また，接続詞 that は名詞のあとに置かれて，その名詞の内容をくわしく説明する働きをすることがあります。たとえば，下の例文では that 節が the fact（事実）の具体的な内容を説明しています。このような用法を「同格」と呼びます。

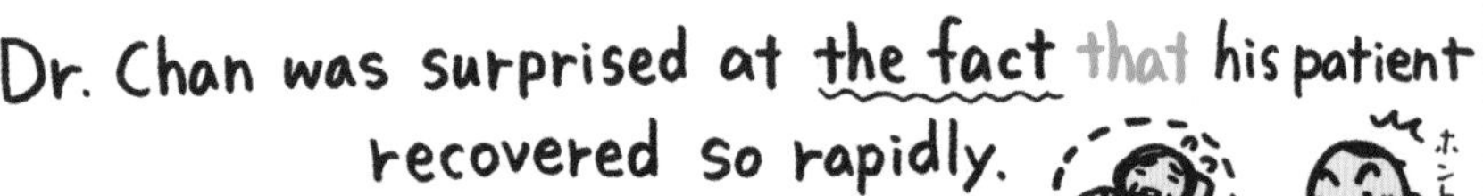

Dr. Chan was surprised at the fact that his patient recovered so rapidly.

チャン医師は彼の患者がとても早く回復したという事実に驚きました。

同格の that と結びつくのは，「考え」や「事実」などの意味をもつ名詞です。同格の that と結びつく代表的な名詞をまとめておきましょう。

idea（考え）	knowledge（知識）	decision（決断）	announcement（知らせ）
news（知らせ）	information（情報）	advice（忠告）	condition（条件）

答えは別冊027ページ
答え合わせが終わったら，音声に合わせて英文を音読しましょう。

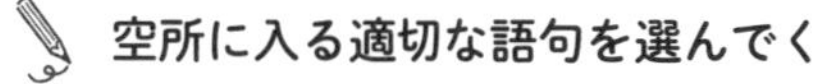

空所に入る適切な語句を選んでください。

1. I was delighted to receive the news ------- your company is celebrating its 50th anniversary.

(A) while
(B) if
(C) that
(D) when

Ⓐ Ⓑ Ⓒ Ⓓ

2. Ms. Suzuki ------- her boss that they needed more employees to complete the task effectively.

(A) helped
(B) offered
(C) started
(D) told

Ⓐ Ⓑ Ⓒ Ⓓ

3. Please note ------- you cannot cancel your reservation after it is confirmed.

(A) that
(B) of
(C) because
(D) and

Ⓐ Ⓑ Ⓒ Ⓓ

4. It is certain ------- Kay Millet wanted her partner to make further progress.

(A) then
(B) that
(C) though
(D) this

Ⓐ Ⓑ Ⓒ Ⓓ

重要語句

□ delight	～を喜ばせる	□ reservation	予約
□ celebrate	～を祝う	□ confirm	～を確認する
□ boss	上司	□ certain	確かな
□ employee	従業員	□ further	さらなる，それ以上の
□ effectively	効果的に	□ progress	前進

LESSON 11 前置詞と接続詞のちがい

TOEIC L&R テストでは，前置詞と接続詞のちがいを問う問題がよく出題されます。

見分け方は「**後ろに何がきているか**」です。後ろに名詞・代名詞・動名詞がきていれば前置詞が，後ろに〈主語＋動詞〉がきていれば接続詞が置かれます。

Mr. Todd got promoted

前 because of his excellent work.
名詞

接 because he did excellent work.
主語 動詞 文

トッド氏は
すばらしい仕事ぶりで昇進しました。

昇進

上の例のように，同じ意味をもつ前置詞と接続詞はほかにもいくつかあるので，しっかり区別しておきましょう。また，見分けにくいものや，品詞によって意味が変わるものも併せて確認しておきましょう。

同じ意味をもつ接続詞と前置詞（句）

意味	接続詞	前置詞(句)
～の間	while	during
～なので	because since as	because of due to owing to
～にもかかわらず	although	in spite of despite

区別しっかり！！

前置詞も接続詞もある	
before	～の前
after	～のあと
until	～まで
as	接続詞 ～のとき，～なので，～につれて 前置詞 ～として

前置詞のみ	
during	～の間じゅう
despite	～にもかかわらず
by	～までに，～の近くに

We met her
接 while we were in Tokyo.
前 during our stay in Tokyo.

私たちは東京にいる間に、彼女に会いました。

久しぶり～

EXERCISE

答えは別冊029ページ
答え合わせが終わったら，音声に合わせて英文を音読しましょう。

空所に入る適切な語句を選んでください。

1. The main product of Hannah International stays competitive ------- its high quality.

(A) since
(B) due to
(C) in line with
(D) instead of

Ⓐ Ⓑ Ⓒ Ⓓ

2. There was a call from Ms. Suzuki ------- you were out.

(A) while
(B) during
(C) until
(D) unless

Ⓐ Ⓑ Ⓒ Ⓓ

3. ------- we had some difficulties in completing the plan, we finally achieved our goal with a lot of help.

(A) Although
(B) Despite
(C) But
(D) In spite of

Ⓐ Ⓑ Ⓒ Ⓓ

4. Please reply ------- the end of this month.

(A) as
(B) until
(C) by
(D) during

Ⓐ Ⓑ Ⓒ Ⓓ

重要語句

□ product	製品	□ complete	～を完了する
□ competitive	競争の	□ achieve	～を成し遂げる
□ quality	品質	□ goal	目標
□ be out	外出して	□ reply	返事をする
□ difficulty	困難	□ end	末，終わり

答えは別冊031～035ページ
答え合わせが終わったら，音声に合わせて英文を音読しましょう。

次の英文の空所に入る適切な語句を選んでください。

1. The board of directors of the firm decided to increase ------- budget for the upcoming year.

(A) its
(B) they're
(C) theirs
(D) ours

Ⓐ Ⓑ Ⓒ Ⓓ

2. Mr. Lee and Ms. Snow were pleased to see that ------- meetings with clients throughout South Africa went very well.

(A) they're
(B) it's
(C) their
(D) hers

Ⓐ Ⓑ Ⓒ Ⓓ

3. Guests of Caln Fine Dining experience an elegant dining atmosphere that always delights -------.

(A) it
(B) ours
(C) these
(D) them

Ⓐ Ⓑ Ⓒ Ⓓ

4. Joshua Buboupakumo felt that before he could accept the assignment in London, ------- would have to learn more about his duties.

(A) he
(B) they'd
(C) his
(D) mine

Ⓐ Ⓑ Ⓒ Ⓓ

5. Displays on the major exhibits at the Heaton Science Museum are distributed ------- the building to provide information to visitors.

(A) among
(B) unless
(C) since
(D) throughout

Ⓐ Ⓑ Ⓒ Ⓓ

6. Ted Carter contacted several firms yesterday ------- the intention of arranging sales presentations at their offices.

(A) at
(B) by
(C) with
(D) to

Ⓐ Ⓑ Ⓒ Ⓓ

7. Memoria Steel manufactures precision machined products ------- highly advanced equipment and industrial processes.

(A) up until
(B) insofar as
(C) away from
(D) by means of

Ⓐ Ⓑ Ⓒ Ⓓ

8. Trent Plastics operates in some of the largest mature markets in the world, ------- small but fast-growing ones.

(A) along with
(B) up against
(C) in order to
(D) because of

Ⓐ Ⓑ Ⓒ Ⓓ

9. The team working on the new lens design has made good progress ------- needs more time to finish.

(A) nor
(B) but
(C) either
(D) or

Ⓐ Ⓑ Ⓒ Ⓓ

10. Ji-seon Kim often works on weekends ------- is still somewhat behind on an important task.

(A) yet
(B) but also
(C) rather than
(D) and instead

Ⓐ Ⓑ Ⓒ Ⓓ

11. HN Plastics plans to upgrade some of its facilities, ------- its goals of improving overall quality control.

(A) as of
(B) due to
(C) on account of
(D) in line with

Ⓐ Ⓑ Ⓒ Ⓓ

12. ------- safety protocols, Szall Textiles Co. regularly holds a training session.

(A) Except for
(B) In light of
(C) With respect to
(D) Near to

Ⓐ Ⓑ Ⓒ Ⓓ

● もっとくわしく!

前置詞とほかの単語とのつながりにも注意しよう!

TOEIC L&RテストのPART 5と6では，前置詞そのものが問われる問題のほか，前置詞とそのほかの単語との組み合わせが正解のカギになる問題が出題されます。

前置詞は動詞や名詞に比べて学習がおろそかになりがちですが，熟語などを覚えるときには前置詞にも意識を向けて，前置詞とほかの単語とのつながり（コロケーション）も覚えておくことが重要です。

・conform to rules and regulations （規則に従う）
・access to the confidential documents （機密書類へのアクセス）
・aptitude for figures （数字に対する才能）

LESSON 12

現在形とは

基本時制①

現在のことを表す場合には，動詞の**現在形**を使います。現在形が表すのは**現在の状態**や**習慣**です。

Mr. Kimura is my colleague, and he works the hardest in this division.
現在形
現在形
おっ
資料です
いってきます!
すばらしいです!
キムラさんは私の同僚でこの部署で最もよく働きます。

特に動作を表す動詞の現在形は，次の例文の「毎週金曜日に定例会議をする」というような「ふだん，くりかえし行われている習慣的な動作」を表します。

The executives have a regular meeting every Friday.
重役たちは毎週金曜日に定例会議をする。
The sales manager gives a presentation at every meeting.
3単現のs
営業部長は毎回の会議でプレゼンする。

現在形の文は，be 動詞の場合，主語に合わせて am，is，are を使い分けます。一般動詞の場合，主語が he や she などの 3 人称で単数であれば，動詞の後ろに s をつけます。それ以外が主語の場合は，動詞のそのままの形を使います。

be 動詞の場合，否定文は be 動詞のあとに not を入れます。疑問文は主語と be 動詞の順番を入れかえます。一般動詞の場合，否定文は動詞の前に do not[don't] か does not[doesn't] を入れます。疑問文は主語の前に Do や Does を置きます。

be動詞	否定文	She is **not [isn't]** Japanese.
	疑問文	Is she Japanese?
一般動詞	否定文	I **do not [don't]** speak Japanese.
		She **does not [doesn't]** speak Japanese.
	疑問文	**Do** you speak Japanese?
		Does she speak Japanese?

EXERCISE

答えは別冊037ページ
答え合わせが終わったら，音声に合わせて英文を音読しましょう。

空所に入る適切な語句を選んでください。

1. As an international leader in their field, Lloyd & Ray Co. ------- the cutting-edge technology.

(A) develop
(B) develops
(C) developing
(D) to develop

Ⓐ Ⓑ Ⓒ Ⓓ

2. To build a good relationship, the employees of MM Yarn Inc. ------- a company trip every year.

(A) organize
(B) organizes
(C) to organize
(D) organizing

Ⓐ Ⓑ Ⓒ Ⓓ

3. Kana Rockwell ------- for a famous department store in Osaka.

(A) work
(B) working
(C) works
(D) to work

Ⓐ Ⓑ Ⓒ Ⓓ

4. His enthusiasm for his work ------- the same as before.

(A) remain
(B) remains
(C) remaining
(D) to remain

Ⓐ Ⓑ Ⓒ Ⓓ

重要語句

□ international	国際的な	□ employee	従業員
□ field	分野	□ company trip	社員旅行
□ cutting-edge	最先端の	□ department store	デパート
□ technology	科学技術，工業技術	□ enthusiasm	熱意
□ relationship	関係	□ the same as before	以前と同じ

LESSON 13 現在進行形とは

現在進行形の基本形は〈be 動詞［am, are, is］＋動詞の ing 形〉です。否定文をつくるには，be 動詞の後ろに not を入れます。疑問文をつくるには，主語と be 動詞を入れかえます。be 動詞を含む文の否定文，疑問文とつくり方（→ p.054）は同じですね。

現在進行形は，今まさに起こっている**進行中の動作**や，**ほぼ確定している未来**のことを表します。

進行形にできるのは**動作動詞**だけです。**状態動詞は基本的に進行形にはしません**。状態動詞は同じ状態が続くことを表すので，進行中の動作を表す進行形にはならないのです。

進行形にならないおもな状態動詞を意味別にまとめると，次のようになります。

ただし，have は「持っている」という意味のほかに，「〜を食べる」という動作動詞としての意味があります。この**「食べる」の意味の have は進行形にすることができる**ので注意しましょう。

EXERCISE

答えは別冊039ページ
答え合わせが終わったら，音声に合わせて英文を音読しましょう。

空所に入る適切な語句を選んでください。

1. Chief Director Hal Sander ------- for the Paris branch office this evening.

(A) leave
(B) leaving
(C) is leaving
(D) left

Ⓐ Ⓑ Ⓒ Ⓓ

2. According to Ms. Sato's schedule, she ------- an orientation for new employees in Thailand now.

(A) conduct
(B) conducted
(C) to conduct
(D) is conducting

3. Based on the latest survey, most clients of this furniture company ------- simple and chic designs.

(A) prefer
(B) prefers
(C) preference
(D) preferring

Ⓐ Ⓑ Ⓒ Ⓓ

4. Everything regarding the construction of the new plant ------- well.

(A) go
(B) going
(C) to go
(D) is going

Ⓐ Ⓑ Ⓒ Ⓓ

重要語句

☐ branch office	支店	☐ survey	調査
☐ according to	～によれば	☐ client	依頼人，顧客
☐ orientation	オリエンテーション	☐ regarding	～に関して
☐ conduct	～を行う	☐ construction	建設
☐ latest	最新の	☐ plant	工場

LESSON 14 現在完了形とは

完了形①

現在完了形は，**過去からつながっている「今の状態」**を表現するときに用います。過去形とちがい，「今とかかわりがある」ということが重要です。

基本形は**〈have + 過去分詞〉**で，主語が３人称単数のときは**〈has + 過去分詞〉**になります。否定文は have[has] の後ろに not を入れます。短縮形は haven't[hasn't] です。疑問文は主語と have[has] を入れかえます。

現在完了形は「(今までに) ～したことがあります」という**経験**,「(今までずっと) ～しています」という**継続**,「(もう) ～してしまいました」という**完了**の３つの意味を表します。

まずは,「今からこれまでを振り返って，～したことがある」という**経験**を表す場合について見てみましょう。

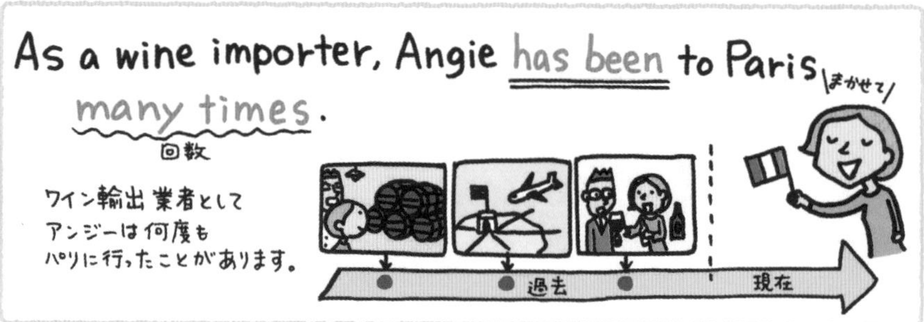

As a wine importer, Angie has been to Paris many times.
まかせて！
回数
ワイン輸出業者として
アンジーは何度も
パリに行ったことがあります。
過去
現在

経験の意味を表す現在完了形の文では，before（以前に）や，右に示すような「回数」を表す表現が使われることが多いです。

once（1回）	twice（2回）
three times（3回）	four times（4回）
several times（数回）	many times（何度も）

経験の意味を表す現在完了形の疑問文では，**ever**（これまで～）がよく使われます。否定文では not のかわりに，**never**（1度も～ない）が使われることがあります。

Have you ever been to Sapporo?
これまで
あなたはこれまでに
札幌に行ったことが
ありますか？
Sapporo
I have never been to Sapporo.
1度もない
私は札幌に
1度も行ったことが
ありません。

また，「ずっと～である」という**継続**の意味も現在完了形で表すことができます。

They **have worked** together **since** they were young.
彼らは若い頃から一緒に働いています。

They **have worked** together **for** over 25 years.
彼らは25年間以上，一緒に働いています。

継続の意味を表す現在完了形の文では，「期間」を表す表現がよく使われます。

続いている期間の長さは，**for ～**（～の間）を使って表します。

始まった時期がいつなのかを伝えるときには **since ～**（～以来）を使います。

最後に「(たった今) ～したところだ」「(すでに) ～してしまった」という**完了**を表す現在完了形を見ていきましょう。

Kate has **already** done some research on M&T Inc.
ケイトはM&T社についての調査をすでに行っています。

Kate hasn't done any research on M&T Inc. **yet**.
ケイトはM&T社についての調査をまだ行っていません。

完了を表す現在完了形の文では，右に示すような「すでに」「もう」という意味の表現がよく使われます。**just now**（たった今）は過去形とともに使い，現在完了形の文では使わないので注意しましょう。

完了 の文でよく使われる表現

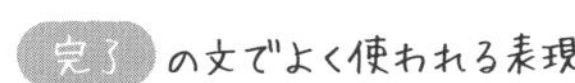

EXERCISE

→答えは別冊041ページ～
答え合わせが終わったら，音声に合わせて英文を音読しましょう。

空所に入る適切な語句を選んでください。

1. As a competent brain scientist, Dr. Brown ------- the international prize twice.

(A) wins
(B) has won
(C) have won
(D) won

Ⓐ Ⓑ Ⓒ Ⓓ

2. The CEO of Horse River Technology has already ------- quite a fortune in the stock market.

(A) make
(B) to make
(C) made
(D) making

Ⓐ Ⓑ Ⓒ Ⓓ

3. With a lot of supporters, Makoto Enterprise has grown steadily ------- five years.

(A) yet
(B) to
(C) for
(D) since

Ⓐ Ⓑ Ⓒ Ⓓ

4. We can't verify your credit card number, so we ------- the goods you ordered yet.

(A) haven't shipped
(B) hasn't shipped
(C) isn't shipped
(D) isn't shipping

Ⓐ Ⓑ Ⓒ Ⓓ

重要語句

☐ competent	有能な	☐ supporter	支持者
☐ prize	賞	☐ steadily	着実に
☐ quite a *A*	かなりのA	☐ verify	～を確認する
☐ fortune	財産	☐ goods	商品
☐ stock market	株式市場	☐ order	～を注文する

5. We would like to inform you that new voting laws have been introduced ------- the last election.

(A) since
(B) for
(C) yet
(D) before

Ⓐ Ⓑ Ⓒ Ⓓ

6. With their growing production, gas and oil industries ------- the city's expansion and economic prosperity over many decades.

(A) have accelerated
(B) accelerating
(C) were accelerated
(D) accelerate

Ⓐ Ⓑ Ⓒ Ⓓ

7. Professor Fontaine of Tucker University ------- one of our external auditors since last February.

(A) is
(B) was
(C) has been
(D) will be

Ⓐ Ⓑ Ⓒ Ⓓ

8. We regret to inform you that the tickets for the reception party have just ------- out.

(A) been sold
(B) selling
(C) to sell
(D) sell

Ⓐ Ⓑ Ⓒ Ⓓ

□ voting	投票	□ prosperity	繁栄
□ introduce	～を導入する	□ decade	10年
□ election	選挙	□ professor	教授
□ production	生産量	□ external auditor	社外監査役
□ expansion	拡大	□ regret to *do*	残念ながら～する

LESSON 15 現在完了進行形とは

現在完了進行形は,「ずっと～しつづけている」というような, **過去のある時点から現在まで動作が続いている**ことを表します。基本形は**〈have[has] + been + 動詞の ing 形〉**です。この形をとるのは動作動詞です。否定文をつくるには, have[has] の後ろに not を入れます。短縮形の haven't[hasn't] もよく使われます。疑問文をつくるには, 主語と have[has] を入れかえます。

Business has been improving since the reopening.
新装開店以来経営は改善しつづけています。
人気店です
過去
現在

study（勉強する）, stay（滞在する）, sleep（眠る）, wait（待つ）, rain（雨が降る）, increse（増える）などの継続の意味を含む動作動詞は, ふつうの現在完了形（〈have + 過去分詞〉の形）でも動作の継続を表すことができます。しかし, 現在完了進行形を使うことで, 今も動作が継続していることが強調され, **その動作がこれからも続きそうだ**ということを表します。

Life expectancy has increased in recent years.
近年、平均寿命が伸びています。

The population of that country has been increasing.

1億2000万人
今後も増えそうです

017

答えは別冊045ページ
答え合わせが終わったら，音声に合わせて英文を音読しましょう。

空所に入る適切な語句を選んでください。

1. For the past five days, Hiroko Hillbridge ------- a broken machine all by herself.

(A) fix
(B) to fix
(C) has been fixing
(D) been fixing

Ⓐ Ⓑ Ⓒ Ⓓ

2. He ------- to call his client for a week.

(A) have been trying
(B) has been trying
(C) tries
(D) tried

Ⓐ Ⓑ Ⓒ Ⓓ

3. The executives of KZ Motors ------- for the reply from their client since yesterday.

(A) to wait
(B) been waiting
(C) have been waiting
(D) waiting

Ⓐ Ⓑ Ⓒ Ⓓ

4. She ------- as an engineer and a farmer at the same time for the last ten years.

(A) to work
(B) working
(C) has been working
(D) been working

Ⓐ Ⓑ Ⓒ Ⓓ

重要語句

□ past	（しばしば完了時制に用いて）最近の	□ reply	返事
□ broken	壊れた	□ client	顧客
□ machine	機械	□ engineer	技術者
□ call	～に電話する	□ farmer	農業従事者
□ executive	重役	□ last	すぐ前の

LESSON 16 過去形とは

基本時制②

「昨日～した」などのような過去のことは，動詞の過去形を使って表します。

be 動詞の場合，主語が単数名詞なら was，複数名詞なら were を使います。否定文，疑問文は be 動詞を用いた現在形の文とつくり方は同じです(→ p.054)。

be動詞
am
is → was
are → were
一般動詞
attend → attended
understand → understood

一般動詞の場合，主語に関係なく語尾が ed で終わる過去形にするのが基本です。ただし，不規則に変化する動詞もあるので注意が必要です(→ p.022)。否定文は did not（短縮形は didn't）を動詞の前に置きます。疑問文は主語の前に Did を置きます。

過去形は，おもに**過去の状態**（「～だった」）や**過去の動作**，**過去の習慣**（「～した」）を表します。

According to the report, most researchers were very busy last week.
過去形
過去を表すフレーズ

報告書によると，ほとんどの研究者たちは先週とても忙しかったそうです。

状態

なるほど

They did many experiments on weekdays.

動作

彼らは平日多くの実験をしました。

休日なのにね

They wrote reports on their research on weekends.

動作

彼らは週末に研究についての報告書を書きました。

「過去によく～した」という過去の習慣を表す場合には，**often**（よく～），**usually**（ふつう），**sometimes**（ときどき）などの表現を一緒に使います。

I often went to work at 7 A.M. when I was in the Osaka branch.

大阪支社にいる時は，よく午前7時に出社したものだ。

He was usually late for the monthly meeting.

彼はだいたい月例会議に遅刻しました。

EXERCISE

答えは別冊047ページ
答え合わせが終わったら，音声に合わせて英文を音読しましょう。

空所に入る適切な語句を選んでください。

1. After the writer submitted the draft, the chief editor ------- it last week.

(A) correct
(B) correction
(C) correcting
(D) corrected

Ⓐ Ⓑ Ⓒ Ⓓ

2. Please mail a copy of the certificate that you ------- two months ago.

(A) acquire
(B) acquired
(C) acquisition
(D) to acquire

Ⓐ Ⓑ Ⓒ Ⓓ

3. Mr. Miyamoto ------- unanimous approval at a meeting held at the end of last month.

(A) receive
(B) receiving
(C) received
(D) to receive

Ⓐ Ⓑ Ⓒ Ⓓ

4. When Maple Tree Inc. ------- into the European market five years ago, it found a steady way to lead itself to success in the future.

(A) expand
(B) expanded
(C) expanding
(D) expansion

Ⓐ Ⓑ Ⓒ Ⓓ

重要語句

□ submit	～を提出する	□ unanimous	満場一致の
□ draft	下書き	□ approval	賛成，承認
□ chief	長	□ steady	着実な
□ editor	編集者	□ lead *A* to *B*	BにAを導く
□ certificate	証明書	□ success	成功

LESSON 17

過去形と現在完了形のちがい

過去形と現在完了形

日本語では「～しました」と表すことでも，英語では過去形と現在完了形を使い分けることがあり，日本語と英語の間には考え方にズレがあります。過去形と現在完了形の特徴をしっかり理解して，両者をしっかり区別できるように練習しましょう。

過去形が表すのは「過去にあった」ことで，今とはまったく関わりがありません。一方，現在完了形が表すのは，過去からつながっている「今の状態」です。必ず**「今」の視点**が入っています。

現在完了形は，過去からつながっている今の状態を表すので，yesterday（昨日），〈when + 過去形の文〉などの**過去を表す表現とは一緒に使いません**。現在完了形は，since ～（～以来），for ～（～の間）といった期間を表す表現などと一緒に使います。

また，過去形を使うか，現在完了形を使うかで，表す状況や次に続けられる表現が異なることもあります。

答えは別冊049ページ
答え合わせが終わったら，音声に合わせて英文を音読しましょう。

空所に入る適切な語句を選んでください。

1. Liberal Engineers ------- their business in Tokyo in 2014.

(A) establish
(B) is establishing
(C) has established
(D) established

Ⓐ Ⓑ Ⓒ Ⓓ

2. The main office of Konishi Manufacturing ------- in Kyoto for four years.

(A) locate
(B) located
(C) has been located
(D) is located

Ⓐ Ⓑ Ⓒ Ⓓ

3. Most of the staff members of Square Garden ------- in social gatherings at least twice.

(A) has participated
(B) have participated
(C) participate
(D) are participating

Ⓐ Ⓑ Ⓒ Ⓓ

4. Make sure the washing machine ------- before you take out your clothes.

(A) has stopped
(B) have stopped
(C) stopping
(D) stop

Ⓐ Ⓑ Ⓒ Ⓓ

重要語句

□ business	事業	□ at least	少なくとも
□ main office	本社	□ make sure	確かめる
□ for	～の間	□ washing machine	洗濯機
□ staff member	社員	□ take out	～を取り出す
□ social gathering	懇親会	□ clothes	衣類

LESSON 18 過去進行形とは

進行形②

過去進行形は〈was[were] + 動詞の ing 形〉の形をとります。「〜していた」という，**過去のある時点で進行していた動作**を表します。現在進行形の時間軸が過去にスライドしたものと考えるとわかりやすいでしょう。

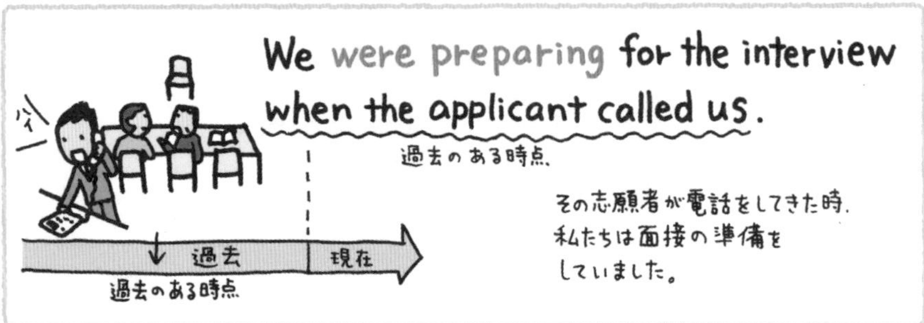

We were preparing for the interview when the applicant called us.

その志願者が電話をしてきた時，私たちは面接の準備をしていました。

過去進行形の文では，then（そのとき）や yesterday（昨日），上の例文にあるように〈when + 過去形の文〉などの過去の時点を示す表現が一緒に使われます。

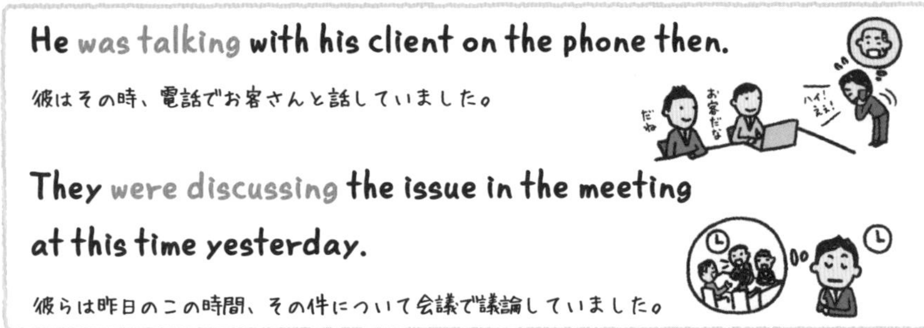

He was talking with his client on the phone then.
彼はその時、電話でお客さんと話していました。

They were discussing the issue in the meeting at this time yesterday.
彼らは昨日のこの時間、その件について会議で議論していました。

過去の出来事をざっくり伝えるのが過去形で，幅のある期間の中である時点に焦点を当てて継続的な動作を表すのが過去進行形です。

過去形
He analyzed the problem yesterday.
彼は昨日，この問題を分析しました。
過去
現在
過去進行形
He was analyzing the problem at 9:00 yesterday.
彼は昨日の9時にこの問題を分析していました。
現在
9:00 yesterday

EXERCISE

答えは別冊051ページ
答え合わせが終わったら，音声に合わせて英文を音読しましょう。

空所に入る適切な語句を選んでください。

1. The CEO of DS Lab ------- the purchase data when she got the phone call yesterday afternoon.

(A) is analyzing
(B) are analyzing
(C) was analyzing
(D) were analyzing

Ⓐ Ⓑ Ⓒ Ⓓ

2. River Surface Co. ------- the special glue for repairs at that time.

(A) isn't using
(B) doesn't use
(C) wasn't using
(D) weren't using

Ⓐ Ⓑ Ⓒ Ⓓ

3. While the employees of DPZ Inc. ------- the new project at the weekly meeting, they came up with a great idea.

(A) discuss
(B) discussing
(C) is discussing
(D) were discussing

Ⓐ Ⓑ Ⓒ Ⓓ

4. In order to be accurate when she wrote the article, Ms. York ------- Mr. Poole important questions.

(A) ask
(B) asks
(C) is asking
(D) was asking

Ⓐ Ⓑ Ⓒ Ⓓ

重要語句

☐ purchase	購入	☐ come up with *A*	Aを思いつく
☐ glue	接着剤	☐ in order to *do*	～するために
☐ repair	修理	☐ accurate	正確な
☐ discuss	～を検討する	☐ article	記事
☐ weekly	週に１回の	☐ important	重要な

LESSON 19

過去完了形とは

完了形②

過去完了形(かこかんりょうけい)は〈had + 過去分詞〉の形で，ある過去の時点とそれよりも前の時点に起きたことのつながりを示します。過去完了形は，現在完了形の時間の基準を過去にスライドさせたものだと考えるとわかりやすいでしょう。

上の例文のような**完了**のほか，**経験**（～したことがあった），**継続**（～していた）の意味も表します。ある過去の時点とそれよりも前の時点に起きたことのつながりを示すという点がポイントです。

過去完了形のもう１つの用法に大過去(だいかこ)があります。過去形は，過去の出来事を１つ伝えるときに使いますが，過去完了形の大過去は，その**過去の出来事よりもさらに前の出来事**を表します。過去形と大過去を使うことで，過去の出来事とそれより前の出来事との時間のズレを示すことができます。

EXERCISE

答えは別冊053ページ
答え合わせが終わったら，音声に合わせて英文を音読しましょう。

空所に入る適切な語句を選んでください。

1. Ms. Shiba ------- off the strategy meeting before she finally came to Kobe on her business trip.

(A) puts
(B) is putting
(C) has put
(D) had put

Ⓐ Ⓑ Ⓒ Ⓓ

2. One of the employees of LNF Design ------- the trend of high-tech vehicles earlier, so they started to develop them several years ago.

(A) predict
(B) predicts
(C) has predicted
(D) had predicted

Ⓐ Ⓑ Ⓒ Ⓓ

3. Herb Man Factory ------- some rare ingredients from all over the world since it started business.

(A) has imported
(B) had imported
(C) was imported
(D) were imported

Ⓐ Ⓑ Ⓒ Ⓓ

4. Mr. Oliver ------- in the promising company twenty years ago.

(A) invests
(B) invested
(C) has invested
(D) had invested

Ⓐ Ⓑ Ⓒ Ⓓ

重要語句

□ strategy	戦略	□ develop	～を開発する
□ finally	最終的に	□ several	いくつかの
□ trend	流行	□ rare	めずらしい
□ high-tech	ハイテクの	□ ingredient	材料
□ vehicle	乗り物	□ promising	前途有望な

LESSON 20 過去完了進行形とは

完了進行形②

現在完了進行形は，過去のある時点から現在まで動作が続いていることを表す表現でした。ここでは，その現在完了進行形の時間軸を過去にスライドさせた過去完了進行形（かこかんりょうしんこうけい）を学習します。

過去完了進行形は，過去のある時点までの**動作の継続**を表します。「(過去のある時点まで)ずっと～し続けていた」という意味になります。形は現在完了進行形の have[has] を過去形にした **〈had + been + 動詞の ing 形〉** です。この形をとるのは動作動詞です。

He had been running business in Tokyo for ten years when he met Larry there.
Tokyo
彼はラリーと出会った時
10年間 東京で事業を営んでいました。
10年間
過去
現在

TOEIC L&R テストの問題では，選択肢の表現がどの時制なのかを分析した上で，問題文中で時制のヒントを探しましょう。過去完了進行形を選ぶときのヒントは，文中に**過去時制**があることと **〈for + 時間〉** などの期間を表すフレーズです。

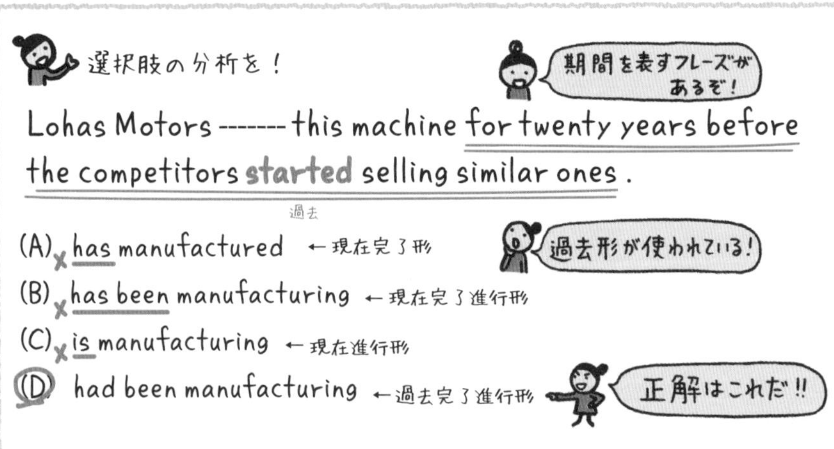

選択肢の分析を！
期間を表すフレーズがあるぞ！
Lohas Motors ------- this machine for twenty years before the competitors started selling similar ones.
過去
(A) has manufactured ←現在完了形
過去形が使われている！
(B) has been manufacturing ←現在完了進行形
(C) is manufacturing ←現在進行形
(D) had been manufacturing ←過去完了進行形
正解はこれだ!!

EXERCISE

答えは別冊055ページ
答え合わせが終わったら，音声に合わせて英文を音読しましょう。

空所に入る適切な語句を選んでください。

1. The researchers in Above Shore Institute ------- the virus when they finally discovered the new phenomenon.

(A) observing
(B) is observing
(C) has observed
(D) had been observing

Ⓐ Ⓑ Ⓒ Ⓓ

2. DW Printing ------- for some breakthrough skills to meet their clients' needs until it won the prize last year.

(A) is searching
(B) has been searching
(C) had been searching
(D) to search

Ⓐ Ⓑ Ⓒ Ⓓ

3. Warm Field Liquor ------- an annual party in August since it opened the store.

(A) holds
(B) was holding
(C) has been holding
(D) had been holding

Ⓐ Ⓑ Ⓒ Ⓓ

4. When Beauty Chance Gallery opened, they ------- great works for more than a year.

(A) collects
(B) is collecting
(C) has been collecting
(D) had been collecting

Ⓐ Ⓑ Ⓒ Ⓓ

重要語句

□ researcher	研究者	□ breakthrough	（難局の）打開
□ institute	研究所	□ skill	技術
□ virus	ウイルス	□ client	顧客
□ discover	～を発見する	□ annual	毎年の
□ phenomenon	現象	□ more than *A*	Aより以上に

LESSON 21 # 未来を表す表現

基本時制③

未来(みらい)を表す表現には，〈be going to + 動詞の原形〉と〈will + 動詞の原形〉の２種類があります。

〈be going to + 動詞の原形〉の否定文は，be の後ろに not を入れます。疑問文は主語と be 動詞を入れかえます。〈will + 動詞の原形〉の否定文は，will の後ろに not を入れます。省略形は won’t です。疑問文は主語と will を入れかえます。

	be going to ～の変化	will ～の変化
肯定文	You are going to work ～	You will work ～
否定文	You are **not** going to work ～	You will **not[won’t]** work ～
疑問文	**Are** you going to work ～?	**Will** you work ～?

〈be going to + 動詞の原形〉は，**近い未来**や**起こる可能性が高いこと**，**すでに決まっている予定**などを表すときに使います。

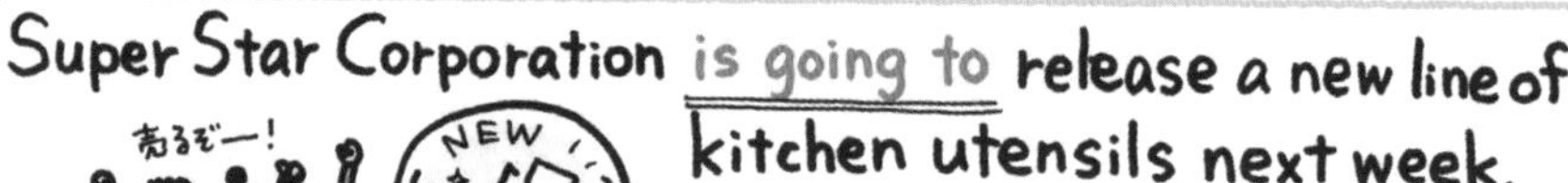

Super Star Corporation is going to release a new line of kitchen utensils next week.
売るぞー!
NEW
スーパースターコーポレーションは来週新しい台所用品を発売する予定です。

〈will + 動詞の原形〉は，**起こる可能性が低いこと**や，**その場で決めたこと**などを表すときに使います。

They will make another product next year.
可能性低め
彼らは来年、別の商品をつくるでしょう。

新商品企画会議

また，be going to は**実行される確率の高い予定や根拠のある予想**を表し，will は**ぼんやりとした予定や根拠のない予想**を表します。

According to the weather forecast, it's going to snow tonight.
根拠あり
雪
天気予報によると今夜雪が降るそうです。
Maybe it will snow tonight.
予想・想像
降るかも…
今夜、雪が降るかもしれません。

EXERCISE

答えは別冊057ページ
答え合わせが終わったら，音声に合わせて英文を音読しましょう。

空所に入る適切な語句を選んでください。

1. Spring Village Inc. ------- move to their new location by the crossroads next week.

(A) goes to
(B) is going to
(C) are going to
(D) go to

Ⓐ Ⓑ Ⓒ Ⓓ

2. Cedar Mountain Fabric ------- one of the biggest companies in Africa in the near future.

(A) will be
(B) was
(C) to be
(D) being

Ⓐ Ⓑ Ⓒ Ⓓ

3. Ms. Fielding and her boss ------- make an inspection of a new plant in Kyoto tomorrow.

(A) is going to
(B) are going to
(C) going
(D) goes

Ⓐ Ⓑ Ⓒ Ⓓ

4. Every Monday morning, Mr. Rockingham ------- a brainstorming session with his colleagues.

(A) have
(B) has
(C) would have had
(D) is about to have

Ⓐ Ⓑ Ⓒ Ⓓ

重要語句

□ move	移転する	□ inspection	視察
□ location	場所	□ plant	工場
□ crossroad	交差点	□ brainstorming	ブレーンストーミング
□ fabric	織物	□ session	会合
□ boss	上司	□ colleague	同僚

LESSON 22 未来進行形と未来完了形

進行形③・完了形③

未来進行形(みらいしんこうけい)は**〈will + be + 動詞の ing 形〉**という形をとります。「部長たちは新製品を売る戦略について明日の夜，話し合っているでしょう」というような**未来のある時点でしているであろう動作**を表します。現在進行形の時間軸が未来にスライドしたものと考えるとわかりやすいでしょう。

未来の予定や意思を表すのが未来形で，自然な成り行きでそうなるだろうという未来を表すのが未来進行形です。

未来完了形(みらいかんりょうけい)は**〈will + have + 過去分詞〉**の形で，**未来のある時点までの完了，経験，継続**を表します。現在完了形の時間軸が未来にスライドしたものと考えましょう。

未来完了形の**完了**（〜してしまっているだろう）の文では，上の例文のように，基準となる「未来のある時点」を示す **by 〜**（〜までに）や **before 〜**（〜以前に）などの表現がよく使われます。

ほかの完了形と同様に，未来完了形も**経験**や**継続**も表すことができます。

EXERCISE

答えは別冊059ページ
答え合わせが終わったら, 音声に合わせて英文を音読しましょう。

空所に入る適切な語句を選んでください。

1. When you come to my office, I ------- a potential employee.

(A) interviewing
(B) was interviewing
(C) will be interviewing
(D) to interview

Ⓐ Ⓑ Ⓒ Ⓓ

2. This plane ------- at Haneda Airport in a few minutes.

(A) landing
(B) lands
(C) are landing
(D) will be landing

Ⓐ Ⓑ Ⓒ Ⓓ

3. According to the official announcement, Mr. Codd ------- there by November 13th.

(A) arriving
(B) has arrived
(C) arrives
(D) will have arrived

Ⓐ Ⓑ Ⓒ Ⓓ

4. Glorious Wave Manufacture ------- its latest products by the time the exhibition is held next year.

(A) releasing
(B) will have released
(C) will be released
(D) has released

Ⓐ Ⓑ Ⓒ Ⓓ

重要語句

☐ interview	～と面接する	☐ official	公式の
☐ potential	可能性のある	☐ announcement	発表
☐ plane	飛行機	☐ latest	最新の
☐ in a few minutes	数分後に	☐ product	商品
☐ according to	～によれば	☐ exhibition	展示会

LESSON 23 仮定法過去とは

「もし～ならば…なのに」という現在の事実とはちがう仮定や想像を表すために使うのが**仮定法過去**です。形は**〈If ＋ 主語 ＋ 動詞の過去形 ～，主語 ＋ would[could, might] ＋ 動詞の原形〉**です。If のあとに be 動詞の過去形がくる場合は，主語が何であっても were を使うのがふつうです。

仮定法は「現在の事実とはちがうこと」を表すので，上の文のもとになる現在の現実を表す文は，The director is not in charge of this project, so she can't go to New York.（その重役がこの計画の担当ではないので，彼女はニューヨークに行けない）ということになります。このように，現実のことを表す文は**直説法**と呼ばれます。これまで学んできたふつうの文は，すべて直説法です。

仮定法過去が表す内容はあくまでも「現在」のことですが，過去形を使って仮定を表すので「仮定法過去」と呼ばれます。

仮定法では，話の内容が**「ありえないこと，現実と離れていること」**であるという，現実とのズレを表すために，動詞の時制を過去のほうに１つだけずらすのです。

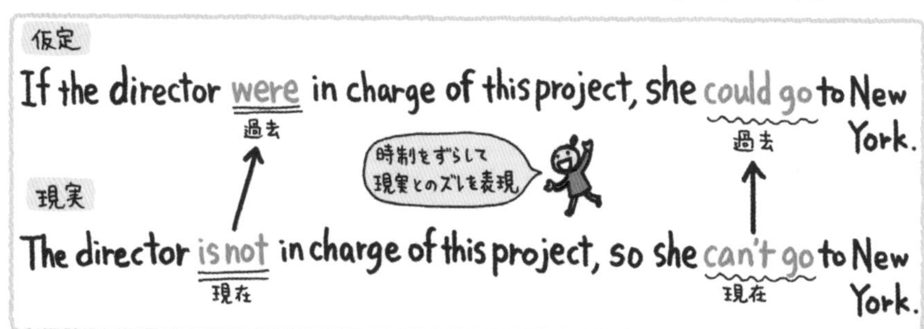

EXERCISE

答えは別冊061ページ
答え合わせが終わったら，音声に合わせて英文を音読しましょう。

空所に入る適切な語句を選んでください。

1. If Three Tea Firm ------- in New York, a lot of customers would want to purchase their products.

(A) is
(B) will be
(C) were
(D) would be

Ⓐ Ⓑ Ⓒ Ⓓ

2. Mr. Ichikawa, MUP community manager, ------- the schedules if the application system didn't work properly.

(A) don't set up
(B) doesn't set up
(C) can't set up
(D) couldn't set up

Ⓐ Ⓑ Ⓒ Ⓓ

3. If Grace Richhill ------- no space to concentrate on her work, she wouldn't try to do new things.

(A) has
(B) had
(C) has had
(D) have

Ⓐ Ⓑ Ⓒ Ⓓ

4. If we ------- afford it, we would set up a new factory in the region.

(A) can
(B) are able to
(C) must
(D) could

Ⓐ Ⓑ Ⓒ Ⓓ

重要語句

□ customer	顧客	□ properly	適切に
□ purchase	～を購入する	□ concentrate on	～に集中する
□ product	商品	□ afford	～する余裕がある
□ community	地域	□ set up	～を設立する
□ application	応用，アプリケーション	□ region	地域

LESSON 24 仮定法過去完了とは

仮定法②

「もし～だったならば…だったのに」という過去の事実とはちがう仮定や想像を表すために使うのが**仮定法過去完了**です。表す内容は過去のことですが，過去完了形を使って表すので「仮定法過去完了」と呼ばれます。**〈If + 主語 + had + 過去分詞～，主語 + would[could, might] + have + 過去分詞〉**が基本の形です。

The engineers didn't notice the critical errors, so they couldn't fix them.（技術者たちはその重大な誤りに気づかなかったので，修正できませんでした）という過去の事実に反する想像を，上の仮定法過去完了の文は表しています。

現在の事実に反する仮定を表すのが仮定法過去で，**過去の事実に反する**仮定を表すのが仮定法過去完了です。混同しやすいので形に注意して，しっかり押さえておきましょう。

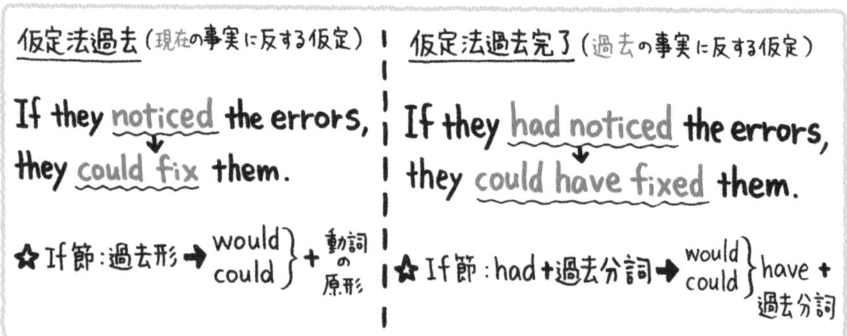

また，「過去に～だったならば，今～だろうに」のように，仮定法過去完了と仮定法過去が一緒に使われることもあります。

EXERCISE

答えは別冊063ページ
答え合わせが終わったら，音声に合わせて英文を音読しましょう。

空所に入る適切な語句を選んでください。

1. Ellie Kington wouldn't ------- here if she had kept working at that company.

(A) come
(B) came
(C) have come
(D) had come

Ⓐ Ⓑ Ⓒ Ⓓ

2. If Mr. Tucker ------- these capable staff members, he couldn't have put together such an amazing team.

(A) doesn't recruit
(B) hasn't recruited
(C) hadn't recruited
(D) haven't recruited

Ⓐ Ⓑ Ⓒ Ⓓ

3. If Ms. Longvale ------- her job, her coworkers would have a lot of trouble.

(A) quit
(B) quits
(C) has quit
(D) had quit

Ⓐ Ⓑ Ⓒ Ⓓ

4. All the members of the team would have left the country if the leader ------- another option.

(A) has chosen
(B) had chosen
(C) chooses
(D) chose

Ⓐ Ⓑ Ⓒ Ⓓ

重要語句

□ capable	有能な	□ coworker	同僚
□ put together *A*	Aを組み立ててつくる	□ trouble	困難
□ such a[an] ～	とても～な， 非常に～な	□ left	leave(去る)の過去形・ 過去分詞
□ amazing	すばらしい	□ option	選択肢

027

12 〜 24

答えは別冊065〜069ページ
答え合わせが終わったら，音声に合わせて英文を音読しましょう。

次の英文の空所に入る適切な語句を選んでください。

1. URU Education Materials, Inc. ------- a broad range of textbooks for universities throughout the country.

(A) publish
(B) publishing
(C) publishes
(D) to have been publishing

Ⓐ Ⓑ Ⓒ Ⓓ

2. Cho & Nakayama Law ------- applications from recent university graduates through the end of November.

(A) accept
(B) to accept
(C) be accepting
(D) is accepting

Ⓐ Ⓑ Ⓒ Ⓓ

3. Zariya Pharmaceuticals ------- its head office twice since it was founded.

(A) relocate
(B) relocating
(C) has relocated
(D) would have relocated

Ⓐ Ⓑ Ⓒ Ⓓ

4. The compliance department of the firm ------- its financial records over the past three years.

(A) to audit
(B) audit
(C) been auditing
(D) has been auditing

Ⓐ Ⓑ Ⓒ Ⓓ

5. The marketing department created the shopper survey proposal and Mr. Ten ------- of it.

(A) approve
(B) approved
(C) approving
(D) to approve

Ⓐ Ⓑ Ⓒ Ⓓ

6. Hired by the professional football team East Bay Runners, Coach Kimi Martin ------- the team toward a third championship when she suddenly retired.

(A) will lead
(B) is leading
(C) has led
(D) had been leading

Ⓐ Ⓑ Ⓒ Ⓓ

7. When he went away on business in Bucharest, Mr. Singh ------- the department conference for a week.

(A) postpones
(B) is postponing
(C) has postponed
(D) had postponed

Ⓐ Ⓑ Ⓒ Ⓓ

8. E-Perfect Time Co. ------- special events over 35 years until it experienced serious financial trouble.

(A) organize
(B) been organized
(C) had been organizing
(D) to be organizing

Ⓐ Ⓑ Ⓒ Ⓓ

9. H&O Menswear ------- a new line of neckties ideal for work or leisure next month.

(A) to promote
(B) promoting
(C) has promoted
(D) will be promoting

Ⓐ Ⓑ Ⓒ Ⓓ

10. The Smile Music Festival ------- by September 18, according to the schedule issued online.

(A) conclude
(B) concluding
(C) to be concluding
(D) will have concluded

Ⓐ Ⓑ Ⓒ Ⓓ

11. The labor union at Gambarotta Mining Co. insisted that its members ------- much higher pay levels for overtime work.

(A) receive
(B) receiving
(C) reception
(D) receiver

Ⓐ Ⓑ Ⓒ Ⓓ

12. The president proposes that every employee in his company ------- sufficient time to relax.

(A) has
(B) have
(C) is having
(D) to have

Ⓐ Ⓑ Ⓒ Ⓓ

● もっとくわしく!

仮定法現在とは

提案，主張，要求，命令などを表す動詞や形容詞に続くthat節の中の動詞は原形を用いるというルールがあります。これらは内容的に現在や未来についての実現していない仮定や願望であることから，時制を１つずらして表現される仮定法の仲間として扱われます（「仮定法現在」などと呼ばれます）。ビジネス文書などでよく使われるため，TOEIC L&Rテストにも頻出します。

- The CEO proposed that the company extend its business to China.
  （CEOは会社の中国進出を提案した）
- It is desirable that he attend the meeting.
  （彼が会議に参加することが望ましい）

LESSON 25 分詞とは

分詞(ぶんし)は「～している」「～される」という意味で，名詞を説明する形容詞の役割をします。分詞には現在分詞(げんざいぶんし)と過去分詞(かこぶんし)の２種類があります。**現在分詞は動詞の ing 形で，「～している」という意味を表します。**「動名詞」と形は同じ ing 形ですが，現在分詞は形容詞の働きをするのでしっかり区別しましょう。

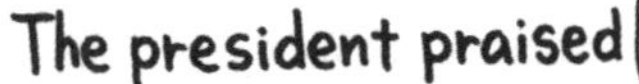

The president praised the team producing the innovative goods.

社長はその革新的な商品をつくっているチームをほめました。

チームがつくっている
「～している」＝現在分詞

過去分詞は動詞の過去分詞形で，「～される」という意味を表します。過去形と同じく，過去分詞も語尾が ed で終わる形を基本としますが，不規則な形をとるものもあるので注意しましょう（→ p.022）。

The president praised the innovative goods produced by that team.

商品がつくられる
「～られる」＝過去分詞

社長はあのチームによってつくられた革新的な商品をほめました。

修飾される名詞と分詞との意味的なつながりに注目することが，現在分詞と過去分詞を使い分ける際のポイントです。**名詞が分詞の動作を「している」動作主ならば現在分詞**を，**名詞が分詞の動作を「される」対象ならば過去分詞**を使います。

「感情を表す」動詞を分詞にする際は注意が必要です。英語では，surprise（驚かせる），excite（わくわくさせる），interest（興味をもたせる）などの動詞は，日本語とちがって他動詞です。たとえば「驚く人」という場合には，英語では「驚かされる人」と考えて，**過去分詞**を使います。

「感情を表す」動詞は要注意

a surprising announcement
（人を）驚かす知らせ

a surprised audience
（何かに）驚かされた観客

頻出動詞はこれ！
- excite（ワクワクさせる）
- interest（興味をもたせる）
- disappoint（がっかりさせる）
- refresh（スッキリさせる）
- encourage（勇気づける・促す）
- satisfy（満足させる）

EXERCISE

答えは別冊071ページ
答え合わせが終わったら，音声に合わせて英文を音読しましょう。

空所に入る適切な語句を選んでください。

1. Bun & Aya Corporation assigns the jobs ------- human interaction to new employees.

(A) involve
(B) involving
(C) involvement
(D) involved

Ⓐ Ⓑ Ⓒ Ⓓ

2. Mr. Fujita studied the student achievement data ------- by each prefecture, and he decided to create an improvement program.

(A) to supply
(B) supplying
(C) supplied
(D) supply

Ⓐ Ⓑ Ⓒ Ⓓ

3. Many customers ------- by the news that Clara Caviar Foods would close their business soon called the company to find out if it was true.

(A) astonish
(B) astonishing
(C) astonished
(D) astonishment

Ⓐ Ⓑ Ⓒ Ⓓ

4. As the chief director, Mr. Oda gives his subordinates ------- comments after each presentation.

(A) encourage
(B) encouraging
(C) encouraged
(D) encouragement

Ⓐ Ⓑ Ⓒ Ⓓ

重要語句

☐ assign	～を割り当てる	☐ improvement	改善
☐ interaction	付き合い，交流	☐ close	～を閉じる
☐ study	～を研究する	☐ find out	(～について)事実を知る
☐ achievement	成果，成績	☐ subordinate	部下
☐ prefecture	県	☐ presentation	発表

LESSON 26

受動態とは

受動態の基本

「業績が部長によって発表されます」というように，**主語が動作の影響を受ける**ことを表す表現を**受動態**といいます。受動態をつくることができるのは，後ろに目的語を置く**他動詞のみ**です。受動態は「**受け身**」とも呼ばれます。また，「部長が業績を発表します」のような主語の動作を表す文は**能動態**といいます。

能動態の目的語（O）が受動態の主語（S）になり，動詞は**〈be 動詞 + 過去分詞〉**の形になります。その行為をする人やもの（動作主）を表したい場合は，**〈by + 名詞〉**で表します。

否定文は，be 動詞の後ろに not を入れます。疑問文は，be 動詞と主語を入れかえます。be 動詞の文の否定文，疑問文とつくり方（→ p.054）は同じですね。

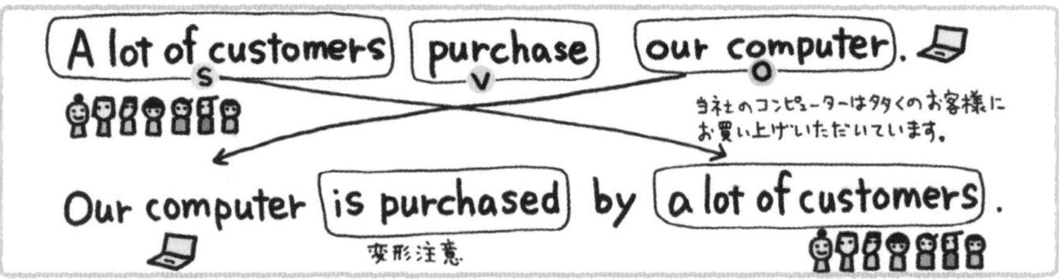

話の焦点を，動作をした側に当てる場合は能動態で，動作の影響を受けた側に当てる場合には受動態を使うのが自然です。つまり，能動態を**受動態にすることで文の主役を変える**ことができるのです。

能動態

The accountant corrected the sales data.

その会計士が売上データを修正しました。

受動態

The sales data was corrected by the accountant.

売上データはその会計士によって修正されました。

能動態を使うと，主語に動作主を置くので，「だれがするのか」がはっきりわかります。「だれがするのか」がわからない場合や言う必要のない場合には，〈by + 名詞〉を省略した受動態を使います。

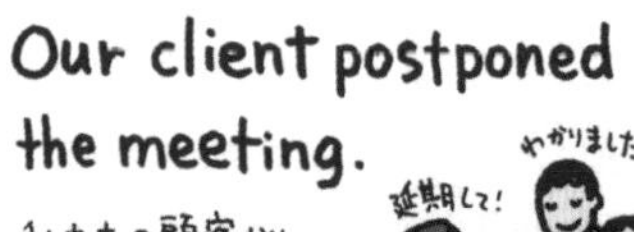

Our client postponed the meeting.
私たちの顧客が会議を延期しました。

The meeting was postponed.

会議は延期されました。

029

答えは別冊073ページ
答え合わせが終わったら，音声に合わせて英文を音読しましょう。

空所に入る適切な語句を選んでください。

1. The official Web site of Room Valley Inc. ------- for maintenance today.

(A) close
(B) closed
(C) is closed
(D) has been closing

Ⓐ Ⓑ Ⓒ Ⓓ

2. This special operation is necessary because it ------- less power consumption.

(A) ensure
(B) ensures
(C) is ensured
(D) to ensure

3. The candidate ------- enough signatures of the registered voters.

(A) gathered
(B) gathering
(C) was gathered
(D) gather

Ⓐ Ⓑ Ⓒ Ⓓ

4. Due to unforeseen circumstances, the new product release of Right Arrow Co. -------.

(A) postpone
(B) is postponing
(C) was postponing
(D) was postponed

Ⓐ Ⓑ Ⓒ Ⓓ

重要語句

☐ maintenance	メンテナンス，維持	☐ registered	登録済みの
☐ operation	作業，工程	☐ voter	投票者
☐ consumption	消費	☐ unforeseen	予期しない
☐ candidate	候補者	☐ circumstances	事態
☐ signature	署名	☐ release	発売，リリース

LESSON 27 受動態のいろいろな形

進行形の受動態・完了形の受動態

目の前で主語が「〜されている最中だ」ということを表す場合には，進行形の受動態を使います。進行形と受動態を組み合わせた〈be 動詞 + being + 過去分詞〉が基本形です。

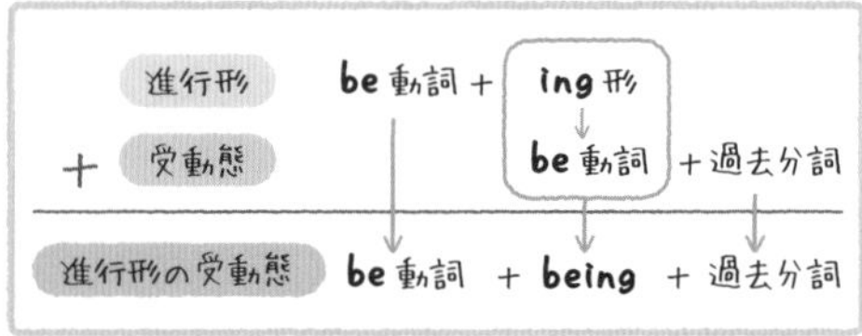

The conference room is being used by the Administration Department.
この形、重要
会議室は(今)総務部によって使われている最中です。
使ってるよ

否定文は be 動詞の後ろに not を入れます。疑問文は be 動詞と主語を入れかえます。be 動詞の文の否定文，疑問文のつくり方（→ p.054）と同じですね。

主語が「〜されてしまった」のように，受動態で完了の意味を表したい場合には，完了形の受動態を使います。〈have[has] + been + 過去分詞〉が基本形です。完了形と受動態を組み合わせた形ですね。

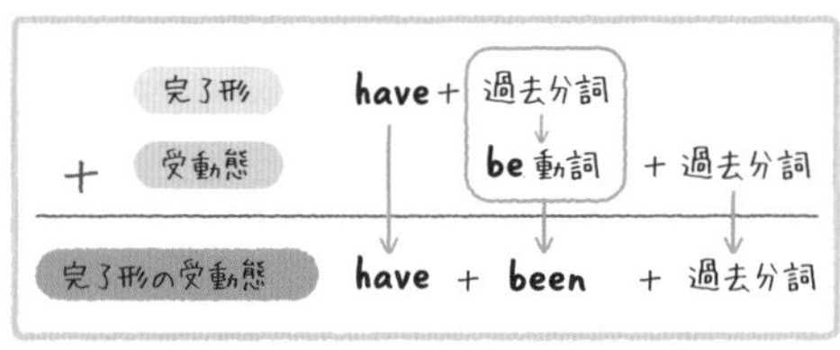

The research has been completed by a consulting firm.
この形、重要
その調査はコンサルティング会社によって完了した。
調査報告書です
フム

否定文をつくるには，have[has] の後ろに not を入れます。疑問文をつくるには，主語と have[has] を入れかえます。

EXERCISE

答えは別冊075ページ
答え合わせが終わったら，音声に合わせて英文を音読しましょう。

空所に入る適切な語句を選んでください。

1. Small Fountain Dance Studio ------- with enthusiastic students since its opening.

(A) filled
(B) has filled
(C) has been filled
(D) has been filling

Ⓐ Ⓑ Ⓒ Ⓓ

2. According to the company, revised maintenance and service manuals -------.

(A) prepared
(B) are preparing
(C) are being prepared
(D) have prepared

Ⓐ Ⓑ Ⓒ Ⓓ

3. Flying Field Records ------- valuable CDs from around the world for over 50 years.

(A) imported
(B) has imported
(C) has been imported
(D) is being imported

Ⓐ Ⓑ Ⓒ Ⓓ

4. Since the accident, no explanation ------- yet.

(A) give
(B) be giving
(C) has given
(D) has been given

Ⓐ Ⓑ Ⓒ Ⓓ

重要語句

□ enthusiastic	熱心な	□ valuable	貴重な
□ according to	～によれば	□ over	～以上
□ revise	～を改訂する	□ accident	事故
□ maintenance	メンテナンス，維持	□ explanation	説明
□ manual	マニュアル，説明書	□ yet	まだ

答えは別冊077〜081ページ
答え合わせが終わったら，音声に合わせて英文を音読しましょう。

次の英文の空所に入る適切な語句を選んでください。

1. CEO Johnson held a special meeting with the team ------- a merger agreement with a rival company.

(A) negotiate
(B) negotiating
(C) negotiator
(D) under negotiation

Ⓐ Ⓑ Ⓒ Ⓓ

2. The Ministry of Trade has posted new regulations for firms ------- products in several categories, including agricultural products.

(A) import
(B) importer
(C) imported
(D) importing

Ⓐ Ⓑ Ⓒ Ⓓ

3. Coast Railways has a rail network ------- most of Eastern and Southern Europe.

(A) span
(B) will span
(C) spanned
(D) spanning

Ⓐ Ⓑ Ⓒ Ⓓ

4. Mr. Kahn's construction crew felt the tools and equipment ------- to the worksite were insufficient to get their work done.

(A) will transport
(B) transporting
(C) transported
(D) had transported

Ⓐ Ⓑ Ⓒ Ⓓ

5. The STiXL Mattress Co. uses production machinery ------- by a computer system.

(A) operate
(B) operation
(C) operationally
(D) operated

Ⓐ Ⓑ Ⓒ Ⓓ

6. Shaw Convention Center is the venue for many trade shows ------- by national and international business associations.

(A) sponsorship
(B) will sponsor
(C) sponsored
(D) is sponsoring

Ⓐ Ⓑ Ⓒ Ⓓ

7. Ms. Lee used data ------- by both the operations and accounting departments.

(A) submitted
(B) to submit
(C) submission
(D) has submitted

Ⓐ Ⓑ Ⓒ Ⓓ

8. Please ensure that your reservations at our hotel ------- by checking for an e-mail from us within the next few minutes.

(A) confirming
(B) confirmation
(C) are confirmed
(D) to be confirming

Ⓐ Ⓑ Ⓒ Ⓓ

9. Lost employee IDs ------- by human resources, normally within 24 hours.

(A) replaces
(B) replacing
(C) will replace
(D) are replaced

Ⓐ Ⓑ Ⓒ Ⓓ

10. EY Real Estate Co. CEO Ken Okura ------- to speak to a special gathering of sales managers at his firm.

(A) schedule
(B) scheduled
(C) is scheduled
(D) was a schedule

Ⓐ Ⓑ Ⓒ Ⓓ

11. Employee work hours at Rincorp Fabrics, Inc. ------- by computer systems which check start and finish times.

(A) to be logging
(B) are a log
(C) are logged
(D) been logging

Ⓐ Ⓑ Ⓒ Ⓓ

12. Although the members were still ------- several items on the agenda, Kesha Buggy decided to end the meeting.

(A) discuss
(B) to discuss
(C) discussing
(D) have discussed

Ⓐ Ⓑ Ⓒ Ⓓ

● もっとくわしく！

分詞構文とは

分詞には副詞的に文全体を修飾する働きをするものもあります。この働きをするものは「分詞構文」と呼ばれます。TOEIC L&Rテストでは文法問題だけでなく，長文読解問題の英文などによく登場するので，しっかり覚えておきましょう。

分詞構文の主語は，メインの文の主語と同じです。現在分詞，過去分詞のどちらを使うかはメインの文の主語と分詞の関係によって使い分けます。

・Reading carefully through the document, he discovered an unacceptable condition hidden in the fine print.
（書類を注意深く読んでいると，容認できない条件が小さな字で書かれているのに彼は気づいた）
※メインの文の主語heが「読む」という関係なので，現在分詞readingを使う。

・Written in easy English, this book is good for beginners.
（簡単な英語で書かれているので，この本は初級者に向いています）
※メインの文の主語this bookが「書かれる」という関係なので，過去分詞writtenを使う。

LESSON 28 不定詞とは

不定詞①

不定詞は**〈to + 動詞の原形〉**という形をとる，動詞を使った表現です。1 つの文には動詞を 1 つしか置けませんが，不定詞を使うことで単純な文に「目的」などの情報をプラスすることができます。

Ms. DeGeneres sent her résumé to apply for a job.
デジェネレス氏は仕事に応募するために履歴書を送りました。
目的
情報をプラス！

不定詞は，文中での役割により，①**名詞用法**（「～すること」），②**副詞用法**（「～するために」「～して」など），③**形容詞用法**（「～するための」）という 3 つの用法に分類されます。訳から用法を特定するのではなく，文中での不定詞の役割をつかんだ上で，訳を決定するようにしましょう。

名詞用法の不定詞は，文中で主語，目的語，補語になります。「～すること」などと訳されます。

To show appreciation for your coworkers is very important.
全体が名詞の役割
この間はありがとう!
いいのいいの
大事
同僚に感謝を示すことはとても重要です。

副詞用法の不定詞は，動詞の直後，文頭，文末に置かれ，動詞や文全体を修飾します。「～するために」「～して」などと訳されます。

She often sends cards to show appreciation for her coworkers.
動詞を修飾
○○ちゃん ありがと!
彼女は同僚に感謝を示すためによくカードを送ります。

形容詞用法の不定詞は，名詞の後ろに置かれ，名詞を修飾します。「～するための」などと訳されます。

She has many coworkers to show appreciation for.
名詞を修飾
彼女には感謝を示すべき同僚がたくさんいます。

EXERCISE

答えは別冊083ページ
答え合わせが終わったら，音声に合わせて英文を音読しましょう。

空所に入る適切な語句を選んでください。

1. River Publishing decided ------- a new printing system for the first time in its industry.

(A) utilize
(B) utilizing
(C) to utilize
(D) utility

Ⓐ Ⓑ Ⓒ Ⓓ

2. ------- more customers, Surf Catering regularly revises its menu.

(A) Attracting
(B) Attraction
(C) To attract
(D) To be attracted

Ⓐ Ⓑ Ⓒ Ⓓ

3. They need enough time ------- ideas both formally and informally.

(A) exchanging
(B) to exchange
(C) to be exchanged
(D) will exchange

Ⓐ Ⓑ Ⓒ Ⓓ

4. Mr. Haskill established his company ------- high quality interior accessories.

(A) will offer
(B) to offer
(C) offered
(D) offer

Ⓐ Ⓑ Ⓒ Ⓓ

重要語句

□ publishing	出版業	□ revise	～を改訂する
□ printing	印刷	□ formally	公式に
□ industry	業界	□ informally	非公式に
□ customer	顧客	□ establish	～を設立する
□ regularly	定期的に	□ quality	品質

LESSON 29

不定詞を使った文

ここでは不定詞を使ったほかの文の形を紹介します。

まずは It is ... to ～構文です。不定詞のカタマリが主語になると主語が長くなり，文のバランスが悪くなります。その場合，It を主語にして，to 以下の不定詞のカタマリを文の後半に置くことがあります。この文で不定詞が表す動作をする人やものを示したいときは〈for + 名詞〉を使います。

To drink a lot of water is very important.

主語が長い

It is very important to drink a lot of water.

形式主語

It is very important for us to drink a lot of water.

意味上の主語

私たちがたくさんの水を飲むことはとても重要です。

〈主語 + 動詞 + 目的語〉（SVO）の後ろに，不定詞が置かれる場合があります。この形をとる文は，おもに**「〈主語〉がだれか［何か］に何かをしてほしい」**という意味や，**「〈主語〉がだれか［何か］に～させる」**という意味を表します。

The executive asked his secretary to arrange his business trip.

その重役は秘書に出張を手配するように頼みました。

〈SVO+不定詞〉のパターンで使う主な動詞

願望系	want(欲しい) would like(欲しい) expect(期待する)
伝達系	ask(頼む) tell(命じる) advise(勧める) warn(警告する) remind(思い出させる)
使役・許可系	get(～させる) force(強いる) urge(促す) allow(許す) encourage(励ます)
思考系	think(～と思う) believe(～と思う) find(わかる) consider(考える)

また，この文が受動態になって出題される場合もあります。

The secretary was asked by the executive to arrange his business trip.

その秘書は重役に彼の出張の手配をするように頼まれました。

〈主語 + 動詞 + 目的語〉（SVO）の後ろに，不定詞の to を入れずに，動詞の原形だけを置く場合があります。このような to を入れない不定詞を「**原形不定詞**（げんけいふていし）」といいます。この形で使う動詞は「**使役動詞**（しえきどうし）」（「だれかに〜させる」という意味をもつ動詞）や「**知覚動詞**（ちかくどうし）」（「だれか[何か]が〜するのを見る／聞く」という意味をもつ動詞）です。

He made his subordinates get a medical checkup.

原形不定詞

彼は部下たちに健康診断を受けさせました。

〈SVO + 原形不定詞〉のパターンで使う主な動詞

使役動詞　make（〜させる）　let（〜させる）　have（〜させる）

知覚動詞　see（見る）　watch（見る）　hear（聞く）　feel（感じる）

help（助ける）は〈SVO + 不定詞〉の形をとりますが，**to は省略される**ことが多いです。

・He helped you (to) move.（彼はあなたが引っ越しするのを手伝った）

この〈SVO + 原形不定詞〉の文を受動態にする場合には，注意が必要です。能動態では原形不定詞で to は使いませんが，**受動態にするときには to を使います**。

He made his subordinates get a medical checkup.
原形不定詞
His subordinates were made to get a medical checkup by him.
彼の部下は彼に健康診断を受けさせられました。
受けてきて
ハイ
重要!!
受動態になるとtoがつく

EXERCISE

答えは別冊085～087ページ
答え合わせが終わったら，音声に合わせて英文を音読しましょう。

空所に入る適切な語句を選んでください。

1. It is necessary ------- visitors of the sudden schedule change in advance.

(A) inform
(B) informing
(C) to inform
(D) to be informed

Ⓐ Ⓑ Ⓒ Ⓓ

2. Due to construction work, drivers were asked ------- a detour at night.

(A) to make
(B) to be made
(C) being made
(D) making

Ⓐ Ⓑ Ⓒ Ⓓ

3. MountainPeople.com encouraged new customers ------- its goods online by issuing special coupons.

(A) purchase
(B) to purchase
(C) purchasing
(D) will purchase

Ⓐ Ⓑ Ⓒ Ⓓ

4. Well Stomach Pharma makes its employees ------- working by 7 P.M. every Wednesday.

(A) finish
(B) to finish
(C) finishing
(D) be finishing

Ⓐ Ⓑ Ⓒ Ⓓ

重要語句

語句	意味	語句	意味
□ visitor	訪問者	□ encourage	～するように勧める
□ sudden	突然の	□ purchase	～を購入する
□ in advance	前もって	□ goods	商品
□ construction	建設	□ issue	～を発行する
□ make a detour	迂回する	□ every	毎～

5. Our new computer system, installed this morning, allows us ------- track of all orders.

(A) keep
(B) keeping
(C) to keep
(D) to be kept

Ⓐ Ⓑ Ⓒ Ⓓ

6. Better public speaking skills help you ------- messages on any occasion.

(A) conveyed
(B) conveying
(C) convey
(D) to be conveyed

Ⓐ Ⓑ Ⓒ Ⓓ

7. Sales representatives are encouraged ------- up with new ideas about advertising strategies.

(A) come
(B) came
(C) coming
(D) to come

Ⓐ Ⓑ Ⓒ Ⓓ

8. Customers were made ------- there for over 30 minutes to enter the store.

(A) to wait
(B) wait
(C) waited
(D) waiting

Ⓐ Ⓑ Ⓒ Ⓓ

重要語句

☐ install	～をインストールする	☐ sales representative	営業担当者
☐ keep track of *A*	Aを記録する	☐ come up with *A*	Aを思いつく，考え出す
☐ order	注文	☐ advertising strategy	広告戦略
☐ skill	スキル，技術	☐ over	～以上
☐ occasion	機会，出来事	☐ enter	～に入る

LESSON 30 不定詞のいろいろな形

不定詞③

「～しないこと」「～しないように」といった**不定詞の否定**を表す場合は，to の前に not を置いた **〈not ＋ to ＋ 動詞の原形〉** という形を使います。not の代わりに never が使われることもあります。

to の後ろに **〈have ＋過去分詞〉** という完了形を置くことで，述語動詞の前に起こったことを表します。

「～されること」という受動の意味を不定詞で表したいときは，不定詞と受動態を組み合わせた **〈to ＋be ＋ 過去分詞〉** という形を使います。

The company wants to provide its customers with better information.
その会社は顧客により良い情報を提供したい。
提供したい
されたい
Customers want to be provided with better information by the company.
受動態
顧客たちはその会社からより良い情報を提供されたい。

EXERCISE

答えは別冊089ページ
答え合わせが終わったら，音声に合わせて英文を音読しましょう。

空所に入る適切な語句を選んでください。

1. Mr. Nakaoka advised his colleague not ------- to try new things.

(A) to hesitate
(B) hesitating
(C) hesitate
(D) hesitation

Ⓐ Ⓑ Ⓒ Ⓓ

2. All participants are required ------- in the database as of the date of the application.

(A) registering
(B) be registered
(C) to be registered
(D) to be registering

Ⓐ Ⓑ Ⓒ Ⓓ

3. Professor Lee is said ------- his newest thesis.

(A) to have completed
(B) complete
(C) completed
(D) completing

Ⓐ Ⓑ Ⓒ Ⓓ

4. Ex Hill Inc. has started ------- in the field lately.

(A) to value
(B) to be valued
(C) valuing
(D) value

Ⓐ Ⓑ Ⓒ Ⓓ

重要語句

□ advise	～に助言する	□ application	申し込み
□ colleague	同僚	□ professor	教授
□ participant	参加者	□ thesis	論文
□ require	～を必要とする	□ field	分野
□ date	日付	□ lately	最近

LESSON 31 動名詞とは

動名詞の基本

動詞の ing 形が「〜すること」という意味を表し，名詞の働きをすることがあります。動詞を名詞として使う形なので，この ing 形を**動名詞**（どうめいし）といいます。動名詞は，不定詞の名詞用法と同じように**文の主語**や**動詞の目的語**になります。

Implementing a plan effectively is important.
↕どちらも名詞の役割
To implement a plan effectively is important.
計画を効率的に実行することは重要です。

不定詞とはちがい，前置詞のあとに置くこともできます。

All guests can take part in the event without（前置詞） registering in advance.
全ての招待客は事前登録をせずにそのイベントに参加できます。

動名詞の否定形は，動名詞の前に not や never を置いて，**〈not[never] + 動詞の ing 形〉**という形を使います。また，**〈having + 過去分詞〉**という**動名詞の完了形**を使うと，文の動詞が表す時よりも前の時を表すことができます。

否定形
They apologized for not delivering the package on time.
彼らは時間通りに小包を届けなかったことを謝りました。

完了形
All employees are satisfied with having earned a good reputation for their service.
（これより前のこと）
全社員がそのサービスに高い評価を得たことを満足しています。

「〜されること」というように，受動の意味を動名詞を使って表すときは，**〈being + 過去分詞〉**という形を使います。

They are proud of being highly evaluated.
彼らは高く評価されて誇らしい気持ちです。

EXERCISE

答えは別冊091ページ
答え合わせが終わったら，音声に合わせて英文を音読しましょう。

空所に入る適切な語句を選んでください。

1. In the meeting, one of the members left the room without ------- anything.

(A) saying
(B) say
(C) to say
(D) said

Ⓐ Ⓑ Ⓒ Ⓓ

2. KU & ME Co. is worth ------- in because its business style is stable and sustainable.

(A) will invest
(B) to invest
(C) investing
(D) has invested

Ⓐ Ⓑ Ⓒ Ⓓ

3. Mary Cardiff was looking forward to ------- the annual convention in New York.

(A) attend
(B) to attend
(C) attending
(D) have attended

Ⓐ Ⓑ Ⓒ Ⓓ

4. The director insisted on not ------- the cheapest way to create the product.

(A) choose
(B) choosing
(C) choice
(D) to choose

Ⓐ Ⓑ Ⓒ Ⓓ

重要語句

☐ worth	～の価値のある	☐ convention	会議
☐ stable	安定した	☐ insist	強く主張する
☐ sustainable	持続可能な	☐ cheap	安い，安価な
☐ look forward to *A*	Aを楽しみにして待つ	☐ create	～をつくる
☐ annual	毎年の	☐ product	商品

LESSON 32 不定詞と動名詞のちがい

不定詞と動名詞

動名詞と不定詞は，どちらも名詞の役割をもっており，動詞の目的語になります。しかし，動詞によっては不定詞と動名詞のどちらか一方しか目的語にとらないものもあります。**不定詞だけを目的語にとる動詞**には「望み」「決断」を表すものが多いです。

PSM Agency decided to meet their client's request immediately.

→ decided：不定詞だけ

PSMエージェンシーは顧客の要望にただちに応えることを決めました。

不定詞だけを目的語にとる主な動詞

「望み」系 hope（望む） wish（望む） want（欲しい） expect（期待する） promise（約束する）

「決断」系 decide（決める） agree（同意する） refuse（断る） determine（決断する） choose（選ぶ）

動名詞だけを目的語にとる動詞には，「感情」「中断・終了」「思考・提案」を表すものが多いです。

Mr. Sou suggested taking a longer break after the conference.

→ suggested：動名詞だけ

ソウ氏は会議の後に長めの休みをとることを提案しました。

動名詞だけを目的語にとる主な動詞

「感情」系 enjoy（楽しむ） mind（気にする）

「中断・終了」系 stop（止める） finish（終える） give up（あきらめる） avoid（避ける） escape（逃げる）

「思考・提案」系 consider（考える） deny（否定する） suggest（提案する） recommend（勧める）

不定詞だけを目的語にとる動詞は「未来に関わること」，動名詞だけを目的語にとる動詞は「過去に関わること」と考えると，覚えやすくなります。望んだり決断したりするのは未来のこと，楽しんだり終えたりするのは過去のこと，という具合です。

次の表現中の to は前置詞なので，後ろには名詞や動名詞がきます。注意しましょう。

不定詞に見えて，実は前置詞

- look forward to（〜を楽しみにする）
- get used to（〜に慣れる）
- be opposed to（〜に反対する）
- be dedicated to（〜に専念する）
- be committed to（〜に尽力する）

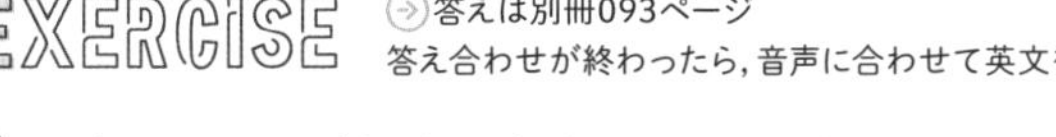

EXERCISE

答えは別冊093ページ
答え合わせが終わったら，音声に合わせて英文を音読しましょう。

空所に入る適切な語句を選んでください。

1. Finally, our president agreed ------- a contract with the service provider directly.

(A) making
(B) with making
(C) to make
(D) make

Ⓐ Ⓑ Ⓒ Ⓓ

2. Green & Water Flute decided to stop ------- the old model and develop a new one.

(A) manufacture
(B) manufacturing
(C) to manufacture
(D) manufactures

3. Mr. Kawabata came up with an idea for how to avoid ------- further damage to the building.

(A) cause
(B) causes
(C) to cause
(D) causing

Ⓐ Ⓑ Ⓒ Ⓓ

4. The person in charge refused ------- up the project because he had been working on it so hard.

(A) giving
(B) to give
(C) given
(D) give

Ⓐ Ⓑ Ⓒ Ⓓ

重要語句

□ president	社長	□ develop	～を開発する
□ contract	契約	□ come up with A	Aを思いつく，考え出す
□ provider	供給者	□ further	さらに進んだ
□ directly	直接に	□ in charge	担当の
□ decide to *do*	～しようと決心する	□ refuse	～を断る

実戦テスト 28〜32

答えは別冊095〜099ページ
答え合わせが終わったら，音声に合わせて英文を音読しましょう。

037

次の英文の空所に入る適切な語句を選んでください。

1. The work signs have been set up ------- traffic from entering the road.

(A) blocking
(B) will be blocking
(C) to block
(D) have blocked

Ⓐ Ⓑ Ⓒ Ⓓ

2. Oregon International Airport is determined ------- the highest standards in transportation.

(A) establish
(B) to establish
(C) establishment
(D) will be establishing

Ⓐ Ⓑ Ⓒ Ⓓ

3. Lieven Cyber Retailer hired about 300 temporary workers ------- during the busy holiday season.

(A) to assist
(B) will assist
(C) assisted
(D) have been assisting

Ⓐ Ⓑ Ⓒ Ⓓ

4. Pitapat Tailor Shop helps its clientele ------- their clothing to more closely match their body types.

(A) will customize
(B) customization
(C) to customize
(D) have customized

Ⓐ Ⓑ Ⓒ Ⓓ

5. Based on the new production report, the corporation may manage ------- its goal for the quarter.

(A) exceeds
(B) to exceed
(C) exceedingly
(D) to be exceeding

Ⓐ Ⓑ Ⓒ Ⓓ

6. The special effects in the movie *Space Kings* certainly serve ------- theatergoers everywhere.

(A) amazement
(B) will amaze
(C) amazingly
(D) to amaze

Ⓐ Ⓑ Ⓒ Ⓓ

7. CFO Katelyn Dimka stated that there could be no ------- as regards the product launch.

(A) will delay
(B) to delay
(C) delaying
(D) has delayed

Ⓐ Ⓑ Ⓒ Ⓓ

8. Debarked passengers at the international ferry terminal must wait in line for immigration document -------.

(A) will process
(B) has processed
(C) to process
(D) processing

Ⓐ Ⓑ Ⓒ Ⓓ

9. Thunder Park does not allow ------- overnight, although visitors can set up picnic locations.

(A) to camp
(B) camping
(C) have camped
(D) camper

Ⓐ Ⓑ Ⓒ Ⓓ

10. With a larger budget to support its advertisement campaign, the marketing department was much more confident of -------.

(A) to succeed
(B) has succeeded
(C) succeeding
(D) successful

Ⓐ Ⓑ Ⓒ Ⓓ

11. Son Ma Hong plans ------- her credentials to the human resources department next week.

(A) submit
(B) to submit
(C) submitting
(D) has submitted

Ⓐ Ⓑ Ⓒ Ⓓ

12. These guidelines were made ------- employees as quickly as possible for any business expenses.

(A) will reimburse
(B) to reimburse
(C) have reimbursed
(D) are reimbursing

Ⓐ Ⓑ Ⓒ Ⓓ

● もっとくわしく！

不定詞を使ったいろいろな表現

（1）疑問詞＋不定詞

不定詞の前にwhat，where，when，howなどの疑問詞を置いて，「何を[どこへ，いつ，どのように]すべきか」という意味の名詞のカタマリをつくることができます。

・The question is where to set up a new outlet.
（問題はどこに新しい直販店を設けるかだ）

（2）不定詞を用いた定型表現

不定詞を含む定型表現も確認しておきましょう。おもに文の最初に置かれ，副詞の役割をします。

ここでは代表的なものを紹介します。

・to begin with 「まず最初に」
・needless to say 「言うまでもなく」
・to be sure 「確かに」
・to be exact 「正確に言うと」
・not to mention ～ 「～は言うまでもなく」
・to make matters worse 「さらに悪いことには」

LESSON 33 関係代名詞とは

関係代名詞の基本・主格の関係代名詞

「～する○○」のように名詞を説明するときに，英語では**関係代名詞**を使って，名詞の後ろから説明を加えます。説明される名詞のことを「**先行詞**」といいます。

先行詞が「人」か「人以外」か，また文の中での役割が何かによって，次の表のように関係代名詞を使い分けます。

		主格（直後に動詞）	目的格（直後に主語＋動詞）	所有格（直後に冠詞のない名詞）
先行詞	人	who	whom[who]	whose
	人以外	which	which	whose
	両方可	that	that	―

関係代名詞は**「2つの文を関係づけてくっつける代名詞」**です。「ある文とそれを説明する文が関係代名詞によって1つの文になる」と考えるとわかりやすいです。

She has a coworker. The coworker is very cooperative.
2つの文を関係代名詞でくっつける
She has a coworker who is very cooperative.
関係代名詞
彼女にはとても協力的な
同僚がいます。
まかせなさい！
助かる～

上の例文のように，関係代名詞がつくるカタマリ（**「関係代名詞節」**と呼ばれます）の中で主語の役割をしている関係代名詞を**「主格の関係代名詞」**といいます。先行詞が「人」の場合は**who**を使います。先行詞が「人以外」の場合は**which**を使います。

They work for a company which sells mobile phones.
V
彼らは携帯電話を売っている
会社に勤めています。

動詞の形は先行詞に合わせて変化します。また，関係代名詞のあとには，動詞のほかに助動詞がくることがあります。

EXERCISE

答えは別冊101ページ
答え合わせが終わったら，音声に合わせて英文を音読しましょう。

空所に入る適切な語句を選んでください。

1. Please let us know the person ------- is in charge of this project as soon as possible.

(A) which
(B) whom
(C) they
(D) who

Ⓐ Ⓑ Ⓒ Ⓓ

2. Our supervisor is preparing the materials ------- are necessary for the annual meeting next week.

(A) who
(B) which
(C) those
(D) whose

Ⓐ Ⓑ Ⓒ Ⓓ

3. KTR Electronics is a famous company ------- leads the world in their field.

(A) who
(B) whose
(C) which
(D) whom

Ⓐ Ⓑ Ⓒ Ⓓ

4. Rosy Field employs a professional aroma therapist ------- has the skills needed to meet clients' needs.

(A) who
(B) which
(C) what
(D) whom

Ⓐ Ⓑ Ⓒ Ⓓ

重要語句

□ in charge of	～を担当している	□ annual	毎年の
□ as soon as possible	できるだけ早く	□ employ	～を雇う
□ supervisor	監督者	□ professional	プロの
□ prepare	～を準備する	□ skill	技術，技能
□ material	資料	□ meet	～を満たす

LESSON 34 そのほかの関係代名詞

目的格の関係代名詞・所有格の関係代名詞・関係代名詞what

関係代名詞のあとに〈**主語 + 動詞 〜**〉を続けて，先行詞を説明することもあります。

上の例文のように，関係代名詞節の中で目的語の役割をしている関係代名詞を，**「目的格の関係代名詞」**といいます。先行詞が「人」の場合は **whom [who]** を使います。先行詞が「人以外」の場合は **which** を使います。目的格の関係代名詞は省略することができ，省略しても意味のちがいはありません。

関係代名詞 **whose** も名詞を後ろから説明するカタマリをつくります。whose は「〜の○○」という所有の意味を表します。

上の例文のように，whose は関係代名詞節の中で所有格の役割をしているので**「所有格の関係代名詞」**といいます。**先行詞が「人」でも「人以外」でも whose を使います。** whose のあとには必ず名詞が続きますが，その名詞には a[an]，the などの冠詞や my，her などの所有格はつきません。

このほかに，**先行詞を含んだ関係代名詞 what** があります。the thing(s) which を 1 語で表したのが what だと考えるとわかりやすいでしょう。先行詞を必要とせず，what だけで名詞のカタマリをつくるというのがポイントです。

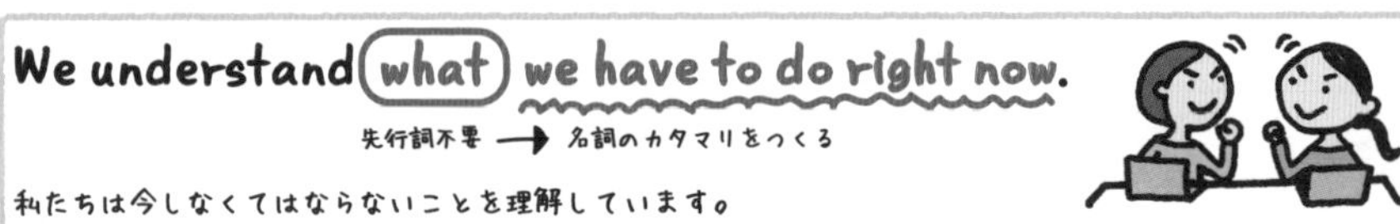

EXERCISE

答え は別冊103ページ
答え合わせが終わったら, 音声に合わせて英文を音読しましょう。

空所に入る適切な語句を選んでください。

1. G2 Food International produces fresh ingredients ------- a lot of famous chefs are eager to order.

(A) what
(B) who
(C) which
(D) whose

Ⓐ Ⓑ Ⓒ Ⓓ

2. Rocky Shore Publishing is a well-known company ------- selection of books is superb.

(A) which
(B) whose
(C) who
(D) what

Ⓐ Ⓑ Ⓒ Ⓓ

3. Prosperous stores regularly conduct surveys to find out ------- their customers really want.

(A) which
(B) what
(C) who
(D) whose

Ⓐ Ⓑ Ⓒ Ⓓ

4. We are looking for an accounting firm ------- we can consult casually.

(A) what
(B) which
(C) who
(D) whose

Ⓐ Ⓑ Ⓒ Ⓓ

重要語句

☐ produce	～を生産する	☐ prosperous	繁栄している, 豊かな
☐ ingredient	食材	☐ regularly	定期的に
☐ be eager to	しきりに～したがっている	☐ conduct a survey	調査を行う
☐ publishing	出版業	☐ accounting firm	会計事務所
☐ superb	すばらしい	☐ consult	～に相談する

LESSON 35 注意すべき関係代名詞

関係代名詞that・前置詞+関係代名詞など

thatにも関係代名詞の用法があります。先行詞が「人」でも「人以外」のものでも使うことができます。**thatは主格のwho, which, 目的格のwhom, whichの代わりに使うことができます。** ただし，所有格の用法はなく，whoseの代わりに使うことはできません。

先行詞が**〈人＋人以外のもの〉**の場合，関係代名詞にはthatが好まれます。また，先行詞が**形容詞の最上級**，all，every，no，the only，the sameなどを伴うときにも，thatがよく使われます。

Mr. Jones is the first entrepreneur that introduced this innovative computer system in Japan.

ジョーンズ氏は日本でこの画期的なコンピューターシステムを導入した最初の起業家です。

また，目的格の関係代名詞が前置詞の目的語になる場合，その前置詞を関係代名詞の前に移動させて**〈前置詞＋関係代名詞〉**の形をとることがあります。ただし，関係代名詞のthatはこの形をとりません。

Osaka is the city which a lot of old companies are located in.

Osaka is the city in which a lot of old companies are located.

前置詞を関係代名詞の前に置くこともある

大阪は多くの古い会社がある都市です。

先行詞と関係代名詞が離れている場合には，主語と動詞の一致に注意しましょう。

先行詞の数に注意

ひっかけ注意

One employee of TK Corporations who speaks Chinese can attend the convention in Beijing.

3人称・単数

TKコーポレーションズの中国語が話せる社員1名が北京での会議に参加できます。

EXERCISE

答えは別冊105ページ
答え合わせが終わったら，音声に合わせて英文を音読しましょう。

空所に入る適切な語句を選んでください。

1. Most customers of this drugstore who ------- its sale is held every Friday come every week.

(A) know
(B) knows
(C) knowing
(D) known

Ⓐ Ⓑ Ⓒ Ⓓ

2. We strongly recommend RS Airline, with ------- most passengers are highly satisfied.

(A) whose
(B) that
(C) which
(D) what

Ⓐ Ⓑ Ⓒ Ⓓ

3. Mr. & Mrs. Ron are the first couple ------- took advantage of this building for their wedding.

(A) that
(B) whom
(C) which
(D) what

Ⓐ Ⓑ Ⓒ Ⓓ

4. All participants ------- have a special coupon can have free drink at the reception.

(A) which
(B) that
(C) whom
(D) whose

重要語句

□ drugstore	薬局	□ be satisfied (with *A*)	(Aに）満足している
□ be held	開催される	□ take advantage of *A*	Aを利用する
□ strongly	強く	□ participant	参加者
□ recommend	～を勧める	□ free	無料の
□ passenger	乗客	□ reception	歓迎会

LESSON 36
関係副詞とは

関係副詞の基本

時・場所・理由などを表す名詞を説明するときには，**関係副詞**を使います。関係代名詞の場合と同じように，説明される名詞は**先行詞**と呼ばれます。先行詞の種類によって，関係副詞を次のように使い分けます。

先行詞	時 を表す語 （time,dayなど）	場所 を表す語 （place,houseなど）	理由 を表す語 （reason(s)）	なし
関係副詞	when	where	why	how※

※howは「方法」を表すので，先行詞はwayということになりますが，先行詞が置かれることはありません。

関係副詞も，関係代名詞と同じように，「ある文とそれを説明する文を関係づけてくっつける」ものだと考えるとわかりやすいでしょう。関係副詞がつくるカタマリ（**「関係副詞節」**と呼ばれます）の中で，関係副詞は副詞の働きをします。

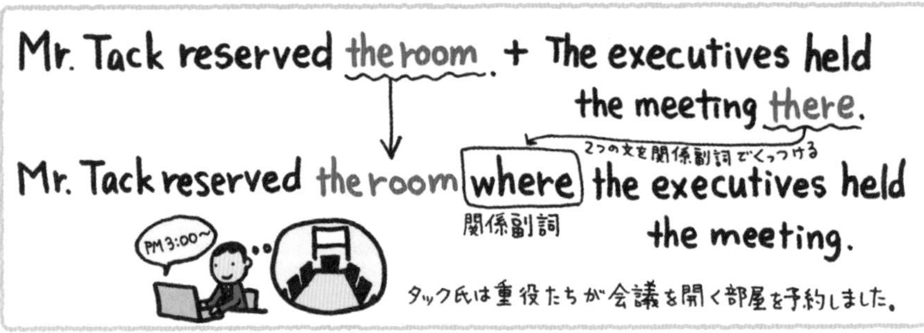

「方法」を表す関係副詞 how には先行詞は必要ありません。how の代わりに the way を使うことはできますが，× the way how のように，この 2 つを一緒に使うことはできません。

EXERCISE

答えは別冊107ページ
答え合わせが終わったら，音声に合わせて英文を音読しましょう。

空所に入る適切な語句を選んでください。

1. JS Island Inc. explained to their client the reason ------- they will increase the budget next year.

(A) where
(B) how
(C) when
(D) why

Ⓐ Ⓑ Ⓒ Ⓓ

2. Dora Sportswear is located in the area ------- young tennis players practice.

(A) how
(B) why
(C) when
(D) where

Ⓐ Ⓑ Ⓒ Ⓓ

3. This is the ------- Four Kids Agency has been developing in Singapore.

(A) where
(B) way
(C) why
(D) how

Ⓐ Ⓑ Ⓒ Ⓓ

4. They stopped operating the delivery service during the period ------- they renovated their building.

(A) when
(B) where
(C) why
(D) how

Ⓐ Ⓑ Ⓒ Ⓓ

重要語句

□ explain	～を説明する	□ practice	練習する
□ client	顧客	□ develop	発展する
□ increase	～を増やす	□ operate	～を運営する
□ budget	予算	□ delivery	配達
□ be located in	(場所)にある	□ renovate	～を改装する

LESSON 37 関係代名詞と関係副詞のちがい

関係副詞を含む文と関係代名詞を含む文はよく似ていますが，後ろにくる文の形に大きなちがいがあります。関係代名詞や関係副詞に続く部分の形をチェックすることで，どちらを使った文かを判別することができます。

関係副詞の後ろには「完全な文」が，関係代名詞の後ろには「不完全な文」が続きます。

「**完全な文**」とは，文に必要な名詞（主語，目的語または補語）がすべてそろっている文のことです。

「**不完全な文**」とは，文に必要な名詞（主語，目的語または補語）が１つ不足している文のことです。

この見分け方は，TOEIC L&R テストで関係代名詞，関係副詞を選ぶ問題が出題されたときに役立ちます。しっかり覚えておきましょう。

EXERCISE

答えは別冊109ページ
答え合わせが終わったら，音声に合わせて英文を音読しましょう。

空所に入る適切な語句を選んでください。

1. PC Dog Center provides the best training ------- can meet the owners' requests.

(A) that
(B) whatever
(C) where
(D) why

Ⓐ Ⓑ Ⓒ Ⓓ

2. Mr. Asher has been assigned to a branch ------- the productivity is low, with the goal of improving it.

(A) who
(B) which
(C) where
(D) when

Ⓐ Ⓑ Ⓒ Ⓓ

3. S&H Company will move its office to a district ------- more elderly people live.

(A) which
(B) in which
(C) how
(D) what

Ⓐ Ⓑ Ⓒ Ⓓ

4. This is ------- the most sustainable business works in this area.

(A) when
(B) what
(C) how
(D) which

Ⓐ Ⓑ Ⓒ Ⓓ

重要語句

□ provide	～を提供する	□ move	～を移転する
□ owner	飼い主，所有者	□ district	地域
□ request	要望	□ elderly	年配の
□ branch	支店	□ sustainable	持続可能な
□ productivity	生産性	□ area	地域

LESSON 38

比較級・最上級とは

比較表現

2つのものを比べて，差があることを言いたいときには「比較級」を使います。

形は〈形容詞［副詞］の比較級＋ than ～〉です。形容詞や副詞の種類によって，比較級の形は変わります。「最上級」の変化も一緒に，まとめておきましょう。

（1）単語の後ろに er（比較級）・est（最上級）をつける形容詞・副詞

母音（a/i/u/e/o の音）を1つだけ含む短い単語

例

big（大きい） － bigger（より大きい） － biggest（最も大きい）
small（小さい） － smaller（より小さい） － smallest（最も小さい）

（2）単語の前に more（比較級）・most（最上級）をつける形容詞・副詞

母音（a/i/u/e/o の音）を2つ以上含む長めの単語

例

interesting（面白い） － more interesting（より面白い） － most interesting（最も面白い）
slowly（ゆっくりと） － more slowly（よりゆっくりと） － most slowly（最もゆっくりと）

（3）形を完全に変えるもの

例

good（よい） － better（よりよい） － best（最もよい）
bad（悪い） － worse（より悪い） － worst（最も悪い）

主語と比較するものは，than の後ろに置きます。

Takashi's bag is bigger than Satoshi's.

タカシのカバンはサトシのカバンより大きいです。

3つ以上のものを比べて，「最も～，一番～」と言いたいときには「最上級」を使います。形は〈the＋形容詞［副詞］の最上級＋ of［in］～〉です。形容詞や副詞の種類によって，最上級の形は変わります。

Kanako's bag is the biggest of all the bags in her office.

カナコのカバンは会社の中で最も大きいです。

最上級の後ろに置く前置詞句は，「どこで一番なのか」という範囲や集団を表します。どの範囲を設定するかによって，in と of を使い分けます。

in ＋ 場所・範囲
例 in Japan（日本で），in my family（家族の中で）

of ＋ 複数を表す語句
例 of the five（5人の中で），of all（すべての中で）

EXERCISE

答えは別冊111ページ
答え合わせが終わったら，音声に合わせて英文を音読しましょう。

空所に入る適切な語句を選んでください。

1. Which day is ------- for you, Monday or Tuesday?

(A) more convenient
(B) most convenient
(C) as convenient as
(D) convenience

Ⓐ Ⓑ Ⓒ Ⓓ

2. The fever hasn't gone down much, but Mr. Sanders seems ------- than yesterday.

(A) good
(B) better
(C) best
(D) worst

Ⓐ Ⓑ Ⓒ Ⓓ

3. GP Architecture proposed ------- costs for construction than KS Corporation did.

(A) low
(B) lower
(C) lowest
(D) cheap

Ⓐ Ⓑ Ⓒ Ⓓ

4. The new shop is the most ------- in this town and allows for a lot of stock to be displayed.

(A) space
(B) spaces
(C) spacious
(D) spaciously

Ⓐ Ⓑ Ⓒ Ⓓ

重要語句

□ fever	熱	□ construction	建設
□ go down	下がる	□ corporation	会社
□ architecture	建築	□ allow	～を可能にする
□ propose	～を提案する	□ stock	在庫
□ cost	値段，コスト	□ display	～を陳列する

答えは別冊113～117ページ
答え合わせが終わったら，音声に合わせて英文を音読しましょう。

次の英文の空所に入る適切な語句を選んでください。

1. At the department meeting, Johnny Ross took minutes ------- he later showed to his supervisor.

(A) those
(B) that
(C) whenever
(D) who

Ⓐ Ⓑ Ⓒ Ⓓ

2. Security guards at the CLR Graphic Design can only allow people ------- staff IDs are verified to enter the building.

(A) their
(B) what
(C) whose
(D) because

Ⓐ Ⓑ Ⓒ Ⓓ

3. Peace Consumer Goods service representatives always direct customer complaints to the person ------- can best handle the issue.

(A) when
(B) who
(C) they
(D) in which

Ⓐ Ⓑ Ⓒ Ⓓ

4. Night Sky Museum gives out free passes to students ------- schools bring them to visit on field trips.

(A) whose
(B) so
(C) whomever
(D) that's

Ⓐ Ⓑ Ⓒ Ⓓ

5. On his first day of work, Charlie Patterson received an employee code of conduct ------- explained major office rules of the firm.

(A) it
(B) they
(C) for which
(D) that

Ⓐ Ⓑ Ⓒ Ⓓ

6. Arnold Gruden became superintendent of the school district on the day ------- Ms. Lynn retired.

(A) why
(B) what
(C) that
(D) when

Ⓐ Ⓑ Ⓒ Ⓓ

7. The board reviewed the important parts of the contract draft ------- prices and schedules were outlined.

(A) they
(B) those
(C) how
(D) where

Ⓐ Ⓑ Ⓒ Ⓓ

8. The clerk at the front desk will help you with ------- you need.

(A) whoever
(B) wherever
(C) whatever
(D) however

Ⓐ Ⓑ Ⓒ Ⓓ

9. The severe snowstorm is the reason ------- all flights from the airport have been temporarily delayed.

(A) why
(B) when
(C) then
(D) so

Ⓐ Ⓑ Ⓒ Ⓓ

10. The new photocopier must be installed in a place ------- it won't block any office hallway.

(A) because
(B) where
(C) why
(D) so much

Ⓐ Ⓑ Ⓒ Ⓓ

11. Mr. Gunn was given a new cost control task ------- he was well suited to handle.

(A) that
(B) in those
(C) whatever
(D) what

Ⓐ Ⓑ Ⓒ Ⓓ

12. D&M Industries always welcomes recruits ------- are familiar with cutting-edge systems and technologies.

(A) they
(B) who
(C) in which
(D) those

Ⓐ Ⓑ Ⓒ Ⓓ

● もっとくわしく!

複合関係詞とは

関係詞には本文で解説したもののほかに,「複合関係詞」と呼ばれるものもあります。関係代名詞や関係副詞の後ろに-everがくっついたもので,whatever,whoever,whichever,whenever,whereverなどがあります。

関係詞のwhatと同じように先行詞なしで使われるのが特徴です。おもに次の２つのカタマリをつくります。

(１) 名詞のカタマリをつくる

・The researchers can find whatever they need in this storage room.
(研究者たちは必要なものは何でもこの倉庫室で見つけられます)

(２) 副詞のカタマリをつくる

・Whatever you say, I won't get angry.
(あなたが何を言おうと,私は怒りません)

・Whenever you have a question, you can talk to us on the phone.
(質問があるときはいつでも電話でお知らせください)

LESSON 39
接続副詞とは

接続副詞とその特徴

2つの文や節をつなげる「接続詞」については 09 ～ 11 で学びましたが，**意味的に文と文，節と節をつなぐ役割をする「接続副詞」**があります。文脈を理解しているかどうかを測る TOEIC L&R テスト Part 6 長文穴埋め問題では，この接続副詞の問題がよく出題されます。

接続副詞	意味	接続副詞	意味
however	しかしながら	thus / therefore	したがって
nevertheless	それでも・～にもかかわらず	moreover / furthermore	さらに
otherwise	さもないと	besides	その上

接続詞と接続副詞は，意味的に似ていますが，書き方が異なります。

接続詞は文中の場合，通常はカンマのあとにきて，さらにその後ろに文を続けますが，接続副詞の置かれる位置はさまざまです。**文頭で使う場合は，そのあとにカンマをつけます。文中で使う場合は，セミコロン（;）とカンマの間，もしくはカンマとカンマの間にはさんで置きます**。ちなみに，セミコロンは接続詞の働きをもち，1つ目の文節と2つ目の文節につながりがあることを示します。（ピリオドより軽く，カンマより強く区切っています。）

私は残業をしたので，通常よりも遅くオフィスを出ました。

接続詞　I worked overtime, so I left the office later than usual.

カンマ+so

接続副詞　I worked overtime. Therefore, I left the office later than usual.

前の文は終わっている↑　↑文頭

PM9:00　Therefore　PM11:00

私たちは問題を抱えたが，すぐにそれを解決しました。

接続詞　We had a problem, but we solved it at once.

カンマ+but

接続副詞　We had a problem. However, we solved it at once.

前の文は終わっている↑　↑文頭

We had a problem; however, we solved it at once.

セミコロン↑　↑カンマ

However

045

EXERCISE

答えは別冊119ページ
答え合わせが終わったら，音声に合わせて英文を音読しましょう。

空所に入る適切な語句を選んでください。

Questions 1-4 refer to the following advertisement.

East Coast Car Rental

Reserve your next rental vehicle with East Coast Car Rental. We have only recent -------**1.** in excellent condition. East Coast Car Rental offers the lowest daily rental rates in the industry. -------**2.**, our agreement with Carter Petroleum provides East Coast Car Rental customers with a five percent discount on all fuel purchases. -------**3.**. We have offices at all major domestic and international airports. Alternatively, you can take -------**4.** of our vehicle delivery service for a small additional fee. There are substantial discounts for rental periods over one week. Speak with our helpful rental agents to learn more.

1. (A) publications
(B) models
(C) fashions
(D) albums　Ⓐ Ⓑ Ⓒ Ⓓ

2. (A) Nevertheless
(B) Otherwise
(C) Furthermore
(D) In the meantime　Ⓐ Ⓑ Ⓒ Ⓓ

3. (A) All customer service inquiries are handled through the Web site.
(B) East Coast Car Rental now offers electric vehicles exclusively.
(C) Our customers don't mind paying a little more for excellent service.
(D) This is why East Coast Car Rental is Seattle's largest vehicle rental agency.　Ⓐ Ⓑ Ⓒ Ⓓ

4. (A) advantage
(B) advantageous
(C) advantageously
(D) advantaged

LESSON 40

文挿入問題のポイント

文挿入問題とは，TOEIC L&R テスト Part 6 長文穴埋め問題と Part 7 長文読解問題に出題される問題のひとつです。Part 6 では 4 つの選択肢の中から，空所の位置に適した文を選びます。Part 7 では，決められた 1 つの文が提示され，長文中の 4 つの箇所のどこに入るかを選びます。

文挿入問題で意識したいのは**冠詞**，**代名詞**，**情報の位置**です。ここでは Part 6 の問題を中心に見ていきます。

(1)**冠詞**：冠詞の中でも特に「特定」の意味をもつ定冠詞 the（→ p.017）の有無に気をつけましょう。**文中で〈the＋名詞〉を使う場合は，その名詞はすでに出ている情報で，空所の前に同じ単語や，同じ内容をさす単語があります。**

1度目はa!

We released a product that was very reasonable.
As a result, the product was well received by our target audience.

2度目はthe!

当社は非常にお手頃な商品を発売しました。結果，その商品はターゲット層から好評を得ました。

〈the＋名詞〉が文中にある場合，特に空所直前の内容に気をつけて，文がつながるかどうかを確認しましょう。

(2)**代名詞**：05 で解説した代名詞の活用形や，指示代名詞 this / that / these / those などに注目しましょう。**空所より前にすでに登場している名詞をさします。**

I asked my boss to help solve a problem,
and I was thankful because he immediately handled it.

代名詞に　代名詞に

私は上司に問題の解決を手伝ってくれるよう頼みました。
彼はすぐにそれを処理してくれたので，感謝しています。

(3)**情報の位置**：Part 6 では E メールやお知らせ（notice）などが出題され，その中で与えられる情報の展開には次のような特徴があります。

① **冒頭：宛名・トピック・過去の出来事**
② **中盤：トピックの詳細**
③ **最後：締めの言葉**

EXERCISE

答えは別冊121ページ
答え合わせが終わったら，音声に合わせて英文を音読しましょう。

空所に入る適切な語句を選んでください。

Questions 1-4 refer to the following notice.

NOTICE

Are you an amateur artist hoping to sell your work? Every year, Barkworth City Gallery holds an exhibition of one local amateur artist's paintings. -------**1.** . We -------**2.** applications between June 1 and June 19. Please call us at 241-555-1129 to apply for it. Applicants must upload a high-resolution digital -------**3.** . Last year we selected Red Rafter. Mr. Rafter sold many of his works and accepted an invitation to collaborate on a project with Tim Mush and Claire Hart. He is now painting full-time at -------**4.** studio in Auckland.

1. (A) Thank you for attending our recent show.
(B) The exhibition will be held in early September this year.
(C) We have already chosen this year's artist.
(D) This month's show was also a big success.
Ⓐ Ⓑ Ⓒ Ⓓ

2. (A) accepted
(B) were accepted
(C) are accepting
(D) have accepted
Ⓐ Ⓑ Ⓒ Ⓓ

3. (A) portfolio
(B) message
(C) recording
(D) device
Ⓐ Ⓑ Ⓒ Ⓓ

4. (A) our
(B) my
(C) your
(D) their
Ⓐ Ⓑ Ⓒ Ⓓ

模擬試験

／46

次の英文の空所に入る適切な語句を選んでください。

1. Families always return home with a great ------- of their visit to LIB Amusement Park.

(A) memory
(B) memorize
(C) memorable
(D) memorably

Ⓐ Ⓑ Ⓒ Ⓓ

2. The board of directors had differing opinions on CFO Leo Heartfield's proposal, so a final vote on ------- was set up.

(A) it
(B) them
(C) theirs
(D) us

Ⓐ Ⓑ Ⓒ Ⓓ

3. The state authorities decided to issue a travel ------- to drivers because of the worsening weather.

(A) advise
(B) adviser
(C) advisably
(D) advisory

Ⓐ Ⓑ Ⓒ Ⓓ

4. This warranty covers the television for a period of two years ------- applies only to internal components.

(A) or
(B) but
(C) not
(D) neither

Ⓐ Ⓑ Ⓒ Ⓓ

5. Ms. Sally Mack will ------- the work crew that is installing the new lighting system throughout the building.

(A) direction
(B) directly
(C) direct
(D) director

Ⓐ Ⓑ Ⓒ Ⓓ

6. Free-bird.com allows users to ------- buy and sell stocks online at their convenience.

(A) digit
(B) digital
(C) digitize
(D) digitally

Ⓐ Ⓑ Ⓒ Ⓓ

7. Flower Textiles Co. ------- a new factory outside Dakar that consumes 16.5% less energy than the old one.

(A) been constructed
(B) constructor
(C) to construct
(D) is constructing

Ⓐ Ⓑ Ⓒ Ⓓ

8. An increased R&D budget is a major reason ------- SWYW Inc. developed more patents this year.

(A) it's
(B) why
(C) where
(D) for which

Ⓐ Ⓑ Ⓒ Ⓓ

047

答えは別冊123〜153ページ
答え合わせが終わったら，音声に合わせて英文を音読しましょう。

9. The new medicine created by 3B Pharmaceuticals will have to go through ------- tests before being approved for sale.

(A) multiply
(B) multiplier
(C) multiple
(D) multiplicity

Ⓐ Ⓑ Ⓒ Ⓓ

10. Triangle Fast Burgers ------- its new Wonder Meal Set nearly nine months ago, but only began to profit substantially from it this quarter.

(A) releases
(B) will release
(C) released
(D) releasing

Ⓐ Ⓑ Ⓒ Ⓓ

11. DW Plastics has raised its output ------- August, when a large number of new orders were received.

(A) as
(B) unless
(C) without
(D) since

Ⓐ Ⓑ Ⓒ Ⓓ

12. THX Motors Co. ------- about four million cars, trucks, and other vehicles by the end of the year.

(A) manufacture
(B) to manufacture
(C) will have manufactured
(D) has been manufacturing

Ⓐ Ⓑ Ⓒ Ⓓ

13. Fighters Watch Co. customer service representatives are standing by to provide assistance ------- customers need it.

(A) who
(B) why
(C) whichever
(D) whenever

Ⓐ Ⓑ Ⓒ Ⓓ

14. The shops of York Paris Shoes produced a ------- effect by diffusing their original aroma on the premises.

(A) please
(B) pleased
(C) pleasing
(D) pleasure

Ⓐ Ⓑ Ⓒ Ⓓ

15. The executives of Dream Technology ------- outsourcing some non-core functions of the firm.

(A) to discuss
(B) discussion
(C) discusses
(D) have been discussing

Ⓐ Ⓑ Ⓒ Ⓓ

16. The warehouse workers ------- products in the warehouse manually until they received equipment to help them.

(A) organize
(B) organization
(C) is organizing
(D) had been organizing

Ⓐ Ⓑ Ⓒ Ⓓ

17. Guests at the Sonia Quarta concert are asked to refrain from ------- during her performance.

(A) talked
(B) to talk
(C) talking
(D) have talked

Ⓐ Ⓑ Ⓒ Ⓓ

18. The two reporters ------- on the global economy earlier, but had to update their analysis with breaking news.

(A) comment
(B) commentator
(C) is commenting
(D) had commented

Ⓐ Ⓑ Ⓒ Ⓓ

19. Shipments to TIL Department store will be paid for only after the company ------- their quality.

(A) verify
(B) to verify
(C) would have verified
(D) has verified

Ⓐ Ⓑ Ⓒ Ⓓ

20. CIO Bob Halford will take charge of ------- new data security measures at the next committee meeting.

(A) will announce
(B) have announced
(C) announcement
(D) announcing

Ⓐ Ⓑ Ⓒ Ⓓ

21. To maintain its reputation, Ambigram Cinema Co. ------- on feedback from guests.

(A) depend
(B) depending
(C) depends
(D) dependent

Ⓐ Ⓑ Ⓒ Ⓓ

22. Moment Publishing Co. ------- three floors in a downtown office building for its headquarters for the next seven years.

(A) lease
(B) leases
(C) will be leasing
(D) had leased

Ⓐ Ⓑ Ⓒ Ⓓ

23. The national government restated on its Web page that the future of the country ------- to the growth of trade.

(A) to link
(B) linking
(C) is linked
(D) linker

Ⓐ Ⓑ Ⓒ Ⓓ

24. The maintenance team ------- all of its machines and tools when its work shift ended for the day.

(A) collect
(B) collection
(C) collecting
(D) collected

Ⓐ Ⓑ Ⓒ Ⓓ

25. M&B Hotel may soon ------- its reservation process, since some customers have found it too complex.

(A) simple
(B) simply
(C) simplify
(D) simplification

Ⓐ Ⓑ Ⓒ Ⓓ

26. Joyce Sharman ------- her recent presentations with images and statistics on the southern and east coast markets.

(A) illustrator
(B) to illustrate
(C) has been illustrating
(D) to be illustrated

Ⓐ Ⓑ Ⓒ Ⓓ

27. As head of YWA Consulting, Steven Li gave the keynote address at the conference, ------- the opening speech.

(A) not yet
(B) as well as
(C) not only
(D) if not

Ⓐ Ⓑ Ⓒ Ⓓ

28. Sam Burns was certainly in -------, since he was able to get the final print copy of *World Top Business Magazine* at the newsstand.

(A) luck
(B) lucky
(C) luckiness
(D) luckily

Ⓐ Ⓑ Ⓒ Ⓓ

29. Several staff members are going to straighten up the conference room before the attendees -------.

(A) arrive
(B) arrival
(C) will arrive
(D) arrived

Ⓐ Ⓑ Ⓒ Ⓓ

30. Employees at SPO Records usually complete all of their projects in a ------- manner.

(A) time
(B) timeliness
(C) timely
(D) timer

Ⓐ Ⓑ Ⓒ Ⓓ

模擬試験

次の英文の空所に入る適切な語句を選んでください。

Questions 31-34 refer to the following letter.

Belmont Public Library
March 18

Mr. Ryan Wilson
37 Hardey Avenue
Starlight, WI 54025

Dear Mr. Wilson:

I am writing to inform you that the copies of *Sharkbear* and *Homer's Day* that you borrowed from the library on February 20 are now overdue. Please return ------- **31.** as soon as possible.
------- **32.**. The library will be closed between March 19 and March 23 for some minor renovations. ------- **33.**, patrons will be able to return items using the returns chute at the main entrance. You can check whether or not your return has been processed by ------- **34.** the Web site at www.belmontpubliclibrary.org.

Sincerely,

Tilda Day
Assistant Librarian — Belmont Public Library

31. (A) it
(B) some
(C) neither
(D) them
Ⓐ Ⓑ Ⓒ Ⓓ

32. (A) You must pay a $5 late fee before borrowing any further books.
(B) We have asked the borrower to bring them back at once.
(C) As they are now more than a month late, replacements will be purchased.
(D) You are welcome to keep them as a reminder of your visit.
Ⓐ Ⓑ Ⓒ Ⓓ

33. (A) Moreover
(B) In contrast
(C) However
(D) In addition
Ⓐ Ⓑ Ⓒ Ⓓ

34. (A) accessed
(B) accessing
(C) accessible
(D) access
Ⓐ Ⓑ Ⓒ Ⓓ

次の英文の空所に入る適切な語句を選んでください。

Questions 35-38 refer to the following e-mail.

To: Olga Yates <oyates@savagemills.com>
From: Murray Klimt <mklimt@savagemills.com>
Date: August 9
Subject: My trip

Dear Olga,

I will be operating our booth at the Freemantle Engineering Convention next week. It will be ------- **35.** from August 13 to August 15. I would like to wear a different color promotional T-shirt each day. I think there are six different colors. I do not need ------- **36.** of them. Could you just send me enough for the trip? My size is medium, but I can wear a large if none are available in medium. I am driving up to the Greendale office this afternoon. ------- **37.**. Please have the shirts delivered to me there, as I may not have time ------- **38.** to head office.

Sincerely,

Murray Klimt
Marketing — Savage Mills

35. (A) held
(B) closed
(C) installed
(D) postponed
Ⓐ Ⓑ Ⓒ Ⓓ

36. (A) any
(B) one
(C) more
(D) all
Ⓐ Ⓑ Ⓒ Ⓓ

37. (A) I will be back in our headquarters tomorrow morning.
(B) That is where I will be for the next three days.
(C) I would prefer a small shirt if any are left.
(D) Thank you for suggesting that design.
Ⓐ Ⓑ Ⓒ Ⓓ

38. (A) is returned
(B) returning
(C) to return
(D) has returned
Ⓐ Ⓑ Ⓒ Ⓓ

模擬試験

次の英文の空所に入る適切な語句を選んでください。

Questions 39-42 refer to the following memo.

MEMO

To: Housekeeping Staff
From: Mads Peterson
Date: December 12
Subject: New policy

In accordance with the hotel's new environmental policy, we will be trying to cut down on unnecessary washing and drying. ------- **39.**, the hotel has created a small sign for guests to hang on their doorknobs when they do not need towels and mats replaced. If you see this sign, you should leave the towels and mats ------- **40.** where they are when you clean the room.
------- **41.**. The head of housekeeping Ms. Love will answer any questions you may have about the new policy. ------- **42.** is currently in the process of updating the employee manual to include the new information.

39. (A) Therefore
(B) But
(C) Otherwise
(D) Instead
Ⓐ Ⓑ Ⓒ Ⓓ

40. (A) to hang
(B) are hanging
(C) were hung
(D) hanging
Ⓐ Ⓑ Ⓒ Ⓓ

41. (A) Similarly, you should replace all of the room's bed linen.
(B) Naturally, all towels and mats must be replaced after guests check out.
(C) The policy has been in place since the hotel was founded.
(D) We are planning to continue with the old policy because of this survey.
Ⓐ Ⓑ Ⓒ Ⓓ

42. (A) It
(B) Mine
(C) She
(D) Ours
Ⓐ Ⓑ Ⓒ Ⓓ

次の英文の空所に入る適切な語句を選んでください。

Questions 43-46 refer to the following article.

Landsborough Times

Local News

(18 January)— On Friday, members of the Landsborough City Council voted in favor of holding a fun run in September. ------- **43.** voted against the idea, explaining that it would be too expensive. Mayor Marg White agreed to wait for a cost-benefit ------- **44.** before making the event permanent.

------- **45.**. In recent years, local accommodation providers and restaurant owners have reported a decrease in profits. ------- **46.**, several of the area's tour companies have had 10 to 12 percent fewer passengers in the last 18 months. The publicity campaign for the event will be designed to attract visitors from surrounding areas. The organizing committee is planning to advertise in newspapers and on local radio stations.

43. (A) Another
(B) Any
(C) Some
(D) Either
Ⓐ Ⓑ Ⓒ Ⓓ

44. (A) analyst
(B) analysis
(C) analyzing
(D) analyze
Ⓐ Ⓑ Ⓒ Ⓓ

45. (A) Next year's event promises to be even more exciting.
(B) The primary objective is to promote healthy lifestyles.
(C) Participation in the fun run will be restricted to local residents.
(D) It is hoped that the event will boost the town's struggling tourism sector.
Ⓐ Ⓑ Ⓒ Ⓓ

46. (A) Similarly
(B) On the other hand
(C) However
(D) For example
Ⓐ Ⓑ Ⓒ Ⓓ

主な不規則動詞の語形変化

多くの動詞の過去形，過去分詞は語尾に ed をつけることで規則的に変化します（規則動詞）。それらの動詞とは別に，不規則に変化する動詞（不規則動詞）があります。

ここでは，主な不規則動詞の語形変化をまとめておきます。

不規則動詞の語形変化には，4 つのパターンがあります。

①A - A - A型（原形・過去形・過去分詞がすべて同じ）
②A - B - A型（原形と過去分詞が同じ）
③A - B - B型（過去形と過去分詞が同じ）
④A - B - C型（原形・過去形・過去分詞がすべてちがう）

①A - A - A型（原形・過去形・過去分詞がすべて同じ）

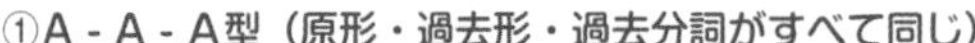

原形	主な意味	過去形	過去分詞	ing 形
burst	爆発する	burst	burst	bursting
cost	費用がかかる	cost	cost	costing
cut	切る	cut	cut	cutting
hit	打つ	hit	hit	hitting
hurt	傷つける	hurt	hurt	hurting
let	～させる	let	let	letting
put	置く	put	put	putting
quit	やめる	quit	quit	quitting
set	置く	set	set	setting
shut	閉める	shut	shut	shutting
spread	広げる，広がる	spread	spread	spreading
upset	動揺させる	upset	upset	upsetting

②A - B - A型（原形と過去分詞が同じ）

原形	主な意味	過去形	過去分詞	ing 形
become	～になる	became	become	becoming
come	来る	came	come	coming
overcome	打ち勝つ	overcame	overcome	overcoming
run	走る	ran	run	running

③A - B - B型（過去形と過去分詞が同じ）

原形	主な意味	過去形	過去分詞	ing 形
bend	曲げる	bent	bent	bending
bring	持ってくる	brought	brought	bringing
broadcast	放送する	broadcast(ed)	broadcast(ed)	broadcasting
build	建てる	built	built	building
buy	買う	bought	bought	buying
catch	つかまえる	caught	caught	catching
deal	扱う	dealt	dealt	dealing

dig	掘る	dug	dug	digging
feed	食物を与える	fed	fed	feeding
feel	感じる	felt	felt	feeling
fight	戦う	fought	fought	fighting
find	見つける	found	found	finding
have	持っている	had	had	having
hear	聞こえる	heard	heard	hearing
hold	つかむ，開催する	held	held	holding
keep	保つ	kept	kept	keeping
lay	置く，横たえる	laid	laid	laying
leave	去る	left	left	leaving
lend	貸す	lent	lent	lending
lose	失う，負ける	lost	lost	losing
make	作る，～させる	made	made	making
mean	意味する	meant	meant	meaning
meet	会う	met	met	meeting
pay	払う	paid	paid	paying
read	読む	read [red]	read [red]	reading
say	言う	said	said	saying
seek	さがす	sought	sought	seeking
sell	売る	sold	sold	selling
send	送る	sent	sent	sending
shine	輝く	shone	shone	shining
shoot	撃つ	shot	shot	shooting
sit	座る	sat	sat	sitting
sleep	眠る	slept	slept	sleeping
slide	すべる	slid	slid	sliding
spend	費やす	spent	spent	spending
stand	立つ	stood	stood	standing
strike	打つ	struck	struck/stricken	striking
swing	揺れる，揺らす	swung	swung	swinging
teach	教える	taught	taught	teaching
tell	話す，伝える	told	told	telling
think	考える，思う	thought	thought	thinking
understand	理解する	understood	understood	understanding
win	勝つ	won	won	winning

④A - B - C型（原形・過去形・過去分詞がすべてちがう）

原形	主な意味	過去形	過去分詞	ing 形
be	～である	was, were	been	being

bear	生む，耐える	bore	borne/born	bearing
begin	始まる，始める	began	begun	beginning
blow	吹く	blew	blown	blowing
break	壊す	broke	broken	breaking
choose	選ぶ	chose	chosen	choosing
do	する	did	done	doing
draw	描く，引く	drew	drawn	drawing
drink	飲む	drank	drunk	drinking
drive	運転する	drove	driven	driving
eat	食べる	ate	eaten	eating
fall	落ちる	fell	fallen	falling
fly	飛ぶ	flew	flown	flying
forget	忘れる	forgot	forgotten/forgot	forgetting
forgive	許す	forgave	forgiven	forgiving
freeze	凍る	froze	frozen	freezing
get	得る	got	gotten/got	getting
give	与える	gave	given	giving
go	行く	went	gone	going
grow	成長する	grew	grown	growing
hide	隠れる，隠す	hid	hidden	hiding
know	知っている	knew	known	knowing
lie	横になる	lay	lain	lying
mistake	間違える	mistook	mistaken	mistaking
ride	乗る	rode	ridden	riding
ring	鳴る	rang	rung	ringing
rise	上がる	rose	risen	rising
see	見える	saw	seen	seeing
shake	振る	shook	shaken	shaking
show	見せる	showed	shown	showing
sing	歌う	sang	sung	singing
sink	沈む	sank	sunk	sinking
speak	話す	spoke	spoken	speaking
steal	盗む	stole	stolen	stealing
swim	泳ぐ	swam	swum	swimming
take	取る	took	taken	taking
tear	裂く	tore	torn	tearing
throw	投げる	threw	thrown	throwing
wake	目覚める，起こす	woke	woken	waking
wear	着ている	wore	worn	wearing
write	書く	wrote	written	writing

TOEIC® L&R テスト英文法をひとつひとつわかりやすく。

著者
富岡恵

イラストレーション
坂木浩子

ブックデザイン
山口秀昭（Studio Flavor）

英文校閲
Kathryn A. Craft

編集協力
渡辺泰葉，挙市玲子，神山真美，石川道子，エデュ・プラニング合同会社
株式会社 CPI Japan，株式会社メディアビーコン

データ作成
株式会社四国写研

録音
（財）英語教育協議会（ELEC）

ナレーション
Howard Colefield，Andree Dufleit，Guy Perryman，Nadia McKechnie

軽くのりづけされているので、
外して使いましょう。

TOEIC® L&Rテスト 英文法を ひとつひとつわかりやすく。

【解答&解説】

Gakken

CONTENTS

この別冊には，本冊の各 LESSON の EXERCISE，実戦テスト，および巻末の模擬試験の問題を再掲した上で，解答とくわしい解説を掲載しています。問題を見直した上で，解答だけでなく，解説も読んで解答の根拠をしっかり確認してください。

LESSON 01 名詞とは EXERCISE

本冊029ページ

1. Y&C, Inc., requires the ------- of a highly experienced leader.

(A) exist
(B) existed
(C) existing
(D) existence

2. Our engineers always handle the production process with great ------- to detail.

(A) attend
(B) attention
(C) attendee
(D) attending

3. Sales representatives at Star Field Co. try very hard to meet the various requests for -------.

(A) allow
(B) allowed
(C) allowance
(D) allowedly

4. As the chief executive officer, Mr. Golding asked for much more ------- on the clients' satisfaction.

(A) inform
(B) information
(C) informative
(D) informing

Tips まずは，空所の直前に注目しましょう。冠詞・形容詞・前置詞などがあるときには，そのあとに名詞を置きます。空所の直後にも注目すると，前置詞句がよく置かれています。選択肢の単語の語尾に注目して，名詞を選びましょう。

ANSWER

答え合わせが終わったら，音声に合わせて英文を音読しましょう。

1. (D)

英文の訳　Y&C社は，とても経験豊かなリーダーの存在を必要としている。

解　説　空所直前に冠詞theがあるので，空所には名詞が入ります。よって正解は名詞の（D）existence「存在」です。ほかの選択肢は（A）動詞（原形）「存在する」（B）動詞（過去形・過去分詞）「存在した」（C）動名詞「存在すること」・現在分詞「存在している」。

2. (B)

英文の訳　当社の技術者たちは，いつも細かいところまで非常に注意を払いながら製造プロセスを踏んでいる。

解　説　空所直前に形容詞greatがあるので，空所には名詞が入ります。（B）attentionと（C）attendeeが名詞ですが，空所にあてはめて意味の通るものを選びます。正解は文意が通る名詞の（B）attention「注意」です。ほかの選択肢は（A）動詞（原形）「出席する」（C）名詞「出席者」（D）動名詞「出席すること」・現在分詞「出席している」。ちなみに，動名詞の（D）attendingも名詞的な役割をしますが，形容詞は動名詞を修飾できないため，ここでは不適切です。

3. (C)

英文の訳　スターフィールド社の営業担当者は，値引きに関するさまざまな要望に応えるためにとても懸命に努力している。

解　説　空所直前に前置詞forがあるので，空所には名詞が入ります。よって正解は名詞の（C）allowance「値引き」。ほかの選択肢は（A）動詞（原形）「～を許す」（B）動詞（過去形）「～を許した」・過去分詞「許された」（D）副詞「容認されて」。

4. (B)

英文の訳　最高経営責任者として，ゴールディング氏は顧客満足に関するより多くの情報を求めた。

解　説　空所直前に形容詞many/muchの比較級moreがあるので，空所には名詞が入ります。よって正解は名詞の（B）information「情報」。ほかの選択肢は（A）動詞（原形）「～に知らせる」（C）形容詞「情報の，有益な」（D）動名詞「知らせること」・現在分詞「知らせている」。

NOTE

動詞とは EXERCISE

本冊031ページ

1. The chief manager, Toshi Acker will ------- the teachers to create a new course for the kindergarten.

(A) instruct
(B) instruction
(C) instructor
(D) instructive

2. After thinking twice, President Margaret Upfield said that she would likely ------- the renovation project.

(A) approve
(B) approval
(C) approvable
(D) approving

3. Beach River Corporation helps suppliers and customers ------- over the Internet.

(A) collaborated
(B) collaborator
(C) collaboration
(D) collaborate

4. The tax accountant ------- all the data she had in her computer when she sold it to the secondhand shop.

(A) delete
(B) deleted
(C) deletion
(D) deleting

Tips まずは，空所の直前に注目しましょう。助動詞・副詞や主語などがあるときには，そのあとに動詞を置きます。空所の直後にも注目すると，動詞の目的語となる名詞（句）がよく置かれています。選択肢の単語の語尾に注目して，動詞を選びましょう。

ANSWER

答え合わせが終わったら，音声に合わせて英文を音読しましょう。

1. (A)

英文の訳 チーフマネージャーであるトシ・アカーは，幼稚園の新しいコースをつくるために講師たちの指導をする予定だ。

解説 空所の前に助動詞willがあるので，空所には動詞が入ります。よって正解は動詞の（A）instruct「～に指導する」。ほかの選択肢は（B）名詞「指導」（C）名詞「指導者」（D）形容詞「教育的な，有益な」。

---

2. (A)

英文の訳 熟考のあと，マーガレット・アップフィールド社長は改修計画を承認する可能性が高いと述べた。

解説 空所の前に助動詞wouldと副詞likelyがあるので，空所には動詞が入ります。よって正解は動詞の（A）approve「～を承認する」。ほかの選択肢は（B）名詞「承認」（C）形容詞「承認できる」（D）動名詞「承認すること」・現在分詞「承認している」。

---

3. (D)

英文の訳 ビーチ・リバー・コーポレーションは，供給業者と顧客がインターネットで連携するように援助している。

解説 空所の前に動詞helpsと人を表す名詞suppliers and customersがあることに注目します。helpは〈help＋目的語＋補語〉の形をとり，補語にあたる空所にはto不定詞か動詞の原形が入るので，動詞の原形である（D）cooperate「連携する」を選びます。ほかの選択肢は（A）動詞（過去形）「連携した」・過去分詞「連携された」（B）名詞「共同制作者」（C）名詞「連携」。

---

4. (B)

英文の訳 その税理士は，コンピューターを中古店に売る際，中に入っていたすべてのデータを消去した。

解説 空所の前後に名詞があることに注目します。空所の前のThe tax accountantは主語，後ろのall the dataは目的語となっていると考えられるので，空所には動詞が入ります。選択肢に動詞は（A）deleteと（B）deletedがありますが，文の後半にあるwhen節内の動詞soldが過去形であることから時制の一致を考えて，過去形の（B）deleted「～を消去した」を選びます。ほかの選択肢は（A）動詞（原形）「～を消去する」（C）名詞「消去」（D）動名詞「消去すること」・現在分詞「消去している」。ちなみにall the dataのあとには関係代名詞thatが省略されており，（that）she had in her computerがall the dataを修飾しています。

NOTE

LESSON 03 形容詞とは EXERCISE

本冊033ページ

1. Based on the regulation, all documents relating to the transaction with MRA Inc. are -------.

(A) confidence
(B) confident
(C) confidential
(D) confidentially

2. A famous store called Avenir in Kyoto has very ------- designers, and they come up with breakthrough ideas.

(A) create
(B) creative
(C) creation
(D) creatively

3. Secretaries at Thomas & Co. are in almost ------- contact with their bosses regardless of the schedule.

(A) day
(B) days
(C) daily
(D) date

4. Dr. Norinak stayed ------- all through the night to complete the final report.

(A) awake
(B) awaking
(C) awoke
(D) wake

Tips まずは，空所の直前に注目しましょう。be動詞・状態を表す一般動詞や副詞があるときには，そのあとに形容詞を置きます。空所の直後にも注目すると，形容詞が修飾する名詞がよく置かれています。選択肢の単語の語尾に注目して，形容詞を選びましょう。

ANSWER

答え合わせが終わったら，音声に合わせて英文を音読しましょう。

1. (C)

英文の訳 規則に基づくと，MRA社との取引に関するすべての書類は社外秘である。

解説 空所直前にbe動詞のareがあることから，空所には名詞か形容詞，動詞の分詞が入ると判断できます。選択肢のうち，主語の「MRA社との取引に関するすべての書類は」という文脈に合うのは形容詞で「内密の」という意味の (C) confidentialだけ。ほかの選択肢は (A) 名詞「自信」(B) 形容詞「自信がある」(D) 副詞「内密に」。

2. (B)

英文の訳 京都の有名店アブニールにはとても独創的なデザイナーがいて，画期的なアイデアを考えつく。

解説 空所直前の副詞veryと空所直後の名詞designersがポイントです。名詞の前に置かれ，名詞を修飾し，副詞veryによって修飾を受けるのは形容詞のみ。よって，形容詞である (B) creative「独創的な」が正解。ほかの選択肢は (A) 動詞（原形）「創造する」(C) 名詞「創作」(D) 副詞「独創的に」。

3. (C)

英文の訳 トーマス社の秘書たちは，予定に関係なく上司たちとほぼ毎日連絡をとっている。

解説 空所直前の副詞almostと空所直後の名詞contactがポイントです。名詞の前に置かれ，名詞を修飾し，副詞almostによって修飾を受けるのは形容詞のみ。よって，形容詞である (C) daily「毎日の」が正解。ほかの選択肢は (A) 名詞「日，曜日」(B) 名詞（複数形）「日，曜日」(D) 名詞「日付」・動詞（原形）「～に日付を付ける」。

4. (A)

英文の訳 ノリナック博士は最終報告書を完成させるために，一晩中起きたままだった。

解説 空所直前の自動詞stayedがポイントです。自動詞のstayは後ろに形容詞を置いて，「～の（状態の）ままでいる」の意味を表します。形容詞の (A) awake「起きている」を置けば，文法的にも正しく，「最終報告書を完成させるために，一晩中起きたままだった」となり文脈的にも合います。ほかの選択肢は (B) 動名詞「起こすこと」・現在分詞「起こしている」(C) 動詞（過去形）「起きた」(D) 動詞（原形）「目を覚ます」。ちなみに，awakeには他動詞として「～を起こす」という意味もあります。

NOTE

LESSON 04 副詞とは EXERCISE

本冊035ページ

1. Regolith International wants its employees to apply themselves to their tasks -------.

(A) energy
(B) energetic
(C) energetically
(D) energies

2. The information about the trial that the prosecutor remembered was ------- accurate.

(A) surprise
(B) surprising
(C) surprised
(D) surprisingly

3. Users can set their computer to ------- log off in 30 minutes.

(A) automate
(B) automation
(C) automatic
(D) automatically

4. Recent reports indicate that working speed is quite ------- associated with the relationship to the colleagues.

(A) frequent
(B) frequently
(C) frequency
(D) frequents

空所の直前と直後に注目しましょう。直前で文が完成しているときや，直後に一般動詞や形容詞があるときには，そのあとに副詞を置きます。空所がbe動詞と過去分詞に挟まれている場合も副詞を置きます。選択肢の単語の語尾に注目して，副詞を選びましょう。

ANSWER

答え合わせが終わったら，音声に合わせて英文を音読しましょう。

1. (C)

英文の訳　リゴリス・インターナショナルは従業員たちが精力的に作業に専念することを望んでいる。

解　説　空所はto apply themselves to their tasks ...という不定詞句の中にあり，この不定詞句が空所がなくとも文法的に不足のない状態であることから，空所には文末に置けて動詞applyを修飾する副詞が入るとわかります。よって副詞の（C）energetically「精力的に」が正解です。ほかの選択肢は（A）名詞「エネルギー」（B）形容詞「精力的な」（D）名詞（複数形）「エネルギー」。

2. (D)

英文の訳　その検事が覚えている裁判についての情報は，驚くほど正確だった。

解　説　空所直前のbe動詞と直後の形容詞accurateがポイントです。be動詞のあとに置かれ，形容詞のaccurateを修飾できるのは副詞です。よって副詞の（D）surprisingly「驚くほど（に）」が正解です。ほかの選択肢は（A）名詞「驚き」・動詞（原形）「驚かせる」（B）動名詞「驚かせること」・現在分詞「驚かせるような」（C）動詞（過去形）「驚かせた」・過去分詞「驚かされた」。

3. (D)

英文の訳　ユーザーは，コンピューターを30分後に自動的にログオフするように設定できる。

解　説　空所直後の動詞句log offがポイントです。動詞句を修飾できるのは副詞なので，選択肢の中で唯一の副詞である（D）automatically「自動的に」が正解です。ほかの選択肢は（A）動詞（原形）「～を自動化する」（B）名詞「自動化」（C）形容詞「自動的な」。ちなみに，本文のような，to不定詞のtoと動詞の原形の間に，動詞の原形を修飾する副詞などの語句がはさまれる形は「分離不定詞」と呼ばれることがあります。

4. (B)

英文の訳　最近の報告書によると，作業速度は同僚との関係に非常に高い頻度で関連があるということが示されている。

解　説　空所直前の副詞quiteと直後の過去分詞associatedがポイントです。副詞のquiteの修飾を受けて，過去分詞associatedを修飾できるのは副詞です。よって副詞の（B）frequently「頻繁に」が正解です。ほかの選択肢は（A）動詞（原形）「～へよく行く」・形容詞「頻度の高い」（C）名詞「頻度」（D）動詞（３単現のs）「～へよく行く」。

NOTE

本冊036～037ページ

1. As the new chief operating officer, Ms. Lin places much more ------- on quality control.
(A) emphasize
(B) emphasis
(C) emphatically
(D) emphatic

2. Customer service representatives at CSL Software Co. are focused on ------- toward shoppers' needs.
(A) sensitive
(B) sensitively
(C) sensitivity
(D) sense

3. The ------- of the Hasto Manufacturing, Inc., production technology requires highly trained technicians.
(A) sophisticatedly
(B) sophisticated
(C) sophistication
(D) sophisticate

4. White Hat Food Market helps fresh fruit and meat shoppers and local farmers -------.
(A) connect
(B) connective
(C) connection
(D) connectivity

ANSWER

答え合わせが終わったら，音声に合わせて英文を音読しましょう。

005

1. (B)

英文の訳 新任の最高執行責任者として，リン氏は品質管理をより一層重視している。

解説 空所の前にある形容詞moreと，そのさらに前の動詞placesがポイントです。動詞の後ろに置けて，なおかつ形容詞の修飾を受けるのは名詞なので，名詞の (B) emphasis「重要視」が正解です。place emphasis on「～に重きを置く」は頻出表現。ほかの選択肢は (A) 動詞（原形）「～を強調する」(C) 副詞「強調して，断固として」(D) 形容詞「強調された，はっきりした」。

重要語句 □chief operating officer 最高執行責任者 □quality control 品質管理

---

2. (C)

英文の訳 CSLソフトウェア社のカスタマーサービス担当者たちは，顧客のニーズに対して敏感であることに焦点を合わせている。

解説 空所の前の前置詞onがポイントです。前置詞の後ろには名詞を置くので，名詞である (C) sensitivity「敏感さ」が正解です。(D) senseも「感覚」という意味の名詞ですが，文脈に合わないのでここでは不適切です。ほかの選択肢は (A) 形容詞「敏感な」(B) 副詞「敏感に」。

重要語句 □representative 担当者 □be focused on A Aに焦点を合わせる

---

3. (C)

英文の訳 ハスト製造の生産技術の精巧さには，高度な訓練を受けた技術者が必要だ。

解説 空所の前の冠詞Theがポイントです。冠詞の後ろには名詞を置くので，名詞の (C) sophistication「精巧さ」が正解です。ほかの選択肢は (A) 副詞「精巧に」(B) 形容詞「精巧な」(D) 動詞（原形）「～を精巧なものにする」。

重要語句 □production technology 生産技術 □require ～を必要とする
□trained 訓練された □technician 技術者

---

4. (A)

英文の訳 ホワイトハット食料品店は，新鮮な果物や肉を買う客と地元農家をつなぐ手助けをしている。

解説 文中のhelpsがポイントです。〈help＋人＋(to) 動詞の原形〉で「人が～するのを助ける」という意味の構文をつくります。この文で「人」にあたるのは“fresh ... shoppers and local farmers”で，その後ろに置けるのはto不定詞か動詞の原形です。よって動詞の (A) connect「接続する，つなぐ」が正解です。ほかの選択肢は (B) 形容詞「結合の」(C) 名詞「接続」(D) 名詞「接続性」。

重要語句 □shopper 買い物客 □local 地元の □farmer 農家

5. CFO Johnson said that she would likely ------- the investment plan, after having carefully reviewed it.
(A) support
(B) supportive
(C) supportively
(D) supportiveness

6. During her forecast, Lakshmi Gummadi may ------- weather patterns for the rest of the week.
(A) predictably
(B) prediction
(C) predictable
(D) predict

7. Mirror Semiconductor is highly ------- of its intellectual properties, particularly its cutting-edge patents.
(A) protect
(B) protection
(C) protective
(D) protectively

8. By law, information entered into this secure online payment system is ------- and cannot be disclosed to third parties.
(A) private
(B) privatize
(C) privately
(D) privacy

5. (A)

英文の訳 ジョンソン最高財務責任者は，慎重に検討したあと，投資計画を支持することになりそうだと述べた。

解説 空所の前の助動詞wouldと副詞 likelyがポイントです。助動詞の後ろに置かれ，副詞で修飾を受けるのは動詞のみなので，空所には動詞である（A）support「～を支持する」が入ります。この文のように，助動詞と動詞の間に副詞がくることがよくあります。ほかの選択肢は（B）形容詞「協力的な」（C）副詞「協力的に」（D）名詞「支えとなること」。ちなみに（A）supportには名詞で「支援」の意味もあります。

重要語句 □CFO 最高財務責任者（chief financial officer） □investment 投資
□carefully 注意深く，慎重に □review ～をよく調べる，検討する

6. (D)

英文の訳 ラクシュミ・グマディは天気予報の中で，週の残りの日の空模様を予想するだろう。

解説 空所の前の助動詞mayがポイントです。助動詞の後ろには動詞が置かれるので，動詞の（D）predict「～を予想する」が正解です。ほかの選択肢は（A）副詞「予想通りに」（B）名詞「予想」（C）形容詞「予想できる」。

重要語句 □forecast 予報，予想 □pattern パターン，模様 □rest 残り

7. (C)

英文の訳 ミラー半導体は，知的財産，特に最先端の特許を厳重に保護している。

解説 空所の前のbe動詞isと副詞highlyがポイントです。be動詞の後ろに続いて，副詞が修飾できるのは形容詞だけなので，形容詞の（C）protective「保護的な」が正解です。ほかの選択肢は（A）動詞（原形）「～を保護する」（B）名詞「保護」（D）副詞「保護して」。

重要語句 □semiconductor 半導体 □highly 非常に □intellectual property 知的財産
□particularly 特に □cutting-edge 最先端の □patent 特許

8. (A)

英文の訳 法律により，この安全性の高いオンライン支払いシステムに入力された情報は非公開で，第三者に開示されることは禁じられている。

解説 空所の前の文構造を見ると，informationが主語（entered ... systemの部分はinformationを修飾する過去分詞句）で，そのあとにbe動詞のisがあります。そのあとの空所に置けるのは，補語となる名詞か形容詞です。文意より，形容詞の（A）private「非公開の」が正解です。ほかの選択肢は（B）動詞（原形）「～を民営化する」（C）副詞「内密に」（D）名詞「プライバシー，内密にしていること」。

重要語句 □law 法律 □enter ～を入力する □secure 安全性の高い
□payment 支払い □disclose ～を開示する □third party 第三者

→本冊036～037ページ

9. Passengers with Popup Airlines membership cards receive ------- treatment, such as being able to board airplanes early.

(A) prefer
(B) preference
(C) preferential
(D) preferentially

10. NGU Engineering Co. is looking for potential new employees with a record of working -------.

(A) innovator
(B) innovation
(C) innovate
(D) innovatively

11. Professor Jalal Hamid's research on genetics is -------, and that is why he was recruited to Genkix Bioengineering.

(A) except
(B) exception
(C) exceptional
(D) exceptionally

12. With its ultra-low prices, Wamnak Discount Stores appeals to ------- shoppers.

(A) economical
(B) economy
(C) economize
(D) economically

9. (C)

英文の訳 ポップアップ航空の会員カードを持つ乗客は，飛行機に早く搭乗できるというような優待を受ける。

解 説 空所の後ろの名詞treatmentがポイントです。名詞を修飾するのは形容詞のみなので，形容詞である (C) preferential「優先の」が正解です。ほかの選択肢は (A) 動詞（原形）「～を好む」(B) 名詞「好み」(D) 副詞「優先的に」。

重要語句 □passenger 乗客 □receive ～を受け取る □treatment 待遇，取り扱い
□board （飛行機など）に乗る

10. (D)

英文の訳 NGUエンジニアリング社は，革新的に働いた実績のある，新規従業員候補を探している。

解 説 空所の直前にある動名詞workingがポイントです。動名詞はもともと動詞なので，動詞の性質をもっており，動名詞を修飾できるのは副詞です。よって空所には副詞である(D) innovatively「革新的に」が入ります。ほかの選択肢は (A) 名詞「革新者」(B) 名詞「革新」(C) 動詞（原形）「革新する」。

重要語句 □look for ～ ～を探す □potential 可能性のある，潜在的な
□employee 従業員 □record 実績

11. (C)

英文の訳 ジャラル・ハミッド教授の遺伝学研究は非常に優れていて，それがゲンキックス・バイオエンジニアリングに雇われた理由である。

解 説 空所の前の文構造を見ると，researchが主語（Professor Jalal Hamid'sとon geneticsはどちらもresearchを修飾している）で，そのあとにbe動詞のisがあります。そのあとの空所に入るのは，補語のはずなので，正解は形容詞の (C) exceptional「例外的な，非常に優れた」です。ほかの選択肢は (A) 前置詞・接続詞「～を除いて」(B) 名詞「例外」(D) 副詞「例外的に，並外れて」。

重要語句 □professor 教授 □research 研究 □genetics 遺伝学
□recruit ～を新規に採用［募集］する

12. (A)

英文の訳 超低価格で，ワムナック・ディスカウントストアは節約家の顧客を引きつけている。

解 説 空所の前の前置詞toと後ろの名詞shoppersがポイントです。前置詞toのあとには名詞がきますが，すでにshoppersがあるので，空所にはその名詞shoppersを修飾する形容詞が入るとわかります。正解は形容詞の(A) economical「節約家の，買い物上手な」です。ほかの選択肢は (B) 名詞「経済」(C) 動詞（原形）「節約する」(D) 副詞「経済に関して，節約して」。

重要語句 □price 価格 □appeal to ～ ～の興味を引く

代名詞とは EXERCISE

本冊039ページ

1. When the customers have any requests for our services, they can write about ------- on our official Web site.

(A) it
(B) them
(C) our
(D) us

2. Ms. Nicol has been running ------- own advertising company since 2000.

(A) she
(B) her
(C) hers
(D) it

3. Please let ------- know what is convenient for you either by phone or via e-mail.

(A) your
(B) us
(C) his
(D) mine

4. Mr. Senna finally achieved his goal because ------- believed in himself and didn't give up.

(A) his
(B) him
(C) he
(D) he's

選択肢を見てさまざまな代名詞が並んでいるときは，空所に入る代名詞の文中での役割に注目しましょう。他動詞や前置詞のあとであれば目的格を，名詞の前であれば所有格を置きます。接続詞のあとで，かつ動詞の前であれば，主格を置きます。選択肢の代名詞の活用形に注目して，適切なものを選びましょう。

ANSWER

答え合わせが終わったら，音声に合わせて英文を音読しましょう。

1. (B)

英文の訳　当社のサービスに関して要望があるときは，顧客は公式ウェブサイトにそれらを書くことができる。

解説　空所には文脈から文前半にあるrequestsに相当する語が入るとわかります。また，空所はwrite aboutという句動詞の目的語にあたることから，複数形の名詞requestsを受ける目的格の代名詞である (B) them「それらを」が正解です。ほかの選択肢は (A) 代名詞（主格・目的格）「それは［が］・それを［に］」(C) 代名詞（所有格）「私たちの」(D) 代名詞（目的格）「私たちを［に］」。

2. (B)

英文の訳　ニコル氏は2000年から自分自身の広告会社を運営している。

解説　空所の直後にあるown advertising companyがポイントです。〈所有格＋own＋名詞〉で「～自身の…」という意味を表すので，空所には所有格の代名詞である (B) her「彼女の」が入ります。ほかの選択肢は (A) 代名詞（主格）「彼女は［が］」(C) 所有代名詞「彼女のもの」(D) 代名詞（主格・目的格）「それは［が］・それを［に］」。

3. (B)

英文の訳　電話かEメールで，あなたにとって何が都合がいいかを私たちにお知らせください。

解説　空所直前の動詞letがポイントです。letは〈let＋目的語＋動詞の原形〉の形をとり，「…に～させる」という意味を表します。空所はletのあとの目的語にあたるので，目的格の代名詞である (B) us「私たちを［に］」が正解です。ほかの選択肢は (A) 代名詞（所有格）「あなたの」(C) 代名詞（所有格）「彼の」・所有代名詞「彼のもの」(D) 所有代名詞「私のもの」。let us know ～「私たちに～を知らせてください」は頻出表現なので，このまま覚えてしまいましょう。

4. (C)

英文の訳　セナ氏は自分自身を信じてあきらめなかったので，ついに目標を達成した。

解説　空所の前の接続詞becauseと後ろの動詞believedがポイントです。接続詞becauseのあとには〈主語＋動詞〉の形が置かれ，believedが動詞であることから，空所にはbelievedの主語にあたるものがくるとわかります。よって主格の代名詞である (C) he「彼は［が］」が正解です。ほかの選択肢は (A) 代名詞（所有格）「彼の」・所有代名詞「彼のもの」(B) 代名詞（目的格）「彼を［に］」(D) 代名詞＋be動詞（isの省略形）「彼は～である」。

NOTE

LESSON 06 助動詞とは EXERCISE

→本冊041ページ

1. You ------- not have the necessary permissions to execute this operation.

(A) may
(B) should have
(C) have to
(D) ought to

2. The corporate income tax credit ------- be reimbursed to the company next week.

(A) be able to
(B) will
(C) may have
(D) would have

3. In order to meet our clients' needs, we ------- overlook the fact that they aren't fully satisfied with our service.

(A) will have to
(B) must
(C) should not
(D) shouldn't have

4. Ms. Villa ------- easily operate the system because she has been working for the company for over 20 years.

(A) shall not
(B) won't
(C) can't
(D) can

Tips 選択肢を見てさまざまな助動詞が並んでいるときは，まず空所のあとの動詞の形に注目しましょう。直後に動詞の原形があれば，助動詞単体，またはtoを含む準助動詞で文脈に合うものを選びましょう。直後に過去分詞があれば，助動詞＋完了形をつくるhaveを含んだ選択肢で文脈が合うものを選びましょう。

ANSWER

答え合わせが終わったら，音声に合わせて英文を音読しましょう。

1. (A)

英文の訳 あなたはこの作業を行うために必要な許可を持っていないかもしれない。

解 説 空所直後のnot haveがポイントです。否定のnotを伴って動詞の原形haveの前に置けるのは助動詞のみなので，正解は助動詞である（A）may「～かもしれない，～してもよい」です。ほかの選択肢は（B）助動詞＋have（＋過去分詞を伴って）「～するべきだった」（C）助動詞句「～しなくてはならない」（D）助動詞句「～すべき」でどれも意味的に合いません。また，（B）の場合，notはshouldのあとに置かれ，haveの後ろには過去分詞しか置きません。また（C）（D）の場合，否定はdon't have to，ought not toという形をとるので，どれも文法的に不適切です。

2. (B)

英文の訳 法人所得税の控除は，来週その会社に払い戻される予定だ。

解 説 空所の直後の動詞の原形beがポイントです。選択肢のうち，主語The ... creditに対応して，動詞の原形beの前に置けるのは，助動詞の（B）will「～するだろう」だけです。ほかの選択肢は（A）助動詞句「～できる」（C）助動詞＋have（＋過去分詞を伴って）「～だったかもしれない」（D）助動詞＋have（＋過去分詞を伴って）「～だっただろう」でどれも意味が合いません。また，（A）の場合，be able toのbeが原形なので不適切，（C）（D）のhaveの後ろには過去分詞がこなければならないので，いずれも文法的に不適切です。

3. (C)

英文の訳 顧客の要求を満たすために，当社は，我々のサービスに顧客が十分に満足しているわけではないという事実を見過ごすべきではない。

解 説 空所の直後の動詞の原形overlook「～を見過ごす」がポイントです。選択肢のうち，動詞の原形overlookの前に置けて，文脈的に適切なのは（C）should not「～するべきではない」だけです。ほかの選択肢は（A）助動詞＋助動詞句「～しなければならないだろう」（B）助動詞「～しなければならない」（D）助動詞＋否定の省略形＋have（＋過去分詞を伴って）「～するべきではなかった」でどれも意味が合いません。（D）のhaveの後ろには，過去分詞がこなければならないので文法的にも不適切です。

4. (D)

英文の訳 ヴィラ氏はこの会社に20年以上勤めているので，このシステムを簡単に操作することができる。

解 説 空所のあとにある動詞の原形operate「～を操作する」がポイントです。選択肢のうち，動詞の原形operateの前に置けて，文脈的に適切なのは，助動詞の（D）can「～できる」だけです。ほかの選択肢は（A）助動詞＋否定語「～しないだろう」（B）助動詞＋否定の省略形「～しないだろう」（C）助動詞＋否定の省略形「～できない，～のはずがない」という意味で，どれもbecause以下の示す文脈に合いません。

NOTE

前置詞とは EXERCISE

本冊043ページ

1. Ms. Kawasaki received a text message from the person in charge at FT New Field, and she ------- to it immediately.

(A) discussed
(B) attended
(C) opposed
(D) replied

2. Monthly members are provided ------- free access to the Internet on the premises.

(A) under
(B) without
(C) on
(D) with

3. The CEO of Office Safari is used ------- on business trips by herself.

(A) go
(B) going
(C) to go
(D) to going

4. Please call the following number ------- case of malfunction of a part of apparatus.

(A) in
(B) on
(C) at
(D) to

空所の直前直後に注目しましょう。動詞と前置詞の組み合わせの場合は，相性のよい組み合わせで，文脈に合うものを選びましょう。前置詞句の一部という場合は，適切なものを選びます。toを含む選択肢がある場合は，toが前置詞なのか，不定詞の役割をもつのかを，空所の直前や直後を確認して見極めましょう。

ANSWER

答え合わせが終わったら，音声に合わせて英文を音読しましょう。

1. (D)

英文の訳　カワサキ氏はFTニューフィールドの担当者からテキストメッセージを受け取って，すぐに返信した。

解　説　空所直後の前置詞toがポイントです。(A) discussed「～を議論した」と (B) attended「～に参加した」はどちらも他動詞で，前置詞を置かずに目的語をとるのでここでは不適切です。(C) opposedは後ろにtoを置いて「～に反対した」，(D) repliedは後ろにtoを置いて「～に返信した」の意味になりますが，文脈から「担当者からテキストメッセージを受け取って，それに返信した」という流れになるのが適切なので，(D) repliedが正解です。

---

2. (D)

英文の訳　月額メンバーは敷地内のインターネットの無料アクセス権が与えられている。

解　説　空所の前のare providedという形がポイントです。〈provide A with B〉「A（人）にB（もの）を提供する」という表現が受動態で用いられていることを見抜ければ，空所には (D) withが入るとわかります。ほかの選択肢は (A) 前置詞「～の下に」(B) 前置詞「～なしで」(C) 前置詞「～の上に」。この〈provide A with B〉のような，特定の動詞とよく一緒に使われる前置詞を覚えておくと便利です。

---

3. (D)

英文の訳　オフィスサファリの最高経営責任者は，ひとりで出張に行くことに慣れている。

解　説　空所直前のis usedがポイントです。この形を見て，be used to ～ing「～に慣れている」という表現を思い出せれば，(D) to goingが正解だとわかります。ほかの選択肢は (A) 動詞（原形）「行く」(B) 動名詞「行くこと」・現在分詞「行く」(C) 不定詞「行くこと，行くための，行くために」。

---

4. (A)

英文の訳　万一，装置の一部に不具合がある場合は以下の番号に電話してください。

解　説　選択肢がすべて前置詞であることから，caseと結びついて意味をなす前置詞を選ぶ問題だとわかります。in case of ～で「万一，～の場合」という意味を表す熟語になるとわかれば，(A) inが正解だとわかります。ほかの選択肢は (B) 前置詞「～の上に」(C) 前置詞「～で」(D) 前置詞「～へ」という意味ですが，どれもcaseと結びつきません。

NOTE

そのほかの前置詞 EXERCISE

→本冊045ページ

1. Mr. Smith will return from his business trip ------- the end of the month and continue working on the project.

(A) upon
(B) by
(C) without
(D) at

2. Utensils sold at Captain Store are really useful in spite ------- being low in cost.

(A) for
(B) from
(C) of
(D) on

3. The board of directors decided to change the construction plan ------- a variety of factors.

(A) due to
(B) instead of
(C) up to
(D) aside from

4. ------- common belief, the rapid decline in sales brought new ideas to lead Miracle Bottle Co. to success.

(A) By means of
(B) Contrary to
(C) Thanks to
(D) In addition to

Tips 選択肢が前置詞の場合は，文中の動詞との組み合わせや前置詞句の一部として適切かどうかなどを考えて正解を選びましょう。選択肢が前置詞句の場合は，文脈に注目して意味の通る適切なものを選びましょう。

ANSWER

答え合わせが終わったら，音声に合わせて英文を音読しましょう。

1. (B)

英文の訳　スミスさんは今月末までに出張から戻り，そのプロジェクトに引き続き取り組む予定です。

解説　選択肢はすべて前置詞なので，文脈に合った前置詞を選ぶ問題です。空所とそのあとのthe end of the month「今月末」がreturn「戻る」を修飾し，期限を示す表現になっていると気づけば，**(B)** by「～までに」が正解だとわかります。ほかの選択肢は **(A)** 前置詞「～の上に」**(C)** 前置詞「～なしで」**(D)** 前置詞「～で」。by the end of ～「～の終わりまでには」はよく使われる表現なので覚えておきましょう。

2. (C)

英文の訳　キャプテンストアで売られている器具は低価格にもかかわらず，とても使いやすい。

解説　空所直前の前置詞in＋名詞spiteがポイントです。in spite ofで「～にもかかわらず」という意味になるので，**(C)** ofが正解です。ほかの選択肢は **(A)** 前置詞「～のために」**(B)** 前置詞「～から」**(D)** 前置詞「～の上に」ですが，どれもin spiteと結びつきません。

3. (A)

英文の訳　取締役会は，さまざまな要因により，建設計画を変更することを決めた。

解説　さまざまな意味の前置詞句が選択肢に並んでいるので，文全体の意味をとって，あてはまる表現を選びましょう。空所の後ろに「さまざまな要因」という表現があり，空所の前の「建設計画を変更することに決めた」ことの「原因」を表していると判断できます。よって **(A)** due to「～により，～のせいで」が正解です。ほかの選択肢は **(B)** 前置詞句「～の代わりに」**(C)** 前置詞句「～まで」**(D)** 前置詞句「～とは別に」で意味がつながりません。

4. (B)

英文の訳　一般的な認識に反して，売上の急激な減少が，ミラクル・ボトル社を成功に導く新しい考えをもたらした。

解説　さまざまな意味の前置詞句が選択肢に並んでいるので，文全体の意味をとって，あてはまる表現を選びましょう。文の後半では「売上の急激な減少が会社を成功に導いた」という，マイナスの要因がプラスの結果を導くという「意外」な内容が書かれています。この文脈からcommon belief「一般的な認識，常識」に「反して」という意味の前置詞句である **(B)** Contrary toが正解だとわかります。ほかの選択肢は **(A)** 前置詞句「（手段として）～を用いて」**(C)** 前置詞句「～のおかげで」**(D)** 前置詞句「～に加えて」。

NOTE

接続詞とは EXERCISE

本册047ページ

1. She has been working for the organization as a public relations manager, ------- she wants to do something different in another field.

(A) or

(B) as

(C) since

(D) but

2. The manual of this smartphone doesn't include any special explanation ------- it's really necessary.

(A) when

(B) unless

(C) once

(D) while

3. Mr. Shimada and Ms. Ito argued about how to proceed ------- they had different points of view.

(A) because

(B) even if

(C) now that

(D) though

4. Dante Casado wanted to have his own house ------- it was expensive or not.

(A) whether

(B) as long as

(C) but

(D) provided

選択肢が接続詞の場合は，文脈に注目して，意味の通る適切なものを選びましょう。空所の前と後の内容が，順接なのか逆接なのかを確認してみましょう。〈接続詞＋主語＋動詞〉（副詞節）が時・条件・譲歩・理由などを表す場合もあります。

ANSWER

答え合わせが終わったら，音声に合わせて英文を音読しましょう。

1. (D)

英文の訳 彼女はその団体で広報マネージャーとして働いてきたが，ほかの分野でちがうことをしたいと思っている。

解　説 選択肢は（A）「または」（B）「〜なので，〜するとき」（C）「〜して以来，〜なので」（D）「しかし」という意味で，すべて接続詞です。空所前後の文がどのような関係でつながっているかを確認して適切なものを選びます。空所の前の文に「彼女は広報マネージャーとして働いてきた」とあるのに対して，空所のあとの文では「彼女はほかの分野でちがうことをしたい」とあることから，空所前後の文は逆接の関係にあるとわかります。よって，逆接の接続詞（D）but「しかし」が正解です。

2. (B)

英文の訳 このスマートフォンの取扱説明書には，本当に必要でない限り，特別な説明は含まれていない。

解　説 選択肢は（A）「〜するときに」（B）「〜でない限り」（C）「いったん〜すると」（D）「〜する間に，一方で」という意味で，すべて接続詞です。空所のあとの文は「本当に必要でない限り」という条件をメインの文に加えていると文脈上考えられるので，条件を表す接続詞の（B）unlessが正解です。

3. (A)

英文の訳 シマダ氏とイトウ氏は，異なる見解を持っていたので，進め方について議論した。

解　説 選択肢は（A）「〜なので」（B）「たとえ〜でも」（C）「今や〜だから」（D）「〜にもかかわらず」という意味で，すべて接続詞（句）です。空所の前の「シマダ氏とイトウ氏は議論した」に対して，空所のあとの「彼らは異なる見解を持っていた」という文は「理由」を付け加えていると考えられます。よって，理由を導く接続詞である（A）becauseが正解です。

4. (A)

英文の訳 ダンテ・カサードは高価であろうとなかろうと，彼自身の家がほしかった。

解　説 空所のあとの文にあるor notがポイントです。or notはwhetherと一緒に用いられて，「〜であろうとなかろうと」という譲歩の意味を表します。「それが高価であろうとなかろうと，彼自身の家がほしかった」という意味になり文脈にも合うので，（A）whetherが正解です。ほかの選択肢は（B）接続詞句「〜しさえすれば」（C）接続詞「しかし」（D）接続詞「もし〜ならば」。今回の問題のwhether 〜 or notのようにセットで使う表現を覚えておくと，すばやく正解が選べるので便利です。

NOTE

LESSON 10 そのほかの接続詞 EXERCISE

→本冊049ページ

1. I was delighted to receive the news ------- your company is celebrating its 50th anniversary.

(A) while
(B) if
(C) that
(D) when

2. Ms. Suzuki ------- her boss that they needed more employees to complete the task effectively.

(A) helped
(B) offered
(C) started
(D) told

3. Please note ------- you cannot cancel your reservation after it is confirmed.

(A) that
(B) of
(C) because
(D) and

4. It is certain ------- Kay Millet wanted her partner to make further progress.

(A) then
(B) that
(C) though
(D) this

Tips 空所の直前に注目しましょう。「～という（こと）」という意味を持つ接続詞のthatと組み合わせられる動詞または名詞かどうかを確認しましょう。

ANSWER

答え合わせが終わったら，音声に合わせて英文を音読しましょう。

1. (C)

英文の訳　私は御社が50周年を祝うという知らせを受け取って，喜びました。

解説　空所の後ろ部分には〈主語＋動詞〉があり，空所を含むこれらの要素が直前の名詞newsの内容を説明しているとわかります。よって，同格を示す接続詞の (C) thatが正解です。ほかの選択肢は (A) 接続詞「～する間に，一方で」(B) 接続詞「もし～ならば」(D) 接続詞「～するときに」。同格のthatをとる名詞は情報，思考，事実といった種類のものに限られます。代表的なものを覚えておくと，今回のような問題ですばやく正解を選べるので便利です。

2. (D)

英文の訳　スズキ氏は，彼女の上司に，作業を効率よく終わらせるためにはより多くの従業員が必要だと伝えた。

解説　空所の後ろにher bossという人とthat節があるのがポイントです。選択肢の中で，この形をとれるのは (D) told「伝えた」だけです。ほかの選択肢は (A) 動詞（過去形）「助けた」(B) 動詞（過去形）「申し出た」(C) 動詞（過去形）「始めた」。

3. (A)

英文の訳　確定後はあなたの予約をキャンセルすることができないことにご注意ください。

解説　空所の前にnote「～に注意する」という他動詞があり，あとに〈主語＋動詞〉が続いているのがポイントです。空所に名詞のカタマリをつくる接続詞の (A) thatを入れれば，空所以下がnoteの目的語となるので，文法的に適切です。ほかの選択肢は (B) 前置詞「～の」(C) 接続詞「～なので」(D) 接続詞「そして」。(B) ofは後ろに〈主語＋動詞〉を置けないので不適切。(C) becauseは副詞のカタマリをつくる接続詞なのでnoteの目的語にはなれず，文法的に不適切です。(D) andは等位接続詞で，noteの目的語がなくなってしまうのでここでは不適切です。

4. (B)

英文の訳　彼女のパートナーがさらに前進することをケイ・ミレーが望んでいたのは確かである。

解説　空所の前の〈It is＋形容詞（certain）〉がポイントです。これは「形式主語構文」と呼ばれるもので，文頭のItは形式主語（仮主語）で，本当の主語（真主語）であるthat節を後ろに置く構文です。この構文に気づければ，すぐに正解は (B) thatだとわかります。ほかの選択肢は (A) 副詞「そのとき，それから」(C) 接続詞「～にもかかわらず」・副詞「～だが」(D) 代名詞「これ」・形容詞「この」で，ここではどれも文法的に不適切です。形式主語構文もTOEIC L&Rテストでは頻出なのでしっかり押さえておきましょう。

NOTE

前置詞と接続詞のちがい EXERCISE

本冊051ページ

1. The main product of Hannah International stays competitive ------- its high quality.

(A) since
(B) due to
(C) in line with
(D) instead of

2. There was a call from Ms. Suzuki ------- you were out.

(A) while
(B) during
(C) until
(D) unless

3. ------- we had some difficulties in completing the plan, we finally achieved our goal with a lot of help.

(A) Although
(B) Despite
(C) But
(D) In spite of

4. Please reply ------- the end of this month.

(A) as
(B) until
(C) by
(D) during

空所の直後に注目しましょう。直後に名詞（句）がある場合は前置詞を選び，〈主語＋動詞〉を含む文がある場合は接続詞を選びましょう。空所前後の文脈も意識して，意味が通るかどうかも確認しましょう。

ANSWER

答え合わせが終わったら，音声に合わせて英文を音読しましょう。

1. (B)

英文の訳　ハンナ・インターナショナルの主力製品は，その質の高さにより競争力を維持している。

解説　空所の後ろにits high qualityという名詞句があるのがポイントです。空所の後ろの「高い品質」が，空所の前の「主力製品は競争力を維持している」ことの理由を示していると考えられるので，「理由」を表す前置詞句の(B) due to「～のせいで，～により」が正解です。ほかの選択肢は(A)接続詞「～なので，～して以来」・前置詞「～以来」(C)前置詞句「～と一致して」(D)前置詞句「～の代わりに」。

2. (A)

英文の訳　あなたが外出している間に，スズキ氏から電話がありました。

解説　空所の後ろにyou were outという〈主語＋動詞〉があるのがポイントです。前置詞の(B) duringはこの時点で消え，残る3つの選択肢の中から，文脈に合うものを選びます。空所の前の「スズキ氏から電話があった」のがいつなのかを説明していると考えられるので，「時」を表す接続詞の(A) while「～する間に」が正解です。(C) untilも「～するまで」という「時」を表す接続詞ですが，継続的な動作や状態を表す動詞とともに用いるので不適切です。ほかの選択肢は(B)前置詞「～の間に」(D)接続詞「～でない限り」。

3. (A)

英文の訳　この計画を完了するのに困難なことはあったが，多くの援助を得て，私たちは最終的に目標を達成した。

解説　空所の後ろにwe had some difficultiesという〈主語＋動詞〉があるのがポイントです。後ろに〈主語＋動詞〉を置いてカタマリがつくれるのは(A) Althoughだけなので，これが正解です。(B) Despiteと(D) In spite ofは前置詞（句）なので後ろに〈主語＋動詞〉を置けません。また，(C) Butは〈主語＋動詞～, but 主語＋動詞〉の形であれば使えますが，後ろに文を伴って，カンマで区切って主節を置くことはできません。最後に選択肢を整理しておくと，(A)接続詞「～だが」(B)前置詞「～にもかかわらず」(C)接続詞「しかし」(D)前置詞句「～にもかかわらず」。

4. (C)

英文の訳　今月末までに返信してください。

解説　選択肢がすべて前置詞であるため，文脈に合うものを選ぶ問題です。空所を含む部分は「今月末までに」と返信の期限を示すと考えられるので，期限を示す前置詞の(C) byが正解です。(B) untilは「～まで」という意味の前置詞ですが，継続を表すので不適切です。日本語訳だけで覚えているとbyと混同しやすいので，それぞれの用例などとあわせてしっかり覚えておきましょう。そのほかの選択肢は(A)前置詞「～として」・接続詞「～なので，～するとき」(D)前置詞「～の間に」。

→本冊052〜053ページ

1. The board of directors of the firm decided to increase ------- budget for the upcoming year.

(A) its

(B) they're

(C) theirs

(D) ours

2. Mr. Lee and Ms. Snow were pleased to see that ------- meetings with clients throughout South Africa went very well.

(A) they're

(B) it's

(C) their

(D) hers

3. Guests of Caln Fine Dining experience an elegant dining atmosphere that always delights -------.

(A) it

(B) ours

(C) these

(D) them

4. Joshua Buboupakumo felt that before he could accept the assignment in London, ------- would have to learn more about his duties.

(A) he

(B) they'd

(C) his

(D) mine

ANSWER

答え合わせが終わったら，音声に合わせて英文を音読しましょう。

1. (A)

英文の訳 その会社の取締役会は次の年の同社の予算を増やすことを決めた。

解説 空所の後ろにある名詞budgetの前に代名詞が入るなら所有格になるので，(A) its「その」が正解です。ほかの選択肢は (B) 代名詞の主格＋be動詞（areの省略形）「彼らは～である」(C) 所有代名詞「彼らのもの」(D) 所有代名詞「私たちのもの」。

重要語句 □board of directors　取締役会　□firm　会社
□increase　～を増やす　□budget　予算　□upcoming　今度の，次の

---

2. (C)

英文の訳 リー氏とスノー氏は南アフリカ中の顧客との会議がとてもうまくいっているのを見て喜んだ。

解説 空所の後ろの名詞meetingsの前に代名詞を置くなら所有格になるので，(C) their「彼らの」が正解です。ほかの選択肢は (A) 代名詞の主格＋be動詞（areの省略形）「彼らは～である」(B) 代名詞の主格＋be動詞（isの省略形）「それは～である」(D) 所有代名詞「彼女のもの」。

重要語句 □be pleased to *do*　～して喜ぶ　□client　顧客
□throughout　～のいたる所に，～のあちらこちらに

---

3. (D)

英文の訳 カルン・ファイン・ダイニングの顧客は，彼らをいつも喜ばせるような優雅な食事の雰囲気を体験する。

解説 空所の前の動詞delightsがポイントです。動詞の後ろに置けるのは目的格の代名詞です。文脈から「喜ばせる」対象は文頭のGuestsなので，複数形の代名詞の目的格である (D) them「彼らを」が正解です。ほかの選択肢は (A) 代名詞（主格・目的格）「それは[が]・それを[に]」(B) 所有代名詞「私たちのもの」(C) 指示代名詞「これら」・形容詞「これらの」。

重要語句 □experience　～を経験する　□atmosphere　雰囲気　□delight　～を喜ばせる

---

4. (A)

英文の訳 ジョシュア・ブボウパクモはロンドン赴任を受ける前に，職務についてもっと多く知るべきだと思った。

解説 空所の直前にカンマがあって，空所の後ろに助動詞would ～があるのがポイントです。主語の位置に置けて，文頭の主語Joshua Buboupakumoを言いかえている主格の代名詞 (A) he「彼は」が正解です。ほかの選択肢は (B) 代名詞の主格＋would［had］の省略形「彼らは」(C) 代名詞（所有格）「彼の」・所有代名詞「彼のもの」(D) 所有代名詞「私のもの」。

重要表現 □accept　～を受け取る，受け入れる　□assignment　任務，赴任
□duty　職務，義務

5. Displays on the major exhibits at the Heaton Science Museum are distributed ------- the building to provide information to visitors.

(A) among
(B) unless
(C) since
(D) throughout

6. Ted Carter contacted several firms yesterday ------- the intention of arranging sales presentations at their offices.

(A) at
(B) by
(C) with
(D) to

7. Memoria Steel manufactures precision machined products ------- highly advanced equipment and industrial processes.

(A) up until
(B) insofar as
(C) away from
(D) by means of

8. Trent Plastics operates in some of the largest mature markets in the world, ------- small but fast-growing ones.

(A) along with
(B) up against
(C) in order to
(D) because of

5. (D)

英文の訳 ヒートン科学博物館での主要展示物に関する掲示は，来館者に情報を提供するために建物のいたる所に置かれている。

解説 空所の前の動詞distributedと空所の後ろの名詞the buildingがポイントです。空所以降は掲示が置かれている「場所」を示すと考えられるので，前置詞の(D) throughout「～のいたる所に」が正解です。ほかの選択肢は(A)前置詞「(3人[3つ]以上の)～の中で」(B)接続詞「～でない限り」(C)前置詞「～以来」・接続詞「～して以来，～なので」。

重要語句 □major 主要な □exhibit 展示 □distribute ～を分布する，～を分配する

6. (C)

英文の訳 テッド・カーターは，相手の会社での販売プレゼンテーションを手配するつもりで，昨日いくつかの会社に連絡した。

解説 空所の後ろの名詞the intention「意図」がポイントです。選択肢はすべて前置詞なので，文脈に合うものを選びます。「意図を伴って」という意味になる前置詞(C) withが正解です。with the intention of ～ing「意図を伴って＝～するつもりで」は熟語として，このまま覚えておきましょう。ほかの選択肢は(A)場所や時間などと用いる前置詞「～で」(B)位置や期限を表す前置詞「～のそばで，～までに」(D)方向や対象を表す前置詞「～へ」。

重要語句 □contact ～に連絡する □intention 意図 □arrange ～を手配する

7. (D)

英文の訳 メモリア製鋼所は，非常に高度な設備と工業プロセスを用いて，精密機械製品を製造している。

解説 空所の前の「精密機械製品を製造している」という文脈と，空所の後ろの名詞equipment「設備」とprocesses「プロセス」をつなぐものとして適切な(D) by means of「～を用いて」が正解です。ほかの選択肢は(A)「～まで」(B)「～する限りにおいて」(C)「～から離れて」。

重要語句 □precision machined 精密機械の □product 製品 □advanced 高度な
□equipment 設備 □industrial 工業の □process プロセス，工程

8. (A)

英文の訳 トレント・プラスティクスは，小さいが急成長をしている市場とあわせて，世界最大の成熟市場のいくつかで事業を行っている。

解説 空所の後ろにあるonesがポイントです。これは文前半のmarketsをさす代名詞です。空所の前後で，the largest mature marketsとsmall but fast-growing ones(＝markets)という大小の市場が並列されていることがつかめれば，この文脈に適切な(A) along with「～とあわせて」が正解だとわかります。ほかの選択肢は(B)「～に直面して」(C)「～するために」(D)「～のせいで」。

重要語句 □operate 営業する □mature 成熟した □fast-growing 急速に成長する

本冊052〜053ページ

9. The team working on the new lens design has made good progress ------- needs more time to finish.

(A) nor
(B) but
(C) either
(D) or

10. Ji-seon Kim often works on weekends ------- is still somewhat behind on an important task.

(A) yet
(B) but also
(C) rather than
(D) and instead

11. HN Plastics plans to upgrade some of its facilities, ------- its goals of improving overall quality control.

(A) as of
(B) due to
(C) on account of
(D) in line with

12. ------- safety protocols, Szall Textiles Co. regularly holds a training session.

(A) Except for
(B) In light of
(C) With respect to
(D) Near to

9. (B)

英文の訳 新しいレンズのデザインに取り組んでいるチームはいい調子で進んでいるが，完成するまでにもっと時間が必要だ。

解説 空所の直後の動詞needsがポイントです。このneedsの主語になるのは文頭のThe teamで，文の中盤にあるhas madeとneedsを等位接続詞で結べば，文が成り立ちます。また，文前半は「いい調子で進んでいる」，後半は「もっと時間が必要」という対照的な内容になっているので，逆接の意味を表す接続詞 (B) but「しかし」が正解だとわかります。(D) orも等位接続詞ですが，「または」という意味なので文意に合いません。ほかの選択肢は (A) 接続詞「～もまた～ない」(C) 代名詞「どちらか」・形容詞「どちらか一方の」・副詞「～も（～しない）」。

重要語句 □work on　～に取り組む　□progress　進展，前進

10. (A)

英文の訳 ジセオン・キムはよく週末に働くが，それでも重要な作業がまだいくぶん遅れている。

解説 空所の直後のbe動詞isがポイントです。このisの主語になるのは文頭のJi-seon Kimで，そのあとに続くworks とisを等位接続詞で結べば，文が成り立ちます。また，文前半は「週末に働く」という内容で，後半は「いくぶん遅れている」という内容になっているので，逆接の意味を表す (A) yet「けれども」が正解です。ほかの選択肢は (B)（not onlyとともに用いて）「(～だけでなく）～も」(C)「～よりもむしろ」(D)「そして代わりに」という意味で，どれも文脈に合いません。

重要語句 □somewhat　いくぶんか　□task　仕事

11. (D)

英文の訳 HNプラスティックスは，全体的な品質管理の改善という目標に沿って，設備のいくつかを改良しようと計画している。

解説 文前半が「計画する」という内容で，後半が「～という目標」という内容になっている点に注目します。この文脈に適切なのは (D) in line with「～と一致して，～に沿って」です。ほかの選択肢は (A)「～現在」(B)「～により，～のせいで」(C)「～の理由で，～のせいで」という意味で，どれも文脈に合いません。

重要語句 □upgrade　～をアップグレードする，～を向上させる　□facility　設備
□improve　～を改善する　□overall　全体的な　□quality control　品質管理

12. (C)

英文の訳 安全手順に関して，スザル織物社は定期的に研修会を開いている。

解説 カンマ以降の文後半は「研修会を開いている」という内容で，空所の後ろの「安全手順」は研修会の内容を示していると考えられます。よって，文脈に合う形にするには (C) With respect to「～に関して」を空所に入れる必要があります。ほかの選択肢は (A)「～を除いて」(B)「～を考慮すると」(D)「～に近い」という意味で，どれも文脈に合いません。

重要語句 □safety　安全　□protocol　手順　□regularly　定期的に　□training　研修
□session　集まり

LESSON 12 現在形とは EXERCISE

→本冊055ページ

1. As an international leader in their field, Lloyd & Ray Co. ------- the cutting-edge technology.

(A) develop
(B) develops
(C) developing
(D) to develop

2. To build a good relationship, the employees of MM Yarn Inc. ------- a company trip every year.

(A) organize
(B) organizes
(C) to organize
(D) organizing

3. Kana Rockwell ------- for a famous department store in Osaka.

(A) work
(B) working
(C) works
(D) to work

4. His enthusiasm for his work ------- the same as before.

(A) remain
(B) remains
(C) remaining
(D) to remain

空所の前にある主語に注目しましょう。主語が固有名詞などの3人称単数の場合は，一般動詞の語尾にsがついているものを選びましょう。主語が複数形であれば，sは不要です。

ANSWER

答え合わせが終わったら，音声に合わせて英文を音読しましょう。

1. (B)

英文の訳 その分野における国際的なリーダーとして，ロイド・アンド・レイ社は最先端の科学技術を開発している。

解説 選択肢は動詞developのさまざまな形なので，動詞の適切な形を選ぶ問題だとわかります。空所直前のLloyd & Ray Co.は会社名で主語，空所のあとのthe cutting-edge technologyは目的語だと考えられるので，空所には述語動詞が入るとわかります。選択肢のうち（A）developと（B）developsが述語動詞になれますが，主語が会社で３人称単数なので，３単現のsがついた（B）develops「～を開発する」が正解です。ほかの選択肢は（A）動詞（原形）「～を開発する」（C）動名詞「開発すること」・現在分詞「開発している」（D）不定詞「開発すること，開発するための，開発するために」。

2. (A)

英文の訳 いい関係を築くために，MM製糸社の従業員は毎年，社内旅行を催している。

解説 選択肢は動詞organizeのさまざまな形なので，動詞の適切な形を選ぶ問題だとわかります。空所直前のthe employees of MM Yarn Inc.は主語，空所のあとのa company tripは名詞で目的語だと考えられるので，空所には述語動詞が入るとわかります。選択肢のうち述語動詞になれるのは（A）organizeと（B）organizesですが，主語はemployeesで複数形なので（A）organize「～を催す」が正解です。ほかの選択肢は（B）動詞（３単現のs）「～を催す」（C）不定詞「催すこと，催すための，催すために」（D）動名詞「催すこと」・現在分詞「催している」。

3. (C)

英文の訳 カナ・ロックウェルは大阪の有名なデパートで働いている。

解説 選択肢は動詞workのさまざまな形なので，動詞の適切な形を選ぶ問題だとわかります。空所直前のKana Rockwell は人名で主語，空所のあとはfor a famous department store in Osakaという前置詞句で，この文には動詞がないので，空所には述語動詞が入るとわかります。選択肢の中で述語動詞になれるのは（A）workと（C）worksですが，主語のKana Rockwellは３人称単数なので，３単現のsがついた（C）works「働く」が正解です。ほかの選択肢は（A）動詞（原形）「働く」・名詞「仕事」（B）動名詞「働くこと」・現在分詞「働いている」（D）不定詞「働くこと，働くための，働くために」。

4. (B)

英文の訳 彼の仕事に対する情熱は以前と同じままである。

解説 選択肢は動詞remainのさまざまな形なので，動詞の適切な形を選ぶ問題だとわかります。空所の前にある主語His enthusiasmは主語，空所の後ろにあるのは名詞the sameで，この文には動詞がないので，空所には述語動詞が入るとわかります。選択肢の中で述語動詞になれるのは（A）remainと（B）remainsですが，主語のHis enthusiasmは３人称単数なので，３単現のsがついた（B）remains「～のままだ」が正解です。そのほかの選択肢は（A）動詞（原形）「～のままだ」（C）動名詞「～のままであること」・現在分詞「～のままの」・形容詞「残りの」（D）不定詞「～のままであること，～のままであるための，～のままであるために」。

現在進行形とは EXERCISE

本冊057ページ

1. Chief Director Hal Sander ------- for the Paris branch office this evening.

(A) leave

(B) leaving

(C) is leaving

(D) left

2. According to Ms. Sato's schedule, she ------- an orientation for new employees in Thailand now.

(A) conduct

(B) conducted

(C) to conduct

(D) is conducting

3. Based on the latest survey, most clients of this furniture company ------- simple and chic designs.

(A) prefer

(B) prefers

(C) preference

(D) preferring

4. Everything regarding the construction of the new plant ------- well.

(A) go

(B) going

(C) to go

(D) is going

Tips 選択肢に動詞のさまざまな時制を含むものが並んでいる場合は，文中で「時」を表す単語やフレーズがあるかを確認します。「今」や近い未来を表すものがある場合は，現在進行形を選びましょう。ただし，進行形にできるのは動作動詞だけなので，注意しましょう。

ANSWER

答え合わせが終わったら，音声に合わせて英文を音読しましょう。

1. (C)

英文の訳　チーフ・ディレクターのハル・サンダーは今晩パリ支社に向けて出発する。

解説　選択肢は動詞leaveのさまざまな形なので，動詞の適切な形を選ぶ問題だとわかります。空所直前のChief Director Hal Sanderは主語，空所のあとのfor the Paris branch officeは前置詞句で，この文には動詞がないので，空所には述語動詞が入るとわかります。選択肢の中で述語動詞になれるのは（A）leave,（C）is leaving,（D）leftの３つがありますが，文末のthis evening「今晩」と合うのは，ほぼ確定している未来を表す現在進行形の（C）is leaving「出発する予定だ」です。ほかの選択肢は（A）動詞（原形）「出発する」（B）動名詞「出発すること」・現在分詞「出発している」（D）動詞（過去形）「出発した」・過去分詞「残された」。

2. (D)

英文の訳　サトウ氏の予定によると，彼女は今タイで新入社員研修を行っている。

解説　選択肢は動詞conductのさまざまな形なので，動詞の適切な形を選ぶ問題だとわかります。空所直前のsheは主格の代名詞なので主語，空所のあとはan orientationという名詞なので，空所には述語動詞が入るとわかります。選択肢の中で述語動詞になれるものは（A）conduct,（B）conducted,（D）is conductingの３つがありますが，文末のnowと合う時制は現在進行形の（D）is conducting「～を行っている」です。現在形を使うなら３単現のsが必要なので（A）のconduct「～を行う」は不適切です。ほかの選択肢は（B）動詞（過去形）「行った」・過去分詞「行われた」（C）不定詞「行うこと，行うための，行うために」。

3. (A)

英文の訳　最新の調査に基づくと，この家具会社のほとんどの顧客が簡素で上品なデザインを好んでいる。

解説　選択肢は動詞preferのさまざまな形なので，動詞の適切な形を選ぶ問題だとわかります。空所直前のmost clients of this furniture companyは主語，空所のあとのsimple and chic designsは名詞句で，この文には動詞がないので，空所には述語動詞が入るとわかります。選択肢の中で述語動詞になれるのは（A）preferと（B）prefersの２つですが，複数形の主語clientsに対応するのは（A）prefer「～を好む」です。ほかの選択肢は（B）動詞（３単現のs）「～を好む」（C）名詞「好み」（D）動名詞「好むこと」・現在分詞「好んでいる」。

4. (D)

英文の訳　新しい工場の建設については，すべてがとてもうまくいっている。

解説　選択肢は動詞goのさまざまな形なので，動詞の適切な形を選ぶ問題だとわかります。空所の前には代名詞Everythingとそれを修飾するregarding the construction of the new plantという前置詞句があり，空所のあとには副詞のwellがありますが，この文には動詞がないので，空所には述語動詞が入るとわかります。選択肢の中で述語動詞になれるのは（A）goと（D）is goingの２つですが，３人称単数の主語Everythingに対応するのは（D）is going「行っている」です。ほかの選択肢は（A）動詞（原形）「行く」（B）動名詞「行くこと」・現在分詞「行っている」（C）不定詞「行くこと，行くための，行くために」。現在形で使う場合は，主語Everythingは３人称単数なのでgoesとしなければなりません。

現在完了形とは EXERCISE

本冊060ページ

1. As a competent brain scientist, Dr. Brown ------- the international prize twice.

(A) wins
(B) has won
(C) have won
(D) won

2. The CEO of Horse River Technology has already ------- quite a fortune in the stock market.

(A) make
(B) to make
(C) made
(D) making

3. With a lot of supporters, Makoto Enterprise has grown steadily ------- five years.

(A) yet
(B) to
(C) for
(D) since

4. We can't verify your credit card number, so we ------- the goods you ordered yet.

(A) haven't shipped
(B) hasn't shipped
(C) isn't shipped
(D) isn't shipping

Tips 空所の直前直後に注目します。直前に3人称単数の主語がある場合，現在完了形は〈has＋過去分詞〉となります。それ以外はhasではなくhaveとなります。また，文中に完了形と相性のいい，回数や期間を表す単語やフレーズがあるかどうかも確認しましょう。

ANSWER

答え合わせが終わったら，音声に合わせて英文を音読しましょう。

016

1. (B)

英文の訳　有能な脳科学者として，ブラウン博士は国際的な賞を２度受賞したことがある。

解　説　選択肢は動詞winのさまざまな時制変化なので，動詞の時制を選ぶ問題だとわかります。文末に「回数」を表す表現twiceがあるので，現在完了形が入るとわかります。現在完了形は（B）has wonと（C）have wonの２つですが，３人称単数の主語Dr. Brownに対応するのはhasなので，正解は（B）has won「～を受賞したことがある」が正解です。そのほかの選択肢は（A）動詞（３単現のs）「～を受賞する」（C）have＋過去分詞（現在完了形）「～を受賞したことがある，受賞した」（D）動詞（過去形）「受賞した」・過去分詞「受賞された」。

2. (C)

英文の訳　ホース・リバー・テクノロジーの最高経営責任者は，すでに株式市場でかなりの財産をつくった。

解　説　選択肢は動詞makeのさまざまな形なので，動詞の適切な形を選ぶ問題だとわかります。空所の前にはhasと「すでに」という意味のalreadyがあるので，hasともに用いて現在完了形になる形が空所に入るとわかります。よって，過去分詞の（C）made「～をつくった」が正解です。そのほかの選択肢は（A）動詞（原形）「～をつくる」（B）不定詞「つくること，つくるための，つくるために」（D）動名詞「つくること」・現在分詞「つくっている」。

3. (C)

英文の訳　多くの支持者を得て，マコト・エンタープライズは５年間，着実に成長している。

解　説　空所の前にはMakoto Enterprise has grownという現在完了の文があり，空所のあとにはfive yearsという名詞があります。空所に（C）forを入れ，for five years「５年間」と期間を示す表現をつくれば，空所前の現在完了とも合う表現になります。そのほかの選択肢は（A）接続詞「けれども」・副詞「もう，まだ」（B）前置詞「～へ」（D）接続詞「～して以来，～なので」・前置詞「～以来」。

4. (A)

英文の訳　あなたのクレジットカードの番号を確認できないので，あなたが注文した商品をまだ発送していない。

解　説　選択肢はどれも動詞shipが時制変化したものなので，動詞の適切な時制を選ぶ問題だとわかります。文末のyetとともに用いる時制は現在完了なので，空所に入る可能性があるのは（A）haven't shippedと（B）hasn't shippedの２つですが，空所直前にある複数形の主語weに対応するのは（A）haven't shipped「～を発送していない」です。ほかの選択肢は（B）has＋否定語＋過去分詞「～を発送していない」（C）be動詞＋否定語＋過去分詞「発送されない」（D）be動詞＋否定語＋現在分詞「～を発送していない」。否定語はすべて省略形になっています。

NOTE

本冊061ページ

5. We would like to inform you that new voting laws have been introduced ------- the last election.

(A) since
(B) for
(C) yet
(D) before

6. With their growing production, gas and oil industries ------- the city's expansion and economic prosperity over many decades.

(A) have accelerated
(B) accelerating
(C) were accelerated
(D) accelerate

7. Professor Fontaine of Tucker University ------- one of our external auditors since last February.

(A) is
(B) was
(C) has been
(D) will be

8. We regret to inform you that the tickets for the reception party have just ------- out.

(A) been sold
(B) selling
(C) to sell
(D) sell

完了形とよく一緒に使われる前置詞forやsince，副詞justやalreadyなどに注目しましょう。適切な時制を選ぶときには，文中に「時」を表す単語やフレーズがありますので，それを見つけ出しましょう。

5. (A)

英文の訳　私たちは前回の選挙から新たな投票法が導入されたことをお知らせしたいと思います。

解説　空所を含む文の述語動詞がhave been introducedであることから現在完了の文だとわかります。空所に(A) sinceを入れ，since the last electionとすれば「前回の選挙以来」という「始まった時期」を表す表現となり，現在完了と合います。ほかの選択肢は(B)前置詞「～の間」(C)接続詞「けれども」・副詞「もう，まだ」(D)接続詞「～する前に」・前置詞「～の前に」。

6. (A)

英文の訳　ガス・石油産業は，増加する生産量で，その都市の拡大と経済的繁栄を何十年にもわたって加速させてきました。

解説　選択肢は動詞accelerateのさまざまな形なので，動詞の適切な形を選ぶ問題だとわかります。空所の前のgas and oil industriesが主語で，空所の後ろにはthe city's expansion and economy prosperityという名詞句がありますが，動詞はないので，空所には述語動詞が入るとわかります。選択肢のうち，述語動詞になれるのは(A) have accelerated，(C) were accelerated，(D) accelerate の3つですが，文末にover many decades「何十年にもわたって」という「期間」を表す表現があることから，空所には現在完了の(A) have accelerated「～を加速させてきた」が入ります。ほかの選択肢は(B)動名詞「加速させること」・現在分詞「加速させている」(C) be動詞＋過去分詞「加速された」(D)動詞（原形）「～を加速させる」。ちなみに，(C) were acceleratedは受動態なので，空所のあとに目的語となる名詞句the city's expansion and economy prosperityがある時点で文法的に不適切です。

7. (C)

英文の訳　タッカー大学のフォンテーン教授は，この前の2月以降，当社の社外監査役を務めています。

解説　選択肢はどれもbe動詞が時制変化したものなので，be動詞の適切な時制を選ぶ問題だとわかります。文末のsince last February「この前の2月以降」は現在完了形とともに用いる表現なので，正解は現在完了の(C) has been「（今までずっと）～である」です。ほかの選択肢は(A) be動詞（現在形）「～である」(B) be動詞（過去形）「～であった」(D)助動詞will＋be動詞「～だろう」。

8. (A)

英文の訳　残念ながらレセプションパーティーのチケットはちょうど売り切れたことをお伝えします。

解説　選択肢は動詞sellのさまざまな形なので，動詞の適切な形を選ぶ問題だとわかります。that節の主語となるthe tickets for the receptionに続いて空所の前にhave justがあり，これとセットになり述語動詞になれる(A) been soldと(C) to sellが候補になります。文法的，意味的に合うのはhaveと結びついて受動態の完了形となる(A) been sold「売れたところだ」です。just「ちょうど」という副詞も現在完了とともに使う表現なのでヒントになります。ほかの選択肢は(B)動名詞「売ること」・現在分詞「売っている」，(C)不定詞「売ること，売るための，売るために」，(D)動詞（原形）「～を売る」。

現在完了進行形とは EXERCISE

本冊063ページ

1. For the past five days, Hiroko Hillbridge ------- a broken machine all by herself.

(A) fix

(B) to fix

(C) has been fixing

(D) been fixing

2. He ------- to call his client for a week.

(A) have been trying

(B) has been trying

(C) tries

(D) tried

3. The executives of KZ Motors ------- for the reply from their client since yesterday.

(A) to wait

(B) been waiting

(C) have been waiting

(D) waiting

4. She ------- as an engineer and a farmer at the same time for the last ten years.

(A) to work

(B) working

(C) has been working

(D) been working

完了形とよく一緒に使われる前置詞forやsinceなどに注目しましょう。「その動作が続いている」という内容を含む場合は，現在完了進行形を選びましょう。

ANSWER

答え合わせが終わったら，音声に合わせて英文を音読しましょう。

1. (C)

英文の訳　この５日間，ヒロコ・ヒルブリッジはすべてひとりで壊れた機械を修理している。

解　説　選択肢は動詞fixのさまざまな形なので，動詞の適切な形を選ぶ問題だとわかります。空所の前の名詞Hiroko Hillbridgeが主語で，空所のあとには動詞がないので，空所には述語動詞が入るとわかります。文頭にFor the past five daysという「期間」を表す表現があることから，現在完了進行形の（C）has been fixing「～を修理している」が正解です。ほかの選択肢は（A）動詞（原形）「～を修理する」（B）不定詞「修理すること，修理するための，修理するために」（D）be動詞（過去分詞）＋現在分詞「修理している」。

2. (B)

英文の訳　１週間，彼はクライアントに電話をかけようとし続けています。

解　説　選択肢はどれも動詞tryが時制変化したものなので，動詞の適切な時制を選ぶ問題だとわかります。文末にfor a week「１週間」という「期間」を表す表現があるので，現在完了形が空所に入るとわかります。選択肢のうち，現在完了進行形の（A）have been tryingか（B）has been tryingが空所に入りますが，空所前にある主語Heが３人称単数なので，（B）has been trying「（ずっと）～しようとしている」が正解です。ほかの選択肢は（A）have＋be動詞（過去分詞）＋現在分詞「（ずっと）～しようとしている」（C）動詞（３単現のs）「～しようとする」（D）動詞（過去形）「～しようとした」。

3. (C)

英文の訳　KZモーターズの重役たちは顧客からの返答を昨日から待ち続けている。

解　説　選択肢は動詞waitのさまざまな形なので，動詞の適切な形を選ぶ問題だとわかります。空所の前の名詞句The executives of KZ Motorsが主語で，空所の後ろには動詞がないので，空所には述語動詞が入るとわかります。選択肢のうち述語動詞になれるのは現在完了進行形の（C）have been waiting「（ずっと）待っている」だけです。文末のsince yesterday「昨日から」という現在完了で使われる表現もヒントになります。ほかの選択肢は（A）不定詞「待つこと，待つための，待つために」（B）be動詞（過去分詞）＋現在分詞「待っている」（D）動名詞「待つこと」・現在分詞「待っている」。

4. (C)

英文の訳　彼女はこの10年間，技術者として，また同時に農業従事者として働いている。

解　説　選択肢は動詞workのさまざまな形なので，動詞の適切な形を選ぶ問題だとわかります。空所の前の代名詞Sheが主語で，空所の後ろには動詞がないので，空所には述語動詞が入るとわかります。選択肢のうち述語動詞になれるのは現在完了進行形の（C）has been working「（ずっと）働いている」だけです。文末のfor the last ten years「この10年間」という「期間」を表す表現もヒントになります。ほかの選択肢は（A）不定詞「働くこと，働くための，働くために」（B）動名詞「働くこと」・現在分詞「働いている」（D）be動詞（過去分詞）＋現在分詞「働いている」。

過去形とは EXERCISE

本冊065ページ

1. After the writer submitted the draft, the chief editor ------- it last week.

(A) correct
(B) correction
(C) correcting
(D) corrected

2. Please mail a copy of the certificate that you ------- two months ago.

(A) acquire
(B) acquired
(C) acquisition
(D) to acquire

3. Mr. Miyamoto ------- unanimous approval at a meeting held at the end of last month.

(A) receive
(B) receiving
(C) received
(D) to receive

4. When Maple Tree Inc. ------- into the European market five years ago, it found a steady way to lead itself to success in the future.

(A) expand
(B) expanded
(C) expanding
(D) expansion

Tips 空所の直前に注目しましょう。主語の役割を持つ名詞や代名詞がある場合は，述語動詞になる現在形や過去形に選択肢を絞りましょう。次に，文中に「時」を表す単語やフレーズを探して，過去を表すものであれば，過去形の動詞を選びましょう。

ANSWER

答え合わせが終わったら，音声に合わせて英文を音読しましょう。

1. (D)

英文の訳 ライターが草稿を提出したあと，先週，編集長が修正した。

解 説 動詞correctのさまざまな形とその派生語から適切なものを選ぶ問題です。空所の前の名詞句the chief editorが主語で，空所のあとには動詞がないので，空所には述語動詞が入るとわかります。選択肢のうち述語動詞になれるのは (A) correctと (D) correctedですが，文末のlast week「先週」という過去を表す表現があることから，過去形の (D) corrected「～を修正した」を選びます。ほかの選択肢は (A) 動詞（原形）「～を修正する」・形容詞「正しい」(B) 名詞「修正」(C) 動名詞「修正すること」・現在分詞「修正している」。

---

2. (B)

英文の訳 2か月前にあなたが取得した証明書の写しを郵送してください。

解 説 動詞acquireのさまざまな形とその派生語から適切なものを選ぶ問題です。空所の前には主語youがあり，空所の直後のtwo months ago「2か月前」という過去を表す表現に合うのは動詞の過去形 (B) acquired「～を取得した」です。空所の前にあるthatは目的格の関係代名詞でthat節がthe certificateを修飾しています。空所は関係代名詞thatがつくる節の中の動詞にあたります。なお，目的格の関係代名詞が導く節の中なので，acquiredの目的語は欠けています。ほかの選択肢は (A) 動詞（原形）「～を取得する」(C) 名詞「取得」(D) 不定詞「取得すること，取得するための，取得するために」。

---

3. (C)

英文の訳 ミヤモト氏は先月末に開かれた会議で，満場一致の承認を受けた。

解 説 選択肢は動詞receiveのさまざまな形なので，動詞の適切な形を選ぶ問題だとわかります。空所の前のMr. Miyamotoが主語で，空所のあとには名詞句unanimous approvalがあることから，空所には述語動詞となる他動詞が入るとわかります。文後半のheldは過去分詞でat the end of last month「先月末に」と結びついてmeetingを修飾しています。この「先月末」という過去の表現があることから，空所に入る動詞は過去形の (C) received「～を受けた」が適切だと判断できます。ほかの選択肢は (A) 動詞（原形）「～を受ける」(B) 動名詞「受けること」・現在分詞「受けている」(D) 不定詞「受けること，受けるための，受けるために」。

---

4. (B)

英文の訳 メイプル・ツリー社が5年前にヨーロッパ市場へと拡大したとき，将来の成功につながる着実な方法を見つけた。

解 説 動詞expandのさまざまな形とその派生語から適切なものを選ぶ問題です。空所を含む文は文頭のWhenがつくる節で，文後半のit found ...という主節を修飾しています。空所の前にMaple Tree Inc.という主語があり，空所のあとに動詞がないので，空所にはwhen節の述語動詞が入るとわかります。when節の後半にfive years ago「5年前」という表現があることから，空所には過去形の (B) expanded「拡大した」が入ります。ほかの選択肢は (A) 動詞（原形）「拡大する」(C) 動名詞「拡大すること」・現在分詞「拡大している」(D) 名詞「拡大」。

過去形と現在完了形のちがい EXERCISE

本冊067ページ

1. Liberal Engineers ------- their business in Tokyo in 2014.

(A) establish

(B) is establishing

(C) has established

(D) established

2. The main office of Konishi Manufacturing ------- in Kyoto for four years.

(A) locate

(B) located

(C) has been located

(D) is located

3. Most of the staff members of Square Garden ------- in social gatherings at least twice.

(A) has participated

(B) have participated

(C) participate

(D) are participating

4. Make sure the washing machine ------- before you take out your clothes.

(A) has stopped

(B) have stopped

(C) stopping

(D) stop

選択肢に動詞のさまざまな時制を含むものが並んでいる場合は，文中で「時」を表す単語やフレーズがあるかを確認します。過去の一点を表す単語やフレーズがあれば過去形を，過去から今にいたる時間や回数を示す単語やフレーズがあれば，現在完了形を選びましょう。

ANSWER

答え合わせが終わったら，音声に合わせて英文を音読しましょう。

1. (D)

英文の訳　リベラル・エンジニアズは2014年に東京で創業した。

解　説　選択肢はどれも動詞establishの変化形なので，動詞の適切な形を選ぶ問題だとわかります。空所の直前のLiberal Engineersが主語で，空所のあとに動詞がないので，空所には述語動詞が入るとわかります。文末のin 2014という具体的な年号が過去を表しているので，空所には過去形の（D）established「～を設立した」が入ります。ほかの選択肢は（A）動詞（原形）「～を設立する」（B）be動詞＋現在分詞「設立している」（C）has＋過去分詞（現在完了形）「設立したことがある，設立した」。ちなみに，この問題のLiberal Engineersのような会社名は複数形（Engineers）でも単数扱いになるので注意しましょう。

2. (C)

英文の訳　コニシ製造の本社は４年間（４年前から）京都にある。

解　説　選択肢はどれも動詞locateが時制変化したものなので，適切な動詞の時制を選ぶ問題だとわかります。空所の前のThe main office of Konishi Manufacturingが主語で，空所のあとに動詞がないので，空所には述語動詞が入るとわかります。文末にfor four years「４年間」という「期間」を表す表現があるので，現在完了形の（C）has been located「（今までずっと）設置されている」が正解です。be locatedで「（建物などが）～にある」という意味になることに注意しましょう。ほかの選択肢は（A）動詞（原形）「～を設置する」（B）動詞（過去形）「設置した」・過去分詞「設置された」（D）be動詞＋過去分詞「ある」。

3. (B)

英文の訳　スクエア・ガーデンのほとんどの社員は，少なくとも２回は懇親会に参加したことがある。

解　説　選択肢はどれも動詞participateが時制変化したものなので，適切な動詞の時制を選ぶ問題だとわかります。空所の前のMost of the staff membersが主語で，空所の後ろには動詞がないことから，空所には述語動詞が入るとわかります。文末の「回数」を表すtwiceから，経験を表す現在完了形を選びます。選択肢の中に現在完了形は（A）has participatedと（B）have participatedがありますが，主語Most of the staff membersが複数形なので，（B）have participated「参加したことがある」が正解です。ほかの選択肢は（A）has＋過去分詞（現在完了形）「参加したことがある，参加している，参加した」（C）動詞（原形）「参加する」（D）be動詞＋現在分詞「参加している」。

4. (A)

英文の訳　衣類を取り出す前に，洗濯機が止まったことを確かめてください。

解　説　選択肢は動詞stopのさまざまな形なので，動詞の適切な形を選ぶ問題だとわかります。空所を含む文は〈make sure (that) SV ～〉という表現を命令形にしたもので，文後半の接続詞beforeが導く節は主節を修飾しています。ここではMake sureのあとのthatが省略されていますが，空所の前のthe washing machineがthat節の主語で，空所にはthat節の述語動詞が入るとわかります。主語のthe washing machineは３人称単数なので，空所には（A）has stopped「止まっている」が入ります。文脈的にも「衣類を取り出す前に，洗濯機が止まっている」という完了を表す現在完了が合います。ほかの選択肢は（B）have＋過去分詞「止まったことがある，止まっている，止まった」（C）動名詞「止まること」・現在分詞「止まっている」（D）動詞（原形）「止まる」・名詞「停止」。

過去進行形とは EXERCISE

本冊069ページ

1. The CEO of DS Lab ------- the purchase data when she got the phone call yesterday afternoon.
(A) is analyzing
(B) are analyzing
(C) was analyzing
(D) were analyzing

2. River Surface Co. ------- the special glue for repairs at that time.
(A) isn't using
(B) doesn't use
(C) wasn't using
(D) weren't using

3. While the employees of DPZ Inc. ------- the new project at the weekly meeting, they came up with a great idea.
(A) discuss
(B) discussing
(C) is discussing
(D) were discussing

4. In order to be accurate when she wrote the article, Ms. York ------- Mr. Poole important questions.
(A) ask
(B) asks
(C) is asking
(D) was asking

Tips

選択肢に動詞のさまざまな時制を含むものが並んでいる場合は，文中で「時」を表す単語やフレーズがあるかを確認します。過去の一点を表す単語やフレーズがあれば過去形を含む選択肢に絞りましょう。次に空所直前の主語が単数か複数かを確認します。単数であれば〈was＋-ing〉，複数であれば〈were＋-ing〉となります。過去のある期間の中で，継続的な動作を表すのが過去進行形です。

ANSWER

答え合わせが終わったら，音声に合わせて英文を音読しましょう。

020

1. (C)

英文の訳 DSラボの最高経営責任者は，昨日の午後にその電話を受けたとき，購入データを分析していた。

解説 選択肢はどれも動詞analyzeが時制変化したものなので，適切な動詞の時制を選ぶ問題だとわかります。空所のあとにwhen節があり，後半にyesterday afternoonがあることから，when節は「過去の一時点」を示しているとわかります。空所の前の主語The CEO of DS Labは単数なので，単数の主語に対応し，過去を表す (C) was analyzing「～を分析していた」が正解です。ほかの選択肢は (A) be動詞＋現在分詞「～を分析している」(B) be動詞＋現在分詞「～を分析している」(D) be動詞 (過去形)＋現在分詞「～を分析していた」。

2. (C)

英文の訳 リバー・サーフェス社はそのとき，修理用の特別な接着剤を使っていなかった。

解説 選択肢はどれも動詞useが変化したものなので，適切な動詞の形を選ぶ問題だとわかります。文末のat that time「そのときに」は過去の一時点を示す表現で，空所の前の単数形の名詞River Surface Co.が主語なので，これに対応する (C) wasn't using「～を使っていなかった」が正解です。ほかの選択肢は (A) be動詞＋否定語＋現在分詞「～を使っていない」(B) 助動詞＋否定語＋動詞 (原形)「～を使わない」(D) be動詞＋否定語＋現在分詞「～を使っていなかった」。選択肢の否定語はすべて省略形になっています。

3. (D)

英文の訳 DPZ社の社員が週例会議で新企画を検討していたとき，すばらしい考えを思いついた。

解説 選択肢はどれも動詞discussが変化したものなので，適切な動詞の形を選ぶ問題だとわかります。空所は文頭の接続詞Whileに導かれる副詞節に含まれ，カンマのあとに主節があります。主節の動詞がcameなので，時制の一致により空所も過去の時制になると判断できます。空所の前の複数形の名詞the employeesが主語なので，これに対応する (D) were discussing「～を検討していた」が正解です。ほかの選択肢は (A) 動詞 (原形)「～を検討する」(B) 動名詞「検討すること」・現在分詞「検討している」(C) be動詞＋現在分詞「～を検討している」。

4. (D)

英文の訳 ヨーク氏は，その記事を書くときに正確を期するために，プール氏に重要な質問をしていた。

解説 選択肢はどれも動詞askが変化したものなので，適切な動詞の形を選ぶ問題だとわかります。In order to beからカンマまでの不定詞句が，空所を含む主節を修飾しています。不定詞句の最後にwhen she wrote the articleという過去を示す表現があるので，過去の出来事が述べられているとわかります。空所の前の人名 (単数形の名詞) Ms. Yorkが主語なので，これに対応する (D) was asking「～に尋ねていた」が正解です。ほかの選択肢は (A) 動詞 (原形)「～に尋ねる」(B) 動詞 (３単現のs)「～に尋ねる」(C) be動詞＋現在分詞「～に尋ねている」。

過去完了形とは EXERCISE

本冊071ページ

1. Ms. Shiba ------- off the strategy meeting before she finally came to Kobe on her business trip.

(A) puts
(B) is putting
(C) has put
(D) had put

2. One of the employees of LNF Design ------- the trend of high-tech vehicles earlier, so they started to develop them several years ago.

(A) predict
(B) predicts
(C) has predicted
(D) had predicted

3. Herb Man Factory ------- some rare ingredients from all over the world since it started business.

(A) has imported
(B) had imported
(C) was imported
(D) were imported

4. Mr. Oliver ------- in the promising company twenty years ago.

(A) invests
(B) invested
(C) has invested
(D) had invested

選択肢に動詞のさまざまな時制を含むものが並んでいる場合は，文中で「時」を表す単語やフレーズがあるかを確認します。文中のほかの動詞が過去形で，その過去の一点よりも前の内容を表す場合は，had＋過去分詞の過去完了形を使います。

ANSWER

答え合わせが終わったら，音声に合わせて英文を音読しましょう。

021

1. (D)

英文の訳 シバ氏は最終的に出張で神戸に来る前に，戦略会議を延期していた。

解説 選択肢はどれも動詞putが変化したものなので，適切な動詞の時制を選ぶ問題だとわかります。このputは空所直後のoffと結びつき，put off「延期する」という熟語になります。before以降の動詞がcameという過去形で，空所の動詞はこの過去よりもさらに前のことなので，過去完了の (D) had put「(offと併せて) ～を (すでに) 延期していた」が正解です。ほかの選択肢は (A) 動詞 (3単現のs)「～を延期する」(B) be動詞＋現在分詞「～を延期しようとしている」(C) has＋過去分詞 (現在完了形)「～を延期したことがある，延期した」。

2. (D)

英文の訳 LNFデザインの社員のひとりは以前から高性能の乗り物の流行を予想していたので，彼らは数年前にそれらを開発し始めた。

解説 選択肢はどれも動詞predictが変化したものなので，適切な動詞の時制を選ぶ問題だとわかります。カンマ以降の時制はstartedやseveral years agoから過去ですが，空所を含む節は最後にearlier「より以前に」とあることから，さらに前の過去完了になるとわかります。よって正解は (D) had predicted「(すでに) ～を予想していた」です。ほかの選択肢は (A) 動詞 (原形)「～を予想する」(B) 動詞 (3単現のs)「～を予想する」(C) has＋過去分詞 (現在完了形)「～を予想したことがある，予想している，予想した」。

3. (A)

英文の訳 ハーブマン・ファクトリーは，創業以来，めずらしい材料を世界中から輸入している。

解説 選択肢はどれも動詞importが変化したものなので，適切な動詞の形を選ぶ問題だとわかります。文末のsince it started business「創業したときから」がポイントです。「過去の時点から始まって今も…」という意味になると考えられるので，「継続」を表す現在完了の (A) has imported「～を輸入している」が正解です。since以下の過去形を見て，過去完了形を選んでしまわないように，時制と文脈をしっかり把握して解答しましょう。ほかの選択肢は (B) had＋過去分詞 (現在完了形)「～を輸入したことがあった，輸入していた」(C) be動詞 (過去形)＋過去分詞「輸入された」(D) be動詞 (過去形)＋過去分詞「輸入された」。

4. (B)

英文の訳 オリバー氏は20年前に将来有望な会社に投資した。

解説 選択肢はどれも動詞investが時制変化したものなので，適切な動詞の時制を選ぶ問題だとわかります。文末のtwenty years ago「20年前」がポイントです。～ agoは過去形とともに用いられるので，過去形の (B) invested「投資した」が正解です。ほかの選択肢は (A) 動詞 (3単現のs)「投資する」(C) has＋過去分詞 (現在完了形)「投資したことがある，投資している，投資した」(D) had＋過去分詞 (現在完了形)「投資したことがあった，投資していた」。

NOTE

LESSON 20 過去完了進行形とは EXERCISE

→本冊073ページ

1. The researchers in Above Shore Institute ------- the virus when they finally discovered the new phenomenon.

(A) observing
(B) is observing
(C) has observed
(D) had been observing

2. DW Printing ------- for some breakthrough skills to meet their clients' needs until it won the prize last year.

(A) is searching
(B) has been searching
(C) had been searching
(D) to search

3. Warm Field Liquor ------- an annual party in August since it opened the store.

(A) holds
(B) was holding
(C) has been holding
(D) had been holding

4. When Beauty Chance Gallery opened, they ------- great works for more than a year.

(A) collects
(B) is collecting
(C) has been collecting
(D) had been collecting

Tips 文中にある「時」を表す単語やフレーズや，ほかの動詞の時制に注目しましょう。それらが過去を表すもので，その過去のある時点まで「ずっと～し続けていた」という内容の場合は，〈had + been + -ing〉の過去完了進行形を使います。

ANSWER

答え合わせが終わったら，音声に合わせて英文を音読しましょう。

1. (D)

英文の訳 アバヴショア研究所の研究者たちはウイルスを観察し続け，ついに新しい現象を発見した。

解説 選択肢はどれも動詞observeが変化したものなので，適切な動詞の形を選ぶ問題だとわかります。文後半のwhen以降の時制はdiscovered「発見した」という動詞から過去だとわかります。正解は「発見した」時点までに「～を観察し続けていた」ことを表す過去完了進行形の（D）had been observingです。ほかの選択肢は（A）動名詞「観察すること」・現在分詞「観察している」（B）be動詞＋現在分詞「～を観察している」（C）has＋過去分詞（現在完了形）「観察したことがある，観察している，観察した」。

2. (C)

英文の訳 DW印刷は，顧客のニーズを満たすための画期的な技術を探し続け，去年，賞を獲得した。

解説 選択肢はどれも動詞searchが変化したものなので，適切な動詞の形を選ぶ問題だとわかります。until以降の時制はwon「獲得した」とlast yearから過去だとわかります。よって正解は「賞を獲得するまでに～を探し続けてきた」ことを表す過去完了進行形の（C）had been searchingです。ほかの選択肢は（A）be動詞＋現在分詞「～を探している」（B）has＋be動詞（過去分詞）＋現在分詞「～を探し続けている」（D）不定詞「探すこと，探すための，探すために」。

3. (C)

英文の訳 ウォーム・フィールド酒店は開店以来ずっと，８月に毎年恒例のパーティーを開催している。

解説 選択肢はどれも動詞holdが時制変化したものなので，適切な動詞の時制を選ぶ問題だとわかります。since以降の時制はopened「開いた」から過去だとわかります。「過去の一時点から今までずっと」という文脈なので，空所には現在完了進行形の（C）has been holding「（現在まで）～を開催してきた」が入ります。ほかの選択肢は（A）動詞（３単現のs）「～を開催する」（B）be動詞（過去形）＋現在分詞「～を開催していた」（D）had＋be動詞（過去分詞）＋現在分詞「～を（過去のある時点まで）ずっと開催していた」。

4. (D)

英文の訳 ビューティーチャンス・ギャラリーが開店した時点で，彼らは１年以上かけて，すばらしい作品を集め続けていた。

解説 選択肢はどれも動詞collectが時制変化したものなので，適切な動詞の時制を選ぶ問題だとわかります。文頭のWhen以降の時制はopened「開いた」から過去だとわかります。空所を含む節の最後にfor more than a year「１年以上の間」という期間を表す表現があるので，空所には過去のある時点までの継続を表す過去完了進行形の（D）had been collecting「（それまで）～を集めていた」が入ります。ほかの選択肢は（A）動詞（３単現のs）「～を集める」（B）be動詞＋現在分詞「～を集めている」（C）has＋be動詞（過去分詞）＋現在分詞「（現在まで）～を集めている」。

NOTE

LESSON 21 未来を表す表現 EXERCISE

本冊075ページ

1. Spring Village Inc. ------- move to their new location by the crossroads next week.

(A) goes to

(B) is going to

(C) are going to

(D) go to

2. Cedar Mountain Fabric ------- one of the biggest companies in Africa in the near future.

(A) will be

(B) was

(C) to be

(D) being

3. Ms. Fielding and her boss ------- make an inspection of a new plant in Kyoto tomorrow.

(A) is going to

(B) are going to

(C) going

(D) goes

4. Every Monday morning, Mr. Rockingham ------- a brainstorming session with his colleagues.

(A) have

(B) has

(C) would have had

(D) is about to have

選択肢に動詞のさまざまな時制を含むものが並んでいる場合は，文中で「時」を表す単語やフレーズがあるかを確認します。それらが未来を表すものの場合，willまたはbe going toなどを含む選択肢を選びましょう。空所の前の主語も確認して，単数であればis going to，複数であればare going toを選びます。

ANSWER

答え合わせが終わったら，音声に合わせて英文を音読しましょう。

1. (B)

英文の訳 スプリング・ヴィレッジ社は来週，交差点近くの新しい場所に移転する予定だ。

解説 選択肢は動詞goのさまざまな形ですが，本動詞なのか準助動詞なのかを見分けて適切なものを選ぶ必要があります。空所直後に動詞moveがあり，文末にnext week「来週」とあることから，未来を表す準助動詞の (B) is going toと (C) are going toに絞られます。空所の前の名詞Spring Village Inc.が主語になりますが，会社名は単数扱いなので，これに対応する (B) is going to「～する予定だ」が正解です。ほかの選択肢は (A) 動詞（3単現のs）＋前置詞「～へ行く」(C) 準助動詞（複数・2人称単数）「～する予定だ」(D) 動詞（原形）＋前置詞「～へ行く」。

2. (A)

英文の訳 シダー・マウンテン織物は近い将来，アフリカで最も大きい会社のひとつになるだろう。

解説 選択肢はどれもbe動詞が変化したものなので，適切なbe動詞の形を選ぶ問題だとわかります。文末にin the near future「近い将来」とあることから未来を表す文だとわかります。よって正解は未来を表す助動詞willを含む (A) will beです。ほかの選択肢は (B) 動詞（過去形）「～だった」(C) 不定詞「～であること，～であるための，～であるために」(D) 動名詞「～であること」・現在分詞「～である」。

3. (B)

英文の訳 フィールディング氏と彼女の上司は，明日，京都にある新しい工場の視察をしに行く予定だ。

解説 選択肢はどれも動詞goが変化したものなので，適切な動詞の形を選ぶ問題だとわかります。空所のあとに動詞makeがあること，文末にtomorrow「明日」とあることから，未来を表すbe going toの適切な形を選びます。空所の前にある名詞Ms. Fielding and her bossが主語ですが，andで2つの名詞が並列されているので複数扱いです。よって，この主語に対応する (B) are going to「～する予定だ」が正解です。ほかの選択肢は (A) 準助動詞（3人称単数）「～する予定だ」(C) 動名詞「行くこと」・現在分詞「行っている」(D) 動詞（3単現のs）「行く」。

4. (B)

英文の訳 毎週月曜日の朝，ロッキンガム氏は同僚たちとともにブレーンストーミング会議を開いている。

解説 選択肢はどれも動詞haveが変化したものなので，適切な動詞の形を選ぶ問題だとわかります。文頭のEvery Monday morning「毎週月曜日の朝」から，空所を含む文は毎週行っている習慣的な動作を示す文だとわかるので，現在形を選びます。習慣的な動作は現在形で表します。空所の前のMr. Rockinghamが主語で3人称単数なので，これに対応する (B) has「～をもって（行って）いる」が正解です。ほかの選択肢は (A) 動詞（原形）「～をもっている」(C) 助動詞＋have＋過去分詞「もっただろう」(D)「まさにもとうとする」。

NOTE

LESSON 22 未来進行形と未来完了形 EXERCISE →本冊077ページ

1. When you come to my office, I ------- a potential employee.

(A) interviewing
(B) was interviewing
(C) will be interviewing
(D) to interview

2. This plane ------- at Haneda Airport in a few minutes.

(A) landing
(B) lands
(C) are landing
(D) will be landing

3. According to the official announcement, Mr. Codd ------- there by November 13th.

(A) arriving
(B) has arrived
(C) arrives
(D) will have arrived

4. Glorious Wave Manufacture ------- its latest products by the time the exhibition is held next year.

(A) releasing
(B) will have released
(C) will be released
(D) has released

文中にある「時」を表す単語やフレーズに注目しましょう。「未来のある時点でしているであろう動作」を表す場合は〈will＋be＋-ing〉の未来進行形を，期限を表す前置詞byを使って「未来のある時点までの完了・経験・継続」を表す場合は〈will＋have＋過去分詞〉の未来完了形を選びましょう。

ANSWER

答え合わせが終わったら，音声に合わせて英文を音読しましょう。

1. (C)

英文の訳 あなたが私のオフィスに来るとき，私は採用候補者と面接しているだろう。

解説 選択肢はどれも動詞interviewが変化したものなので，適切な動詞の形を選ぶ問題だとわかります。空所の前のIが主語で，空所のあとに動詞がないので，空所には述語動詞が入るとわかります。この時点で（B）was interviewingか（C）will be interviewingの2つに選択肢が絞れます。文頭のWhen節の述語動詞はcomeという現在形であることから，過去形の（B）は消え，正解は（C）will be interviewing「～と面接しているだろう」です。When節の動詞comeが現在形なのは，「時や条件を表す副詞節中の動詞は未来であっても現在形を用いる」というルールが適用されたもので，形は現在形ですが未来を示しています。ほかの選択肢は（A）動名詞「面接すること」・現在分詞「面接している」（B）be動詞（過去形）＋現在分詞「～と面接していた」（D）不定詞「面接すること，面接するための，面接するために」。

2. (D)

英文の訳 この飛行機は数分後に羽田空港に着陸しているだろう。

解説 選択肢はどれも動詞landが変化したものなので，適切な動詞の形を選ぶ問題だとわかります。空所の前のThis planeが主語で，空所のあとに動詞がないので，空所には述語動詞が入るとわかります。（B）（C）（D）が述語動詞になれますが，主語のThis planeが3人称単数なので，この時点で（C）are landingは消え，（B）landsか（D）will be landingの2つに選択肢が絞れます。文末にin a few minutes「数分後に」という未来を表す表現があるので，未来進行形の（D）will be landing「着陸しているだろう」が正解です。ほかの選択肢は（A）動名詞「着陸すること」・現在分詞「着陸している」（B）動詞（3単現のs）「着陸する」（C）be動詞＋現在分詞「着陸している」。

3. (D)

英文の訳 公式発表によると，コッド氏は11月13日までにそこに到着しているだろう。

解説 選択肢はどれも動詞arriveが変化したものなので，適切な動詞の形を選ぶ問題だとわかります。文末にby November 13th「11月13日までに」という基準となる「未来のある時点」が示されているので，未来完了形の（D）will have arrived「到着しているだろう」が正解です。ほかの選択肢は（A）動名詞「到着すること」・現在分詞「到着している」（B）has＋過去分詞（現在完了形）「到着したことがある，到着している，到着した」（C）動詞（3単現のs）「到着する」。

4. (B)

英文の訳 グロリアス・ウェイブ製造は，来年の展示会が開催されるまでに最新の商品を発売しているだろう。

解説 選択肢はどれも動詞releaseが変化したものなので，適切な動詞の形を選ぶ問題だとわかります。文後半のby the time ～ next year「来年の～までには」という基準となる「未来のある時点」が示されているので，未来完了形の（B）will have released「発売しているだろう」が正解です。ほかの選択肢は（A）動名詞「発売すること」・現在分詞「発売している」（C）助動詞＋be動詞＋過去分詞「発売されるだろう」（D）has＋過去分詞（現在完了形）「発売したことがある，発売している，発売した」。

仮定法過去とは EXERCISE

→本冊079ページ

1. If Three Tea Firm ------- in New York, a lot of customers would want to purchase their products.

(A) is
(B) will be
(C) were
(D) would be

2. Mr. Ichikawa, MUP community manager, ------- the schedules if the application system didn't work properly.

(A) don't set up
(B) doesn't set up
(C) can't set up
(D) couldn't set up

3. If Grace Richhill ------- no space to concentrate on her work, she wouldn't try to do new things.

(A) has
(B) had
(C) has had
(D) have

4. If we ------- afford it, we would set up a new factory in the region.

(A) can
(B) are able to
(C) must
(D) could

文中に接続詞ifがあり，そのif節内の動詞が過去形であること，または主節にwouldやcouldなどの助動詞を含んでいることに注目しましょう。これらの要素を含むのは仮定法過去で，「もし～なら，…なのに」という内容を表します。仮定法過去を表すために必要な選択肢を選びましょう。

ANSWER

答え合わせが終わったら，音声に合わせて英文を音読しましょう。

1. (C)

英文の訳 スリーティーファームがニューヨークにあれば，多くの客が彼らの商品を購入したがるだろう。

解 説 **選択肢はどれもbe動詞が変化したものなので，be動詞の適切な形を選ぶ問題だとわかります。**カンマ以降の主節の述語動詞がwould wantと過去形の助動詞を伴っているので「仮定法過去」の文であることがわかります。if節内の動詞も仮定法過去になるので，正解は過去形の (C) were「(仮に) ～である」です。このように，仮定法で使うif節内のbe動詞の過去形は，主語が何であってもwereを使うのがふつうです。ほかの選択肢は (A) be動詞 (現在形)「～である」(B) 助動詞＋be動詞「～だろう」(D) 助動詞＋be動詞「～だろう」。

2. (D)

英文の訳 アプリケーションシステムがもし適切に動いていなければ，MUPコミュニティマネージャーのイチカワ氏は予定を設定できないだろう。

解 説 **選択肢はどれも動詞setが変化したものなので，適切な動詞の形を選ぶ問題だとわかります。**if節内の述語動詞didn't workが過去形なので，「仮定法過去」の文であることがわかります。主節の動詞も仮定法過去になるので，正解は過去形の (D) couldn't set up「～を設定できないだろう」です。ちなみに，主節の主語であるMr. Ichikawa, MUP community managerはカンマで2つの名詞が並列された「同格」の形になっています。カンマの後ろの名詞が前の名詞の説明をしている形です。ほかの選択肢は (A) 助動詞＋否定語 (省略形)＋動詞句「～を設定しない」(B) 助動詞＋否定語 (省略形)＋動詞句「～を設定しない」(C) 助動詞＋否定語 (省略形)＋動詞句「～を設定できない」。

3. (B)

英文の訳 グレイス・リッチヒルは，彼女が仕事に集中できる場所がないならば，新しいことをしようとはしないだろう。

解 説 **選択肢はどれも動詞haveが変化したものなので，適切な動詞の形を選ぶ問題だとわかります。**カンマ以降がこの文の主節で，述語動詞がwouldn't tryと過去形の助動詞を伴っていることから，「仮定法過去」の文であることがわかります。if節内の動詞も仮定法過去になるので，正解は過去形の (B) had「もった」です。ほかの選択肢は (A) 動詞 (3単現のs)「もつ」(C) has＋過去分詞 (現在完了形)「もったことがある，もっている，もった」(D) 動詞 (原形)「もつ」。

4. (D)

英文の訳 我々に金銭的な余裕があるのならば，その地域に新しい工場を建設するだろう。

解 説 **選択肢には助動詞と助動詞的に使われるフレーズが並んでいます。**カンマ以降がこの文の主節で，述語動詞がwould set upと過去形の助動詞を伴っていることから，「仮定法過去」の文であることがわかります。if節内も仮定法過去になるので，正解は過去形の (D) could「(仮に) ～できる」です。ほかの選択肢は (A) 助動詞「～できる」(B)「～できる」(C) 助動詞「～しなければならない」。

LESSON 24 仮定法過去完了とは EXERCISE →本冊081ページ

1. Ellie Kington wouldn't ------- here if she had kept working at that company.

(A) come
(B) came
(C) have come
(D) had come

2. If Mr. Tucker ------- these capable staff members, he couldn't have put together such an amazing team.

(A) doesn't recruit
(B) hasn't recruited
(C) hadn't recruited
(D) haven't recruited

3. If Ms. Longvale ------- her job, her coworkers would have a lot of trouble.

(A) quit
(B) quits
(C) has quit
(D) had quit

4. All the members of the team would have left the country if the leader ------- another option.

(A) has chosen
(B) had chosen
(C) chooses
(D) chose

文中に接続詞ifがあり，そのif節内の動詞が〈had＋過去分詞〉の過去完了であること，または主節に〈would / could＋have＋過去分詞〉の形を含んでいることに注目しましょう。これらの要素を含むのは仮定法過去完了で，「もし～だったら，…だったのに」という内容を表します。仮定法過去完了を表すために必要な選択肢を選びましょう。

ANSWER

答え合わせが終わったら，音声に合わせて英文を音読しましょう。

1. (C)

英文の訳 エリー・キングトンは，もしあの会社で働き続けていたら，ここに来ていなかっただろう。

解説 選択肢はどれも動詞comeが変化したものなので，適切な動詞の形を選ぶ問題だとわかります。if節の述語動詞がhad keptと過去完了であることから，「仮定法過去完了」の文だとわかります。主節の文では，空所直前のwouldn'tと〈have＋過去分詞〉を結びつけて仮定法過去完了の形をつくります。よって正解は (C) have comeです。ほかの選択肢は (A) 動詞（原形）「来る」(B) 動詞（過去形）「来た」(D) had＋過去分詞「来ていた」。

---

2. (C)

英文の訳 もしタッカー氏がこの有能な社員たちを雇っていなかったら，彼はこのようなすばらしいチームをつくることはできなかっただろう。

解説 選択肢はどれも動詞recruitが変化したものなので，適切な動詞の形を選ぶ問題だとわかります。カンマ以降がこの文の主節で，述語動詞がcouldn't have putであることから，「仮定法過去完了」の文だとわかります。if節内も「仮定法過去完了」になるので，正解は過去完了形の (C) hadn't recruited「雇ったことがない」です。ほかの選択肢は (A) 助動詞＋否定語（省略形）＋動詞「雇わない」(B) has＋否定語（省略形）＋過去分詞「雇ったことがない，雇っていない」(D) have＋否定語（省略形）＋過去分詞「雇ったことがない，雇っていない」。

---

3. (A)

英文の訳 仮にロングヴェイル氏が仕事を辞めたりしたら，彼女の同僚たちはたくさんの問題を抱えることになるだろう。

解説 選択肢はどれも動詞quitが変化したものなので，適切な動詞の形を選ぶ問題だとわかります。カンマ以降がこの文の主節で，述語動詞がwould haveであることから，「仮定法過去」の文だとわかります。if節内も仮定法過去になるので，過去形の (A) quit「～を辞めた」が正解です。quitの過去形・過去分詞はquitであることにも注意しましょう。ほかの選択肢は (B) 動詞（３単現のs)「～を辞める」(C) has＋過去分詞（現在完了形）「～を辞めたことがある，辞めた」(D) had＋過去分詞（過去完了形）「～を辞めたことがあった，辞めていた」。ちなみにIf Ms. Longvale had quit her job then, her coworkers would have a lot of trouble now.「もしあの時ロングヴェイル氏が仕事を辞めていたら，今ごろ彼女の同僚たちはたくさんの問題を抱えることになっていただろう」と時を示す語を入れるとif節が仮定法過去完了，主節が仮定法過去という形の文になります。時を示す表現にも注目しましょう。

---

4. (B)

英文の訳 もしリーダーが別の選択肢を選んでいたら，チームメンバー全員がこの国を離れてしまっただろう。

解説 選択肢はどれも動詞chooseが変化したものなので，適切な動詞の形を選ぶ問題だとわかります。主節の述語動詞がwould have leftであることから「仮定法過去完了」の文だとわかります。文後半のif節も仮定法過去完了になるので，過去完了形の (B) had chosen「～を選んだ」が正解です。ほかの選択肢は (A) has＋過去分詞（現在完了形）「～を選んだことがある，選んでいる，選んだ」(C) 動詞（３単現のs)「～を選ぶ」(D) 動詞（過去形）「～を選んだ」。

本冊082〜083ページ

1. URU Education Materials, Inc. ------- a broad range of textbooks for universities throughout the country.

(A) publish
(B) publishing
(C) publishes
(D) to have been publishing

2. Cho & Nakayama Law ------- applications from recent university graduates through the end of November.

(A) accept
(B) to accept
(C) be accepting
(D) is accepting

3. Zariya Pharmaceuticals ------- its head office twice since it was founded.

(A) relocate
(B) relocating
(C) has relocated
(D) would have relocated

4. The compliance department of the firm ------- its financial records over the past three years.

(A) to audit
(B) audit
(C) been auditing
(D) has been auditing

答え合わせが終わったら，音声に合わせて英文を音読しましょう。

1. (C)

英文の訳　URU 教材社は全国の大学用に幅広い種類の教科書を出版している。

解説　空所の前の主語がポイントです。URU Education Materialsと複数形になっていますが，これは社名なので単数扱いです。単数の主語で現在形を表す場合は，「３人称単数現在形のs」が動詞につくので，正解は (C) publishes「～を出版する」です。ほかの選択肢は (A) 動詞（原形）「～を出版する」(B) 動名詞「出版すること」・現在分詞「出版している」(D) 不定詞to＋現在完了進行形。

重要語句　□education　教育　□material　素材　□broad　広い　□range　範囲，種類

2. (D)

英文の訳　チョウ&ナカヤマ法律事務所は，最近大学を卒業した人からの出願を11月末まで受け付けている。

解説　単数形の主語の後ろに空所があって，文中に動詞がないことがポイントです。主語の後ろに置ける「述語動詞」になれるのは (A) acceptと (D) is acceptingですが，「３単現のs」がないので (A) acceptは消えます。よって正解は現在進行形の (D) is accepting「～を受け付けている」です。ほかの選択肢は (A) 動詞（原形）「～を受け付ける」(B) 不定詞「受け付けること，受け付けるための，受け付けるために」(C) be動詞（原形）＋現在分詞「～を受け付けている」。

重要語句　□application　出願，申請　□recent　最近の　□graduate　(大学の) 卒業生

3. (C)

英文の訳　ザリヤ製薬は創設以来，２回本社を移転した。

解説　文後半にあるtwiceとsince it was foundedがポイントです。「創設以来」という過去の時点から現在までに２回移転したということを表せる現在完了形の (C) has relocated「～を移転させた」が正解です。ほかの選択肢は (A) 動詞（原形）「～を移転させる」(B) 動名詞「移転すること」・現在分詞「移転している」(D) 助動詞＋現在完了形「移転しただろう」。

重要語句　□pharmaceuticals　製薬会社　□head office　本社　□found　～を設立する

4. (D)

英文の訳　その会社のコンプライアンス部は過去３年間，財務報告書を監査してきた。

解説　述語動詞が欠けているので，述語動詞になれる (B) auditと (D) has been auditingに選択肢が絞れます。主語はThe compliance department ...で単数なので「３単現のs」がない (B) auditは消えます。過去から今にいたることを表していて，文末のover the past three yearsとも合う現在完了進行形の (D) has been auditing「～を監査してきた」が正解です。ほかの選択肢は (A) 不定詞「監査すること，監査するための，監査するために」(B) 動詞（原形）「～を監査する」(C) be動詞（過去分詞）＋現在分詞「監査している」。

重要語句　□compliance　コンプライアンス，法令順守　□department　部
□financial　財務の，財政の

5. The marketing department created the shopper survey proposal and Mr. Ten ------- of it.

(A) approve
(B) approved
(C) approving
(D) to approve

6. Hired by the professional football team East Bay Runners, Coach Kimi Martin ------- the team toward a third championship when she suddenly retired.

(A) will lead
(B) is leading
(C) has led
(D) had been leading

7. When he went away on business in Bucharest, Mr. Singh ------- the department conference for a week.

(A) postpones
(B) is postponing
(C) has postponed
(D) had postponed

8. E-Perfect Time Co. ------- special events over 35 years until it experienced serious financial trouble.

(A) organize
(B) been organized
(C) had been organizing
(D) to be organizing

5. (B)

英文の訳 マーケティング部が顧客アンケート案を作成し，テン氏はそれを承認した。

解説 選択肢にはapproveのさまざまな形が並んでいることから，動詞の適切な形を選ぶ問題だとわかります。空所を含む文と前の文がandでつながれているのがポイントです。前の文の述語動詞がcreatedという過去形であることから，空所を含む文の動詞も時制の一致で過去形になると判断できます。よって，(B) approved「承認した」が正解です。ほかの選択肢は (A) 動詞（原形）「承認する」(C) 動名詞「承認すること」・現在分詞「承認している」(D) 不定詞「承認すること，承認するための，承認するために」。

重要語句 □survey アンケート調査 □proposal 提案 □approve of ～ ～を承認する

6. (D)

英文の訳 プロサッカーチームのイーストベイランナーズに雇われていたコーチのキミ・マーティンは，３度目の優勝に向けてチームを率いていたとき，突然引退した。

解説 文末のwhen she suddenly retiredがポイントです。「引退した」という過去の出来事よりも前に「チームを率いていた」ということを表せる過去完了進行形の (D) had been leadingが正解です。ほかの選択肢は (A) 助動詞＋動詞（原形）「～を率いるだろう」(B) be動詞＋現在分詞（現在進行形）「～を率いている」(C) has＋過去分詞（現在完了形）「～を率いたことがある，率いている，率いた」。

重要語句 □hire ～を雇う □professional プロの
□championship 優勝者の地位 □suddenly 突然に □retire 引退する

7. (D)

英文の訳 ブカレストに出張した際，シン氏は部署の会議を１週間延期していた。

解説 冒頭のWhen he went awayがポイントです。この過去形と一緒に使えて，この時よりも前の出来事を表わせる過去完了形の (D) had postponed「～を（すでに）延期していた」が正解です。ほかの選択肢は (A) 動詞（３単現のs）「～を延期する」(B) be動詞＋現在分詞（現在進行形）「～を延期している」(C) has＋過去分詞（現在完了形）「～を延期した，延期したことがある」。

重要語句 □department 部 □conference 会議

8. (C)

英文の訳 イーパーフェクトタイム社は重大な財政難を経験するまで35年以上の間，特別イベントを開催していた。

解説 文後半のuntil it experiencedがポイントです。過去のある時点までずっと続いていたことを表せる過去完了進行形の (C) had been organizing「～を催していた」が正解です。ほかの選択肢は (A) 動詞（原形）「～を催す」(B) be動詞（過去分詞）＋過去分詞「開催された」(D) 不定詞to＋be動詞＋現在分詞「催していること，催しているための，催しているために」。〈be＋過去分詞 (-ed)〉や〈be＋現在分詞 (-ing)〉のいろいろな形がありますが，〈had＋過去分詞〉の形をしっかり見極めることが重要です。

重要語句 □serious 深刻な □financial 財政の

→本冊082～083ページ

9. H&O Menswear ------- a new line of neckties ideal for work or leisure next month.

(A) to promote

(B) promoting

(C) has promoted

(D) will be promoting

10. The Smile Music Festival ------- by September 18, according to the schedule issued online.

(A) conclude

(B) concluding

(C) to be concluding

(D) will have concluded

11. The labor union at Gambarotta Mining Co. insisted that its members ------- much higher pay levels for overtime work.

(A) receive

(B) receiving

(C) reception

(D) receiver

12. The president proposes that every employee in his company ------- sufficient time to relax.

(A) has

(B) have

(C) is having

(D) to have

9. (D)

英文の訳 H&Oメンズウェアは来月，仕事やレジャーに最適なネクタイの新商品の販売促進をしている予定だ。

解説 文末のnext monthがポイントです。未来を表す（D）will be promoting「促進している予定だ」が正解です。ほかの選択肢は（A）不定詞「促進すること，促進するための，促進するために」（B）動名詞「促進すること」・現在分詞「促進している」（C）has＋過去分詞（現在完了形）「促進したことがある，促進している，促進した」。

重要語句 ☐line 商品ライン，取扱品目 ☐ideal 最適な

10. (D)

英文の訳 スマイル音楽祭は，オンラインで出された予定表によると９月18日までには終了している予定だ。

解説 述語が欠けているので，述語動詞になれる（A）concludeと（D）will have concludedに選択肢が絞られます。主語が単数なので，現在形にする場合に必要な「３単現のs」がない（A）concludeは消えます。空所直後の「期限」を表す前置詞byとともに用いられることが多い未来完了形の（D）will have concluded「終了してしまっているだろう」が正解です。ほかの選択肢は（A）動詞（原形）「終了する」（B）動名詞「終了すること」・現在分詞「終了している」（C）不定詞to＋be動詞＋現在分詞「結論付けつつあること」。

重要語句 ☐according to～ ～によると ☐issue ～を発行する

11. (A)

英文の訳 ガンバロッタ鉱業の労働組合は，組合員が残業に対してもっと高い賃金を受け取るべきだと主張した。

解説 文中盤のinsisted thatがポイントです。動詞insistの後ろに接続詞thatがくる場合，that節の中の動詞は原形になるというルールがあります。よって（A）receive「～を受け取る」が正解です。これは提案，主張，要求，命令などを表す動詞や形容詞に続くthat節の中の動詞は原形を用いるという「仮定法現在」にあたります。TOEIC L&Rテストに頻出なので，本冊p.083のもっとくわしく！で確認しておきましょう。ほかの選択肢は（B）動名詞「受け取ること」・現在分詞「受け取っている」（C）名詞「受け取り」（D）名詞「受取人」。

重要語句 ☐labor union 労働組合 ☐insist ～を主張する
☐overtime work 時間外労働，残業

12. (B)

英文の訳 社長は彼の会社の従業員全員がリラックスするための十分な時間をもつことを提案している。

解説 述語動詞のproposesがポイントです。空所は提案を表す動詞proposeのあとにくるthat節内の動詞なので，動詞の原形である（B）have「～をもつ」が正解です。ほかの選択肢は（A）動詞（３単現のs）「～をもつ」（C）be動詞＋現在分詞（現在進行形）「もっている」（D）不定詞to＋動詞「もつこと，もつための，もつために」。

重要語句 ☐president 社長 ☐employee 従業員 ☐sufficient 十分な

分詞とは EXERCISE

本冊085ページ

1. Bun & Aya Corporation assigns the jobs ------- human interaction to new employees.

(A) involve
(B) involving
(C) involvement
(D) involved

2. Mr. Fujita studied the student achievement data ------- by each prefecture, and he decided to create an improvement program.

(A) to supply
(B) supplying
(C) supplied
(D) supply

3. Many customers ------- by the news that Clara Caviar Foods would close their business soon called the company to find out if it was true.

(A) astonish
(B) astonishing
(C) astonished
(D) astonishment

4. As the chief director, Mr. Oda gives his subordinates ------- comments after each presentation.

(A) encourage
(B) encouraging
(C) encouraged
(D) encouragement

空所の直前に注目しましょう。空所の直前が名詞で，なおかつ文中に述語動詞がある場合は，その名詞を修飾する現在分詞か過去分詞を置きます。名詞が「～する」という場合であれば現在分詞を，「～される」という場合であれば過去分詞を選びましょう。

答え合わせが終わったら，音声に合わせて英文を音読しましょう。

1. (B)

英文の訳 バン・アンド・アヤ社は新入社員たちに接客に関わる仕事を割り当てる。

解説 空所の前に主語と述語動詞があるため，空所には述語動詞以外のものが入ります。空所の前の名詞the jobsを後ろから分詞が修飾するパターンだと推測できます。空所の後ろにhuman interactionという名詞があるので，この名詞を目的語にとれる現在分詞の（B）involving「～を含む，～に関わる」が正解です。ほかの選択肢は（A）動詞（原形）「～を含む，～に関わる」（C）名詞「含むこと，関与」（D）動詞（過去形）「含んだ」・過去分詞「含まれた」。

2. (C)

英文の訳 フジタ氏は各県から提供された学生の成績データを研究し，改善プログラムを作成することを決めた。

解説 空所の前に主語と述語動詞があるため，空所には述語動詞以外のものが入ります。空所の前の名詞the student achievement dataを後ろから分詞で修飾するパターンだと推測できます。the student achievement dataは「提供される」ものなので，空所には過去分詞の（C）supplied「提供された」が入ります。空所の後ろに前置詞byがあることもヒントになります。ほかの選択肢は（A）不定詞「提供すること，提供するための，提供するために」（B）動名詞「提供すること」・現在分詞「提供している」（D）動詞（原形）「～を提供する」。

3. (C)

英文の訳 クララ・キャヴィア・フーズがもうすぐ閉店するという知らせに驚いた多くの客が，それが本当かを確かめるために会社に電話した。

解説 空所の後ろにcalledという述語動詞があるため，空所には述語動詞以外のものが入ります。空所の前のMany customersを後ろから分詞で修飾するパターンだと推測できます。名詞Many customersは「驚かされる」対象なので，空所には過去分詞の（C）astonished「驚かされた」が入ります。空所の後ろに前置詞byがあることもヒントになります。ほかの選択肢は（A）動詞（原形）「～を驚かせる」（B）動名詞「驚かせること」・現在分詞「驚かせるような」（D）名詞「驚き」。

4. (B)

英文の訳 オダ氏はチーフ・ディレクターとして，それぞれのプレゼンのあと，部下たちに励ましのコメントを与える。

解説 空所の前に主語と述語動詞があり，その述語動詞がgiveであることから，空所を含む文はSVOOの文型をとるとわかります。空所の前の名詞his subordinatesが直接目的語，空所のあとの名詞commentsが間接目的語になっており，空所にはcommentsを修飾する語が入ると見抜きましょう。commentsはだれかを「励ます」ものなので，空所には現在分詞の（B）encouraging「励ますような」が入ります。ほかの選択肢は（A）動詞（原形）「～を励ます」（C）動詞（過去形）「～を励ました」・過去分詞「励まされた」（D）名詞「励まし」。

LESSON 26 受動態とは EXERCISE

→本冊087ページ

1. The official Web site of Room Valley Inc. ------- for maintenance today.

(A) close

(B) closed

(C) is closed

(D) has been closing

2. This special operation is necessary because it ------- less power consumption.

(A) ensure

(B) ensures

(C) is ensured

(D) to ensure

3. The candidate ------- enough signatures of the registered voters.

(A) gathered

(B) gathering

(C) was gathered

(D) gather

4. Due to unforeseen circumstances, the new product release of Right Arrow Co. -------.

(A) postpone

(B) is postponing

(C) was postponing

(D) was postponed

空所の前にある主語に注目しましょう。文中に述語動詞がなく，主語が「～される」「～られる」という文脈が成り立つ場合は，〈be動詞＋過去分詞〉の受動態を選びます。選択肢の動詞の形が似ている場合は，慎重に見極めましょう。

ANSWER

答え合わせが終わったら，音声に合わせて英文を音読しましょう。

1. (C)

英文の訳 ルーム・ヴァレー社の公式ウェブサイトは，今日はメンテナンスのため閉鎖されている。

解説 空所を含む文に述語動詞がなく，選択肢がすべて動詞closeが変化したものなので，動詞の適切な形を選ぶ問題だとわかります。文末にtodayという現在形とともに使われる副詞があることから，この時点で過去形の (B) closedと現在完了進行形の (D) has been closingは消えます。(A) closeと (C) is closedのうち，３人称単数の主語に合うのは (C) is closed「閉じられている」です。ほかの選択肢は (A) 動詞（原形）「閉じる」・形容詞「近い」(B) 動詞（過去形）「閉じた」・過去分詞「閉じられた」(D) has＋be動詞（過去分詞）＋現在分詞「閉じ続けている」。

2. (B)

英文の訳 電力消費の低減を確実にするので，この特別な工程が必要だ。

解説 空所を含むbecause節に述語動詞がないことから，空所に述語動詞が入るとわかります。この時点で不定詞の (D) to ensureは消えます。また，空所の後ろに目的語となる名詞less power consumptionがあることから，受動態の (C) is ensuredも消えます。空所の前のitが主語で３人称単数であることから，３単現のsがついた (B) ensures「～を確実にする」が正解です。ほかの選択肢は (A) 動詞（原形）「～を確実にする」(C) be動詞＋過去分詞「確実にされる」(D) 不定詞「確実にすること，確実にするための，確実にするために」。

3. (A)

英文の訳 その候補者は，登録された投票者の十分な署名を集めた。

解説 空所を含む文には述語動詞がないことから，空所に述語動詞が入るとわかります。この時点で現在分詞・動名詞の (B) gatheringは消えます。また，空所の後ろに目的語となる名詞enough signaturesがあることから，受動態の (C) was gatheredも消えます。主語The candidateは３人称単数なので，現在形の場合は３単現のsが必要であるため (D) gatherも消え，空所には過去形の (A) gathered「～を集めた」が入ります。ほかの選択肢は (B) 動名詞「集めること」・現在分詞「集めている」(C) be動詞（過去形）＋過去分詞「集められた」(D) 動詞（原形）「～を集める」。

4. (D)

英文の訳 予期せぬ事情のため，ライト・アロー社の新製品発売は延期された。

解説 空所を含む文には述語動詞がないことから，空所に述語動詞が入るとわかります。空所で文は終わっており，目的語がないことから，空所には受動態の (D) was postponedが入ると判断できます。ほかの選択肢は (A) 動詞（原形）「～を延期する」(B) be動詞＋現在分詞「～を延期している」(C) be動詞（過去形）＋現在分詞「～を延期していた」。

NOTE

受動態のいろいろな形 EXERCISE

本冊089ページ

1. Small Fountain Dance Studio ------- with enthusiastic students since its opening.

(A) filled
(B) has filled
(C) has been filled
(D) has been filling

2. According to the company, revised maintenance and service manuals -------.

(A) prepared
(B) are preparing
(C) are being prepared
(D) have prepared

3. Flying Field Records ------- valuable CDs from around the world for over 50 years.

(A) imported
(B) has imported
(C) has been imported
(D) is being imported

4. Since the accident, no explanation ------- yet.

(A) give
(B) be giving
(C) has given
(D) has been given

空所の前にある主語に注目しましょう。文中に述語動詞がなく，主語が「～されている最中だ」という文脈が成り立つ場合は，〈be動詞＋being＋過去分詞〉という進行形の受動態を，「～されてしまった」「(ずっと)～されている」という場合は，〈has / have ＋ been ＋過去分詞〉という完了形の受動態を選びましょう。

ANSWER

答え合わせが終わったら，音声に合わせて英文を音読しましょう。

1. (C)

英文の訳 スモール・ファウンテン・ダンススタジオはオープン以来，熱心な生徒たちでいっぱいである。

解説 空所を含む文には述語動詞がないことから，空所に述語動詞が入るとわかります。空所の後ろにはwith ～という前置詞句があり，目的語がないことから，空所には受動態が入るとわかります。よって，正解は完了形の受動態の（C）has been filled「満たされている」です。このbe filled withなど，受動態でもby以外の前置詞を伴うものがいくつかあります。ほかの選択肢は（A）動詞（過去形）「満たした」・過去分詞「満たされた」（B）has＋過去分詞（現在完了形）「満たしたことがある，満たしている，満たした」（D）has＋be動詞（過去分詞）＋現在分詞「満たしている」。

2. (C)

英文の訳 その会社によると，メンテナンスおよびサービスに関するマニュアルの改訂版が準備されている。

解説 空所を含む文には述語動詞がないことから，空所に述語動詞が入るとわかります。空所で文は終わっており，目的語がないことから，空所には受動態が入るとわかります。よって，正解は進行形の受動態の（C）are being prepared「準備されている（ところだ）」です。ほかの選択肢は（A）動詞（過去形）「～を準備した」・過去分詞「準備された」（B）be動詞＋現在分詞「～を準備している」（D）have＋過去分詞（現在完了形）「～を準備したことがある，準備している，準備した」。

3. (B)

英文の訳 フライング・フィールド・レコーズは価値のあるCDを50年以上，世界中から輸入している。

解説 空所を含む文には述語動詞がないことから，空所に述語動詞が入るとわかります。空所のあとには目的語になる名詞valuable CDsがあることから，空所には他動詞の能動態が入るとわかります。文末にfor over 50 yearsという「期間」を表す表現があることから，空所にはこの表現と相性のよい現在完了形（B）has imported「～を輸入してきた」が入ります。ほかの選択肢は（A）動詞（過去形）「輸入した」・過去分詞「輸入された」（C）has＋be動詞（過去分詞）＋過去分詞「輸入されたことがある，輸入されている，輸入された」（D）be動詞＋be動詞（現在分詞）＋過去分詞「輸入されている」。

4. (D)

英文の訳 事故以来，まだ何の説明もされていない。

解説 空所を含む文には述語動詞がないことから，空所に述語動詞が入るとわかります。空所のあとに目的語がないことから，空所には受動態が入るとわかります。文頭にSince the accident「事故以来」という表現があることから，空所にはこの表現と相性のよい現在完了形の受動態である（D）has been given「与えられた」が入ります。ほかの選択肢は（A）動詞（原形）「～を与える」（B）be動詞（原形）＋現在分詞「～を与えている」（C）has＋過去分詞（現在完了形）「～を与えたことがある，与えている，与えた」。

実戦テスト 25  27

本冊090〜091ページ

1. CEO Johnson held a special meeting with the team ------- a merger agreement with a rival company.

(A) negotiate
(B) negotiating
(C) negotiator
(D) under negotiation

2. The Ministry of Trade has posted new regulations for firms ------- products in several categories, including agricultural products.

(A) import
(B) importer
(C) imported
(D) importing

3. Coast Railways has a rail network ------- most of Eastern and Southern Europe.

(A) span
(B) will span
(C) spanned
(D) spanning

4. Mr. Kahn's construction crew felt the tools and equipment ------- to the worksite were insufficient to get their work done.

(A) will transport
(B) transporting
(C) transported
(D) had transported

答え合わせが終わったら，音声に合わせて英文を音読しましょう。

1. (B)

英文の訳 ジョンソン最高経営責任者は，ライバル会社との合併契約の交渉をしているチームと特別会議を開いた。

解 説 空所の前に主語と述語動詞があるため，空所には述語動詞以外のものが入ります。直前に〈前置詞(with)＋冠詞(the)＋名詞(team)〉があるので，空所にはこの名詞teamsを修飾する働きのあるものが入るとわかります。よって現在分詞の (B) negotiating「～の交渉をしている」が正解です。空所の後ろにnegotiateの目的語であるa merger agreementがあるのもヒント。ほかの選択肢は (A) 動詞（原形）「交渉する」(C) 名詞「交渉人」(D) 前置詞＋名詞「交渉中で」。

重要語句 □merger 合併 □agreement 契約 □rival ライバルの，競合の

---

2. (D)

英文の訳 貿易省は，農産物を含むさまざまなカテゴリーの商品を輸入する会社に対する新しい規制を告示した。

解 説 空所の前に主語と述語動詞があるため，空所には述語動詞以外のものが入ります。空所の前に，〈前置詞(for)＋名詞(firms)〉があるので，この名詞を修飾できる分詞の (C) importedと (D) importingに選択肢が絞れます。空所の後ろにimportの目的語となるproductsがあるので，現在分詞の (D) importing「～を輸入している」が正解です。ほかの選択肢は (A) 動詞（原形）「～を輸入する」(B) 名詞「輸入業者」(C) 動詞（過去形）「～を輸入した」・過去分詞「輸入された」。

重要語句 □ministry 省 □post ～を告示する □regulation 規制 □agricultural 農業の

---

3. (D)

英文の訳 コースト鉄道は，東部と南部ヨーロッパのほとんどに及ぶ鉄道網を所有している。

解 説 空所の前に主語と述語動詞があるため，空所には述語動詞以外のものが入ります。空所の前に名詞a rail networkがあるので，この名詞を修飾できる分詞の (C) spannedと (D) spanningに選択肢が絞れます。空所の後ろにspanの目的語となる名詞句most of ～があるので，現在分詞の (D) spanning「～に及んでいる」が正解です。ほかの選択肢は (A) 動詞（原形）「～に及ぶ」(B) 助動詞＋動詞（原形）「～に及ぶだろう」(C) 動詞（過去形）「～に及んだ」・過去分詞「広げられた」。

重要語句 □railway 鉄道 □rail network 鉄道網

---

4. (C)

英文の訳 カーン氏の建設チームは，現場に輸送された道具や備品では作業遂行に不十分だと感じた。

解 説 Mr. Kahn's construction crew feltのあとに接続詞thatが省略されています。空所はこのthat節中にあり，後半の動詞wereがこの節の述語動詞なので，空所には述語動詞以外のものが入ります。この時点で述語動詞になる (A) will transportと (D) had transportedは消え，空所直前の名詞句tools and equipmentを修飾できる分詞の (B) transportingと (C) transportedに選択肢が絞れます。tools and equipmentは「輸送される」ものなので，過去分詞の (C) transported「輸送された」が正解です。空所の後ろに目的語になる名詞がないのもヒントになります。ほかの選択肢は (A) 助動詞＋動詞（原形）「～を輸送するだろう」(B) 動名詞「輸送すること」・現在分詞「輸送している」(D) had＋過去分詞（過去完了形）「～を輸送した」。

重要語句 □crew 一団 □equipment 備品 □worksite 作業場 □insufficient 不十分な

→本冊090～091ページ

5. The STiXL Mattress Co. uses production machinery ------- by a computer system.

(A) operate

(B) operation

(C) operationally

(D) operated

6. Shaw Convention Center is the venue for many trade shows ------- by national and international business associations.

(A) sponsorship

(B) will sponsor

(C) sponsored

(D) is sponsoring

7. Ms. Lee used data ------- by both the operations and accounting departments.

(A) submitted

(B) to submit

(C) submission

(D) has submitted

8. Please ensure that your reservations at our hotel ------- by checking for an e-mail from us within the next few minutes.

(A) confirming

(B) confirmation

(C) are confirmed

(D) to be confirming

5. (D)

英文の訳　スティクスル・マットレス社はコンピューターシステムによって操作される製造機械を使っている。

解説　空所には直前の名詞句production machineryを修飾するものが入ると推測できます。空所のあとのby ～もヒントに，名詞を後ろから修飾できる過去分詞の（D）operated「操作される」を選びます。ほかの選択肢は（A）動詞（原形）「～を操作する」（B）名詞「操作」（C）副詞「操作上で」。

重要語句　□production　製造　□machinery　機械

6. (C)

英文の訳　ショー・コンベンションセンターは，国内外の商業組合によって後援を受ける多くの展示会の開催地である。

解説　空所の前に主語と述語動詞があるため，空所には述語動詞以外のものが入ります。直前の名詞句trade showsを修飾できる過去分詞の（C）sponsored「後援された」が入ります。空所の後ろにby ～があることもヒントになります。ほかの選択肢は（A）名詞「後援」（B）助動詞＋動詞（原形）「～を後援するだろう」（D）be動詞＋現在分詞（現在進行形）「～を後援している」。

重要語句　□venue　会場　□national　国内の　□international　国際的な　□association　組合

7. (A)

英文の訳　リー氏は業務部と経理部の両方から提出されたデータを用いた。

解説　空所の前に主語と述語動詞があるため，空所には述語動詞以外のものが入ります。空所には直前のdataを修飾できるものがくるとわかるので，この時点で過去分詞の（A）submittedと不定詞の（B）to submitに選択肢が絞れます。空所直後に目的語がなく，前置詞byがあることから，空所には過去分詞の（A）submittedが入ります。ほかの選択肢は（B）不定詞「～を提出すること，提出するための，提出するために」（C）名詞「提出」（D）has＋過去分詞（現在完了形）「～を提出したことがある，提出している，提出した」。

重要語句　□operations department　業務部　□accounting department　経理部

8. (C)

英文の訳　当ホテルへのご予約は，これから数分以内にお送りするメールをチェックすることで確定されることをご確認ください。

解説　文全体はPlease ensure that ～「～を確認してください」という命令文で，空所はthat節の一部であることがわかります。thatの後ろの構造に注目します。yourからhotelまでが主語で，空所の後ろには主語に対応する述語動詞がないので，空所にはthat節の述語動詞の受動態（C）are confirmed「確定される」が入ります。ほかの選択肢は（A）動名詞「確定すること」・現在分詞「確定している」（B）名詞「確定」（D）不定詞to＋be動詞＋現在分詞「確定していること，確定しているための，確定しているために」で，どれも述語動詞にはなれません。

重要語句　□ensure　～を確実にする　□reservation　予約

9. Lost employee IDs ------- by human resources, normally within 24 hours.
(A) replaces
(B) replacing
(C) will replace
(D) are replaced

10. EY Real Estate Co. CEO Ken Okura ------- to speak to a special gathering of sales managers at his firm.
(A) schedule
(B) scheduled
(C) is scheduled
(D) was a schedule

11. Employee work hours at Rincorp Fabrics, Inc. ------- by computer systems which check start and finish times.
(A) to be logging
(B) are a log
(C) are logged
(D) been logging

12. Although the members were still ------- several items on the agenda, Kesha Buggy decided to end the meeting.
(A) discuss
(B) to discuss
(C) discussing
(D) have discussed

9. (D)

英文の訳 紛失した社員証は，通常24時間以内に人事部によって再発行される。

解説 主語となる名詞のLost employee IDsがありますが，述語動詞がないので，空所には述語動詞が入るとわかります。空所の後ろには目的語になる名詞はないので，空所に入るのは受動態の（D）are replaced「差し替えられる」だけです。空所の後ろの前置詞byは受動態とともに用いられることが多いので，これもヒントになります。ほかの選択肢は（A）動詞（３単現のs）「～を差し替える，補充する」（B）動名詞「差し替えること」・現在分詞「差し替えている」（C）助動詞＋動詞（原形）「～を差し替えるだろう」。

重要語句 □human resources　人事部　□normally　通常

10. (C)

英文の訳 EY不動産のケン・オオクラ社長が，彼の会社の営業部長たちの特別集会でスピーチすると予定されている。

解説 空所の後ろの不定詞to speakがポイントです。〈be scheduled to *do*〉で「～する予定だ」という意味なので，（C）is scheduled「予定されている」が正解です。ほかの選択肢は（A）動詞（原形）「予定する」・名詞「日程」（B）動詞（過去形）「予定した」・過去分詞「予定された」（D）be動詞（過去形）＋冠詞＋名詞「予定表だった」。

重要語句 □gathering　集会　□manager　部長

11. (C)

英文の訳 リンコープ織物社の社員の労働時間は，始業と終業の時間をチェックするコンピューターシステムによって記録される。

解説 空所を含む文には主語となる名詞のEmployee work hoursがありますが，述語動詞がないので，空所に述語動詞が入るとわかります。この時点で（B）are a logと（C）are loggedに選択肢が絞れます。（B）は意味的に合わず，work hoursとlogの関係を考えると，「時間が記録される」ことから受動態の（C）are logged「記録される」が適切だとわかります。空所の後ろの前置詞byもヒントになります。ほかの選択肢は（A）不定詞to＋be動詞＋現在分詞「記録していること，記録しているための，記録しているために」（B）be動詞＋冠詞＋名詞「記録である」（D）be動詞（過去分詞）＋現在分詞「記録している」。

重要語句 □fabric　織物，布地

12. (C)

英文の訳 メンバーたちはいくつかの議題項目についての議論を続けていたが，ケシャ・バギーは会議を終了することに決めた。

解説 空所の前のwereがポイントです。wereの後ろに続けて文法的に成立するのは，現在分詞の（C）discussingだけです。were discussing「～を議論している」で過去進行形になります。ほかの選択肢は（A）動詞（原形）「～を議論する」（B）不定詞「議論すること，議論するための，議論するために」（D）have＋過去分詞（現在完了形）「～を議論したことがある，議論している，議論した」。

重要語句 □item　項目　□agenda　議題

LESSON 28 不定詞とは EXERCISE

本冊093ページ

1. River Publishing decided ------- a new printing system for the first time in its industry.

(A) utilize
(B) utilizing
(C) to utilize
(D) utility

2. ------- more customers, Surf Catering regularly revises its menu.

(A) Attracting
(B) Attraction
(C) To attract
(D) To be attracted

3. They need enough time ------- ideas both formally and informally.

(A) exchanging
(B) to exchange
(C) to be exchanged
(D) will exchange

4. Mr. Haskill established his company ------- high quality interior accessories.

(A) will offer
(B) to offer
(C) offered
(D) offer

Tips 文中に述語動詞がすでにあることを確認しましょう。次に空所の前後に注目して，〈主語＋動詞〉を含む完成した文があれば，補足的な役割として「目的」を表すto＋動詞の原形＝不定詞が選べます。また，動詞のあとや名詞のあとにも不定詞を置いて，情報をプラスすることもできます。

ANSWER

答え合わせが終わったら，音声に合わせて英文を音読しましょう。

1. (C)

英文の訳 リバー出版社は，その業界で初めて新しい印刷システムを利用することを決めた。

解説 空所直前のdecidedがポイントです。decideは後ろに不定詞to *do*を置いて，「～することに決める」という意味になるので，正解は（C）to utilize「～を利用すること」です。ほかの選択肢は（A）動詞（原形）「～を利用する」（B）動名詞「利用すること」・現在分詞「利用している」（D）名詞「実用性」。

2. (C)

英文の訳 より多くの客を引き付けるために，サーフ・ケータリングは定期的にメニューを改訂している。

解説 空所の後ろには目的語となる名詞more customersがあることから，目的語をとることのできない名詞の（B）Attractionと受動態の不定詞の（D）To be attractedは消えます。「定期的にメニューを改訂している」のは，「多くの客を引き付けるため」だと考えられるので，正解は目的を表す不定詞の（C）To attract「～を引き付けるために」です。副詞用法の不定詞はこのように文頭に置かれることがあります。ほかの選択肢は（A）動名詞「引き付けること」・現在分詞「引き付けている」（B）名詞「引力」（D）不定詞to＋be動詞＋過去分詞「引き付けられること，引き付けられるための，引き付けられるために」。

3. (B)

英文の訳 彼らは公式でも非公式でも意見交換をするための十分な時間が必要だ。

解説 空所の前にあるenough timeがポイントです。〈enough＋名詞＋to *do* ～〉で「～するのに十分な…」という意味の表現をつくることがわかれば，（B）to exchangeと（C）to be exchangedに選択肢が絞れます。空所の後ろに目的語となる名詞ideasがあることから，受動態の（C）は消え，（B）to exchange「～を交換するために」が正解です。ほかの選択肢は（A）動名詞「交換すること」・現在分詞「交換している」（C）不定詞to＋be動詞＋過去分詞「交換されること，交換されるための，交換されるために」（D）助動詞＋動詞（原形）「～を交換するだろう」。

4. (B)

英文の訳 ハスキル氏は高品質のインテリア雑貨を提供するために自らの会社を設立した。

解説 空所の前に主語と動詞があることから，空所には述語動詞は入りません。空所のあとに目的語となる名詞があることから，空所に入るのは不定詞の（B）to offer「～を提供するために」だけです。過去分詞の（C）offeredは後ろに目的語をとれません。ほかの選択肢は（A）助動詞＋動詞（原形）「～を提供するだろう」（C）動詞（過去形）「～を提供した」・過去分詞「提供された」（D）動詞（原形）「～を提供する」。

NOTE

不定詞を使った文 EXERCISE

本冊096ページ

1. It is necessary ------- visitors of the sudden schedule change in advance.

(A) inform
(B) informing
(C) to inform
(D) to be informed

2. Due to construction work, drivers were asked ------- a detour at night.

(A) to make
(B) to be made
(C) being made
(D) making

3. MountainPeople.com encouraged new customers ------- its goods online by issuing special coupons.

(A) purchase
(B) to purchase
(C) purchasing
(D) will purchase

4. Well Stomach Pharma makes its employees ------- working by 7 P.M. every Wednesday.

(A) finish
(B) to finish
(C) finishing
(D) be finishing

Tips 文中にあるキーワードに注目します。〈itから始まる文＋不定詞〉，〈ask / make / encourage＋人＋不定詞〉など，組み合わせを覚えておけば，適切な選択肢が選べます。

ANSWER

答え合わせが終わったら，音声に合わせて英文を音読しましょう。

1. (C)

英文の訳　訪問客に突然の日程変更について前もって知らせることは必須である。

解 説　文頭の〈It＋is＋形容詞〉を見て，It is ... to ～構文に気づけるかどうかがポイントです。形式主語のItの内容を表す真主語になれる不定詞の (C) to inform「～に知らせること」が空所に入ります。ほかの選択肢は (A) 動詞（原形）「～に知らせる」(B) 動名詞「知らせること」・現在分詞「知らせている」(D) 不定詞to＋be動詞＋過去分詞「知らされること，知らされるための，知らされるために」。

2. (A)

英文の訳　建設工事のため，ドライバーたちは夜に迂回をするように求められた。

解 説　空所の前のwere askedがポイントです。〈ask＋人＋to *do*〉「人に～するように求める」という表現が受動態で使われていると気づければ，すぐに不定詞の (A) to makeを選べるはずです。make a detourは「迂回をする」という意味です。ほかの選択肢は (B) 不定詞to＋be動詞＋過去分詞「つくられること，つくられるための，つくられるために」(C) be動詞の動名詞＋過去分詞「つくられること」・be動詞（現在分詞）＋過去分詞「つくられている」(D) 動名詞「つくること」・現在分詞「つくっている」。

3. (B)

英文の訳　マウンテンピープル.comは，特別クーポンを発行することで，新しい客にオンラインで商品を購入することを勧めた。

解 説　空所の前のencouraged new customersがポイントです。〈encourage＋人＋to *do*〉「人に～するように勧める」という表現に気づければ，すぐに不定詞の (B) to purchase「～を購入すること」が選べるはずです。ほかの選択肢は (A) 動詞（原形）「～を購入する」(C) 動名詞「購入すること」・現在分詞「購入している」(D) 助動詞＋動詞（原形）「～を購入するだろう」。

4. (A)

英文の訳　ウェル・スタマック製薬は，毎週水曜日には従業員たちに午後7時までに終業させる。

解 説　空所の前のmakes its employeesがポイントです。〈make＋人＋原形不定詞〉「人に～させる」という表現に気づければ，すぐに原形不定詞の (A) finish「～を終える」が選べるはずです。makeなどの「使役動詞」やseeなどの「知覚動詞」がある場合は，この原形不定詞を用いた表現の可能性を検討するようにしましょう。ほかの選択肢は (B) 不定詞「終えること，終えるための，終えるために」(C) 動名詞「終えること」・現在分詞「終えつつある」(D) be動詞＋現在分詞「～を仕上げている」。

NOTE

本冊097ページ

5. Our new computer system, installed this morning, allows us ------- track of all orders.

(A) keep
(B) keeping
(C) to keep
(D) to be kept

6. Better public speaking skills help you ------- messages on any occasion.

(A) conveyed
(B) conveying
(C) convey
(D) to be conveyed

7. Sales representatives are encouraged ------- up with new ideas about advertising strategies.

(A) come
(B) came
(C) coming
(D) to come

8. Customers were made ------- there for over 30 minutes to enter the store.

(A) to wait
(B) wait
(C) waited
(D) waiting

ここでも文中にあるキーワードに注目します。〈help / make＋人＋動詞の原形（＝原形不定詞）〉という変則的な形に気をつけながら適切な選択肢を選びましょう。また，このような原形不定詞を含む文が受動態になっている場合は，〈be動詞＋made＋to 不定詞〉というように，toを含む形になるので注意しましょう。

5. (C)

英文の訳 今朝インストールされた当社の新しいコンピューターシステムによって，私たちはすべての注文を記録することができます。

解説 空所の前のallows usがポイントです。〈allow＋人＋to *do*〉「人に～することを許す」という表現に気づければ，すぐに不定詞の（C）to keep「～を保つこと」が選べるはずです。ほかの選択肢は（A）動詞（原形）「～を保つ」（B）動名詞「保つこと」・現在分詞「保っている」（D）不定詞to＋be動詞＋過去分詞「保たれること，保たれるための，保たれるために」。

6. (C)

英文の訳 人前でより上手に話すスキルは，どんな場面でもメッセージを伝えるのに役立ちます。

解説 空所の前のhelp youを見て，〈help＋人＋to *do*〉「人が～するのを助ける」という表現に気づけるかどうかがポイントです。ただし，この表現では不定詞のtoが省略されることがあるので注意が必要です。ここでもtoが省略された（C）convey「～を伝える」が正解です。空所の後ろに目的語となる名詞messagesがあることから，受動態の不定詞の（D）to be conveyedは不適切です。ほかの選択肢は（A）動詞（過去形）「～を伝えた」・過去分詞「伝えられた」（B）動名詞「伝えること」・現在分詞「伝えている」（D）不定詞to＋be動詞＋過去分詞「伝えられること，伝えられるための，伝えられるために」。

7. (D)

英文の訳 営業担当者は，広告戦略について新しいアイデアを提案することを奨励されています。

解説 come up with ～「～を考え出す，提案する」のcomeの部分の正しい形が問われています。〈encourage＋人＋to *do*〉「人に～するように勧める」という表現に気づけるかどうかがポイントです。ただし，ここではare encouragedと受動態になっているので目的語はなく，直後にto *do*を置く形なので注意しましょう。正解は不定詞の（D）to comeです。ほかの選択肢は（A）動詞（原形）・過去分詞（B）動詞（過去形）（C）動名詞・現在分詞。

8. (A)

英文の訳 客たちは，その店に入るために30分以上そこで待たされた。

解説 使役動詞makeがwere madeと受動態で使われているのがポイントです。〈make＋人＋原形不定詞〉「人に～させる」を受動態で用いるときは，〈be made to *do*〉とto不定詞を使うので注意しましょう。正解は不定詞の（A）to wait「待つように」です。madeだけ見て，原形の（B）wait「待つ」を選んでしまわないようにしましょう。ほかの選択肢は（C）動詞（過去形）「待った」・過去分詞「待たれる」（D）動名詞「待つこと」・現在分詞「待っている」。

NOTE

不定詞のいろいろな形 EXERCISE

→本冊099ページ

1. Mr. Nakaoka advised his colleague not ------- to try new things.

(A) to hesitate
(B) hesitating
(C) hesitate
(D) hesitation

2. All participants are required ------- in the database as of the date of the application.

(A) registering
(B) be registered
(C) to be registered
(D) to be registering

3. Professor Lee is said ------- his newest thesis.

(A) to have completed
(B) complete
(C) completed
(D) completing

4. Ex Hill Inc. has started ------- in the field lately.

(A) to value
(B) to be valued
(C) valuing
(D) value

空所の直前に注目しましょう。否定語notがある場合は，〈not＋to 不定詞〉の順になります。「～されること」という内容が続けられる場合は不定詞と受動態の組み合わせである〈to be＋過去分詞〉を，述語動詞より前に起こったことを表す場合は〈to have＋過去分詞〉という形をとるので，それぞれしっかり見極めましょう。

ANSWER

答え合わせが終わったら，音声に合わせて英文を音読しましょう。

1. (A)

英文の訳　ナカオカ氏は新しいことに挑戦するのをためらわないように同僚に助言した。

解　説　空所の前のadvised his colleagueを見て，〈advise＋人＋to *do*〉「人に～するように助言する」という表現に気づけたかどうかがポイントです。ここではtoの前に否定語notが置かれた不定詞の否定形になっている点にも注意しましょう。正解は不定詞の（A）to hesitate「(notとともに) ためらわないように」です。ほかの選択肢は（B）動名詞「ためらうこと」・現在分詞「ためらっている」（C）動詞（原形）「ためらう」（D）名詞「ためらい」。

2. (C)

英文の訳　すべての参加者は申し込みの日付でデータベースに登録されている必要がある。

解　説　空所の前のrequiredを見て，〈require＋人＋to *do*〉「人に～することを要求する」という表現に気づけたかがポイントです。ただし，ここではare requiredと受動態になっている点に注意しましょう。不定詞の選択肢は（C）to be registeredと（D）to be registeringの2つですが，空所の後ろに目的語となる名詞がないことから，受動態の不定詞である（C）to be registered「登録されていること」が正解です。ほかの選択肢は（A）動名詞「登録すること」・現在分詞「登録している」（B）be動詞＋過去分詞「登録される」（D）不定詞to＋be動詞＋現在分詞「～を登録していること，登録しているための，登録しているために」。

3. (A)

英文の訳　リー教授は最新の論文を完成させたと言われている。

解　説　空所の前のis saidを見て，〈be said to *do*〉「～と言われている」という表現に気づけたかがポイントです。選択肢の中で不定詞は（A）to have completed「～を完成させた」しかないので，これが正解です。ちなみに，ここではto have completedと不定詞の完了形が使われていて，主節の文の述語動詞より前のことを表しています。ほかの選択肢は（B）動詞（原形）「～を完成させる」（C）動詞（過去形）「～を完成させた」・過去分詞「完成させられた」（D）動名詞「完成させること」・現在分詞「完成させている」。

4. (B)

英文の訳　エックス・ヒル社は最近，その分野で評価され始めた。

解　説　startは不定詞と動名詞のどちらを続けても「～し始める」という意味で使えます。そこで，空所の後ろに注目すると，目的語になる名詞がないので，正解は受動態の不定詞である（B）to be valued「評価されること」だとわかります。ほかの選択肢は（A）不定詞「～を評価すること，評価するための，評価するために」（C）動名詞「～を評価すること」・現在分詞「評価している」（D）動詞（原形）「～を評価する」・名詞「価値」。

NOTE

LESSON 31 動名詞とは EXERCISE

→本冊101ページ

1. In the meeting, one of the members left the room without ------- anything.

(A) saying
(B) say
(C) to say
(D) said

2. KU & ME Co. is worth ------- in because its business style is stable and sustainable.

(A) will invest
(B) to invest
(C) investing
(D) has invested

3. Mary Cardiff was looking forward to ------- the annual convention in New York.

(A) attend
(B) to attend
(C) attending
(D) have attended

4. The director insisted on not ------- the cheapest way to create the product.

(A) choose
(B) choosing
(C) choice
(D) to choose

空所の直前に注目しましょう。前置詞（句）のあとには，名詞（句）や動名詞を置くことができます。〈worth＋動名詞〉や〈look forward to＋動名詞〉などの決まり文句もあるので，しっかり覚えておきましょう。

ANSWER

答え合わせが終わったら，音声に合わせて英文を音読しましょう。

035

1. (A)

英文の訳 会議中，メンバーのひとりが何も言わずに部屋を出て行った。

解説 空所の前に前置詞withoutがあり，後ろに代名詞anythingがあることに注目しましょう。選択肢のうち，前置詞の後ろに置くことができ，後ろに目的語として代名詞をとれるのは，動名詞の（A）saying「～と言うこと」だけです。ほかの選択肢は（B）動詞（原形）「～と言う」（C）不定詞「言うこと，言うための，言うために」（D）動詞（過去形）「～と言った」・過去分詞「言われた」で，いずれも前置詞の後ろに置くことはできません。

2. (C)

英文の訳 KU&ME社は，そのビジネススタイルが安定していて持続可能なので，投資する価値がある。

解説 空所直前のworthがポイントです。形容詞のworthは後ろに動名詞を置いて，「～する価値がある」という意味を表します。よって，正解は動名詞の（C）investing「投資すること」です。ほかの選択肢は（A）助動詞＋動詞（原形）「投資するだろう」（B）不定詞「投資すること，投資するための，投資するために」（D）has＋過去分詞（現在完了形）「投資したことがある，投資している，投資した」。

3. (C)

英文の訳 メアリー・カーディフはニューヨークの年次会議に出席するのを楽しみにしていた。

解説 空所直前のlook forward toがポイントです。「～を楽しみにして待つ」という意味の句動詞look forward toのtoは前置詞なので，後ろには名詞や動名詞を置きます。よって，正解は動名詞の（C）attending「～に出席すること」です。ほかの選択肢は（A）動詞（原形）「～に出席する」（B）不定詞「出席すること，出席するための，出席するために」（D）have＋過去分詞（現在完了形）「出席したことがある，出席している，出席した」。

4. (B)

英文の訳 そのディレクターは，その商品をつくるのに最も安い方法を選ばないことを主張した。

解説 空所の前の前置詞on＋notがポイントです。前置詞onの後ろには名詞か動名詞を置くので，選択肢は動名詞の（B）choosingと名詞の（C）choiceに絞られます。ここで，否定の副詞notは名詞を修飾できないこと，空所のあとにthe cheapest wayという名詞（目的語）があることから，空所に入るのは（B）choosingだと判断できます。動名詞の前にnotを置いた否定の形です。ほかの選択肢は（A）動詞（原形）「～を選ぶ」（C）名詞「選択」（D）不定詞「選ぶこと，選ぶための，選ぶために」。

NOTE

不定詞と動名詞のちがい EXERCISE

→本冊103ページ

1. Finally, our president agreed ------- a contract with the service provider directly.

(A) making
(B) with making
(C) to make
(D) make

2. Green & Water Flute decided to stop ------- the old model and develop a new one.

(A) manufacture
(B) manufacturing
(C) to manufacture
(D) manufactures

3. Mr. Kawabata came up with an idea for how to avoid ------- further damage to the building.

(A) cause
(B) causes
(C) to cause
(D) causing

4. The person in charge refused ------- up the project because he had been working on it so hard.

(A) giving
(B) to give
(C) given
(D) give

Tips 空所の前の動詞に注目しましょう。望みや決断など「今と未来に関わること」を表す動詞は不定詞をとりやすく，感情，中断・終了，思考・提案など「過去に関わること」を表す動詞は動名詞をとりやすいという特徴があります。

ANSWER

答え合わせが終わったら，音声に合わせて英文を音読しましょう。

1. (C)

英文の訳　ついに，私たちの社長はそのサービスの提供者と直接契約をすることに同意した。

解説　空所の前の動詞agreedがポイントです。agreeは目的語に不定詞だけをとる動詞であることに気づけば，空所には不定詞の (C) to makeが入るとわかります。make a contractで「契約をする」という意味です。ほかの選択肢は (A) 動名詞「契約すること」・現在分詞「契約している」(B) 前置詞＋動名詞「契約すること」(D) 動詞（原形）「契約する」。

---

2. (B)

英文の訳　グリーン・アンド・ウォーター・フルートは旧型の製造をやめて，新しい型を開発することを決めた。

解説　空所の前の動詞stopがポイントです。〈stop＋動名詞〉で「～することをやめる」という意味になることに気づけば，すぐに動名詞の (B) manufacturing「～を製造すること」を選べるはずです。ちなみに，I stopped to take a picture.のように不定詞がstopの後ろに置かれることもありますが，この場合の不定詞は目的を表す副詞用法で，「私は写真を撮るために立ち止まった」という意味です。ほかの選択肢は (A) 動詞（原形）「～を製造する」(C) 不定詞「～を製造すること，製造するための，製造するために」(D) 動詞（３単現のs）「～を製造する」。

---

3. (D)

英文の訳　カワバタ氏は，建物へさらなる損傷をもたらすことを防ぐためのアイデアを思いついた。

解説　空所の前の動詞avoidがポイントです。avoidは動名詞だけを目的語にとる動詞であることに気づけば，すぐに動名詞の (D) causing「～をもたらすこと」を選べるはずです。ほかの選択肢は (A) 動詞（原形）「～をもたらす」・名詞「原因」(B) 動詞（３単現のs）「～をもたらす」(C) 不定詞「～をもたらすこと，もたらすための，もたらすために」。

---

4. (B)

英文の訳　その担当者は，とても懸命に取り組んでいたので，そのプロジェクトを断念することを拒否した。

解説　空所の前の動詞refusedがポイントです。refuseは不定詞だけを目的語にとる動詞であることに気づけば，空所には不定詞の (B) to giveが入ると判断できるはずです。give upで「～を断念する」の意味です。ほかの選択肢は (A) 動名詞「断念すること」・現在分詞「断念している」(C) 過去分詞「断念された」(D) 動詞（原形）「断念する」。

NOTE

実戦テスト 28～32

本冊104～105ページ

1. The work signs have been set up ------- traffic from entering the road.

(A) blocking

(B) will be blocking

(C) to block

(D) have blocked

2. Oregon International Airport is determined ------- the highest standards in transportation.

(A) establish

(B) to establish

(C) establishment

(D) will be establishing

3. Lieven Cyber Retailer hired about 300 temporary workers ------- during the busy holiday season.

(A) to assist

(B) will assist

(C) assisted

(D) have been assisting

4. Pitapat Tailor Shop helps its clientele ------- their clothing to more closely match their body types.

(A) will customize

(B) customization

(C) to customize

(D) have customized

ANSWER

答え合わせが終わったら，音声に合わせて英文を音読しましょう。

1. (C)

英文の訳　乗り物が道に入ることを阻止するために，工事中の看板が設置された。

解説　空所の前の主語The work signs＋現在完了形の受動態have been set upで文が完成しているのがポイントです。文に情報をプラスする副詞用法の不定詞（C）to block「～を阻止するために」が正解だと判断できます。ほかの選択肢は（A）動名詞「～を阻止すること」・現在分詞「阻止している」（B）助動詞＋be動詞＋現在分詞「～を阻止しているだろう」（D）have＋過去分詞（現在完了形）「～を阻止したことがある，阻止している，阻止した」。

重要語句　□set up ～　～を設置する　□traffic　交通

2. (B)

英文の訳　オレゴン国際空港は輸送に関して最高水準を設けることを決定している。

解説　空所の前の主語Oregon International Airportと受動態is determinedで文が完成しているのがポイントです。述語動詞は置けないので動詞の（A）establishと（D）will be establishingは不適切。受動態で目的語もとれないので名詞の（C）establishmentも除外。よって不定詞の（B）to establish「～を設けるよう」が正解です。ほかの選択肢は（A）動詞（原形）「～を設ける」（C）名詞「設立」（D）助動詞＋be動詞＋現在分詞「設けているだろう」。

重要語句　□be determined to *do*　～しようと決定する　□transportation　輸送

3. (A)

英文の訳　リーヴン・サイバー・リテイラーは繁忙期である行楽シーズンの間，助けとなる約300人の臨時従業員を雇った。

解説　空所の前の主語Lieven Cyber Retailer，動詞hired，目的語 ... workersで文が完成しているのがポイントです。述語動詞は空所に入らないので（B）will assistと（D）have been assistingを除外し，空所直前のworkersを修飾できる（A）to assistと（C）assistedに選択肢を絞れます。workersとassistの関係を考えると，「助けとなるための」という意味の不定詞が文脈に合うので，正解は（A）to assistです。ほかの選択肢は（B）助動詞＋動詞（原形）「～を助けるだろう」（C）動詞（過去形）「～を助けた」・過去分詞「助けられた」（D）have＋be動詞（過去分詞）＋現在分詞「～を助けてきた」。

重要語句　□retailer　小売業者　□hire　～を雇う　□temporary　一時的な

4. (C)

英文の訳　ピタパット洋服店は，常連客が自分の体型により合うように服を特注する手助けをしている。

解説　空所の前のhelps its clienteleを見て，〈help＋人＋to *do*〉「人が～するのを助ける」という表現に気づけるかどうかがポイントです。この形に気づけば，不定詞の（C）to customize「～を特注すること」がすぐに選べるはずです。ちなみに〈help＋人＋(to) *do*〉のtoはよく省略されるので注意しましょう。ほかの選択肢は（A）助動詞＋動詞（原形）「～を特注するだろう」（B）名詞「特注生産」（D）have＋過去分詞（現在完了形）「～を特注したことがある，特注している，特注した」。

重要語句　□tailor　洋服店　□clientele　常連客

本冊104～105ページ

5. Based on the new production report, the corporation may manage ------- its goal for the quarter.
(A) exceeds
(B) to exceed
(C) exceedingly
(D) to be exceeding

6. The special effects in the movie *Space Kings* certainly serve ------- theatergoers everywhere.
(A) amazement
(B) will amaze
(C) amazingly
(D) to amaze

7. CFO Katelyn Dimka stated that there could be no ------- as regards the product launch.
(A) will delay
(B) to delay
(C) delaying
(D) has delayed

8. Debarked passengers at the international ferry terminal must wait in line for immigration document -------.
(A) will process
(B) has processed
(C) to process
(D) processing

5. (B)

英文の訳 新しい生産報告書に基づくと，その企業は四半期の目標をなんとか超えそうだ。

解説 空所直前の動詞manageがポイントです。後ろに不定詞を置いたmanage to *do*で「かろうじて～する」という意味を表します。よって正解は不定詞の（B）to exceed「～を超えること」です。ほかの選択肢は（A）動詞（３単現のs）「～を超える」（C）副詞「ことのほか」（D）不定詞to＋be動詞＋現在分詞「超えていること，超えているための，超えているために」。

重要語句 □based on ～　～に基づいて　□production　生産　□corporation　企業
□quarter　四半期

6. (D)

英文の訳 映画『スペース・キングス』の特殊効果は，各地の映画ファンを驚かせるのに確かに役立っている。

解説 空所直前の動詞serveがポイントです。後ろに不定詞を置いたserve to *do*で「～するのに役立つ」という意味を表します。よって正解は不定詞の（D）to amaze「～を驚かせること」です。ほかの選択肢は（A）名詞「驚嘆」（B）助動詞＋動詞（原形）「～を驚かせるだろう」（C）副詞「驚くほど」。

重要語句 □special effects　特殊効果　□certainly　確かに　□theatergoer　映画ファン

7. (C)

英文の訳 最高財務責任者のケイトリン・ディムカは，製品発売に関しては遅れることはできないと述べた。

解説 空所直前のthere could be noがポイントです。there is no ～ing（動名詞）で「～することはできない」という意味の定型表現で，これに助動詞couldを組み合わせたものです。よって，動名詞の（C）delaying「遅れること」が正解です。ほかの選択肢は（A）助動詞＋動詞（原形）「遅れるだろう」（B）不定詞「遅れること，遅れるための，遅れるために」（D）has＋過去分詞（現在完了形）「遅れたことがある，遅れている，遅れた」。

重要語句 □state　～と述べる　□as regards　～に関しては　□launch　発売

8. (D)

英文の訳 国際フェリーターミナルで下船した乗客は入国書類の処理のために列に並んで待たなくてはならない。

解説 空所直前のdocumentがポイントです。ともに使うことで「文書処理」という意味になる名詞の（D）processing「処理」が正解です。processingのように，動名詞が名詞化する場合があります。ほかの選択肢は（A）助動詞＋動詞（原形）「～を処理するだろう」（B）has＋過去分詞（現在完了形）「～を処理したことがある，処理している，処理した」（C）不定詞「～を処理すること，処理するための，処理するために」。

重要語句 □debark　～を下船させる　□passenger　乗客　□immigration　出入国管理

本冊104～105ページ

9. Thunder Park does not allow ------- overnight, although visitors can set up picnic locations.

(A) to camp

(B) camping

(C) have camped

(D) camper

10. With a larger budget to support its advertisement campaign, the marketing department was much more confident of -------.

(A) to succeed

(B) has succeeded

(C) succeeding

(D) successful

11. Son Ma Hong plans ------- her credentials to the human resources department next week.

(A) submit

(B) to submit

(C) submitting

(D) has submitted

12. These guidelines were made ------- employees as quickly as possible for any business expenses.

(A) will reimburse

(B) to reimburse

(C) have reimbursed

(D) are reimbursing

9. (B)

英文の訳 サンダー公園では，訪問者はピクニックの場を設置することはできるが，泊まりがけでキャンプをすることは許されていない。

解 説 空所直前の動詞allowがポイントです。動詞の目的語になれるのは名詞や動名詞です。また，overnightという副詞の修飾を受けることができるのは動名詞の（B）camping「キャンプをすること」です。allowの後ろに人などの目的語が入る場合は〈allow＋人＋to不定詞〉という形をとりますが，今回は「人」にあたる目的語がないので注意しましょう。ほかの選択肢は（A）不定詞「キャンプをすること，キャンプをするための，キャンプをするために」（C）have＋過去分詞（現在完了形）「キャンプをしたことがある，キャンプをしている，キャンプをした」（D）名詞「キャンプをする人」。

重要語句 □overnight 泊まりがけで □visitor 訪問者 □location 場所

10. (C)

英文の訳 宣伝キャンペーンを支えるための予算が増えたので，マーケティング部は成功することにさらにもっと自信をもっていた。

解 説 空所直前の前置詞ofがポイントです。選択肢の中で前置詞の後ろに置けるのは動名詞の（C）succeeding「成功すること」だけです。ほかの選択肢は（A）不定詞「成功すること，成功するための，成功するために」（B）has＋過去分詞（現在完了形）「成功したことがある，成功している，成功した」（D）形容詞「成功した」。

重要語句 □budget 予算 □advertisement 宣伝，広告 □campaign キャンペーン
□be confident of ～ ～に自信がある

11. (B)

英文の訳 ソン・マホンは来週，人事部に資格証明書を提出する予定だ。

解 説 空所直前の動詞plansがポイントです。planは目的語に不定詞だけをとる動詞だと気づけば，正解は不定詞の（B）to submit「～を提出すること」だと判断できるはずです。ほかの選択肢は（A）動詞（原形）「～を提出する」（C）動名詞「提出すること」・現在分詞「提出している」（D）has＋過去分詞（現在完了形）「提出したことがある，提出している，提出した」。

重要語句 □credentials 資格証明書 □human resources department 人事部

12. (B)

英文の訳 従業員にできるだけ早く業務上の経費を返金するために，これらのガイドラインがつくられた。

解 説 空所の前の主語These guidelinesと受動態were madeで文が完成しているのがポイントです。述語動詞は空所には入らないので，あとに付け足して「目的」を表せる不定詞の（B）to reimburse「～に返金するために」が正解です。ほかの選択肢（A）助動詞＋動詞（原形）「～に返金するだろう」（C）have＋過去分詞（現在完了形）「～に返金したことがある，返金している，返金した」（D）be動詞＋現在分詞（現在進行形）「～に返金している」はすべて述語動詞なので，どれもここでは不適切です。

重要語句 □employee 従業員 □as ～ as possible 可能な限り～ □expense 経費，費用

LESSON 33 関係代名詞とは EXERCISE

→本冊107ページ

1. Please let us know the person ------- is in charge of this project as soon as possible.

(A) which

(B) whom

(C) they

(D) who

2. Our supervisor is preparing the materials ------- are necessary for the annual meeting next week.

(A) who

(B) which

(C) those

(D) whose

3. KTR Electronics is a famous company ------- leads the world in their field.

(A) who

(B) whose

(C) which

(D) whom

4. Rosy Field employs a professional aroma therapist ------- has the skills needed to meet clients' needs.

(A) who

(B) which

(C) what

(D) whom

空所の直前にある名詞＝先行詞と，空所の直後に注目しましょう。先行詞が「人」で，直後に動詞がきていればwhoを，先行詞が「人以外」で，直後に動詞がきていればwhichまたはthatを置きます。

ANSWER

答え合わせが終わったら，音声に合わせて英文を音読しましょう。

1. (D)

英文の訳 この企画を担当している人をできるだけ早く私たちに知らせてください。

解 説 空所の後ろにisという動詞があることから，空所には主語になれるものが入るとわかります。空所の前にthe personという名詞があり，名詞と代名詞は並列できないので（C）theyは消え，空所には主格の関係代名詞が入るとわかります。先行詞はthe personで「人」なので，人を受ける関係代名詞の（D）whoが正解です。ほかの選択肢は（A）人以外を先行詞とする関係代名詞（主格・目的格）（B）人を先行詞とする関係代名詞（目的格）（C）代名詞（主格）「彼らは」。

2. (B)

英文の訳 私たちの監督者は来週の年次会議に必要な資料を準備している。

解 説 空所の後ろにareという動詞があることから，空所には主語になれるものが入るとわかります。空所の前にthe materialsという名詞があり，名詞と代名詞は並列できないので（C）thoseは消え，空所には主格の関係代名詞が入るとわかります。先行詞はthe materialsで「人以外」なので，人以外を受ける関係代名詞の（B）whichが正解です。ほかの選択肢は（A）人を先行詞とする関係代名詞（主格）（C）代名詞（主格・目的格）「それら」・形容詞「それらの」（D）関係代名詞（所有格）。

3. (C)

英文の訳 KTRエレクトロニクスはその分野で世界を牽引する有名な企業である。

解 説 選択肢にはさまざまな関係代名詞が並んでいます。空所の後ろにleadsという動詞があることから，空所には主格の関係代名詞が入るとわかります。先行詞は空所の前のa famous companyで「人以外」なので，「人以外」を受ける主格の関係代名詞である（C）whichが正解です。ほかの選択肢は（A）人を先行詞とする関係代名詞（主格）（B）関係代名詞（所有格）（D）人を先行詞とする関係代名詞（目的格）。

4. (A)

英文の訳 ロージー・フィールドは，顧客のニーズを満たすために必要とされるスキルをもつプロのアロマセラピストを雇っている。

解 説 選択肢にはさまざまな関係代名詞が並んでいます。空所の後ろにhasという動詞があることから，空所には主語の関係代名詞が入るとわかります。先行詞は空所の前のa professional aroma therapistで「人」なので，「人」を受ける主格の関係代名詞である（A）whoが正解です。ほかの選択肢は（B）人以外を先行詞とする関係代名詞（主格・目的格）（C）先行詞をとらない関係代名詞（主格・目的格）（D）人を先行詞とする関係代名詞（目的格）。

NOTE

LESSON 34 そのほかの関係代名詞 EXERCISE

→本冊109ページ

1. G2 Food International produces fresh ingredients ------- a lot of famous chefs are eager to order.

(A) what
(B) who
(C) which
(D) whose

2. Rocky Shore Publishing is a well-known company ------- selection of books is superb.

(A) which
(B) whose
(C) who
(D) what

3. Prosperous stores regularly conduct surveys to find out ------- their customers really want.

(A) which
(B) what
(C) who
(D) whose

4. We are looking for an accounting firm ------- we can consult casually.

(A) what
(B) which
(C) who
(D) whose

空所の直前にある名詞＝先行詞と，空所のあとに注目しましょう。先行詞が「もの」で，あとに不完全な文を伴う場合は，whichを置きます。空所の直後に冠詞や代名詞を伴わない名詞がある場合は，whoseを置きます。また，先行詞がない場合は，先行詞を含むwhatを置きます。

ANSWER

答え合わせが終わったら，音声に合わせて英文を音読しましょう。

1. (C)

英文の訳　G2フード・インターナショナルは，多くの有名シェフがこぞって注文したがる新鮮な食材を生産している。

解説　選択肢にはさまざまな関係代名詞が並んでいます。空所の後ろには主語chefsと動詞are eager to orderがあり，orderの目的語がないことから，空所には目的格の関係代名詞が入るとわかります。先行詞は空所の前にあるfresh ingredientsで「人以外」なので,「人以外」を受ける目的格の関係代名詞である (C) whichが正解です。ほかの選択肢は (A) 先行詞をとらない関係代名詞（主格・目的格）(B) 人を先行詞とする関係代名詞（主格）(D) 関係代名詞（所有格）。

2. (B)

英文の訳　ロッキー・ショア出版社は，その書籍の品揃えがすばらしい有名な企業である。

解説　選択肢にはさまざまな関係代名詞が並んでいます。空所の後ろには主語（名詞）selection of books，be動詞，補語となる形容詞superbがあり，文の要素は欠けていないので，主格の関係代名詞の (A) whichと (C) who，先行詞を含む関係代名詞の (D) whatは消えます。先行詞companyを受けて「その会社の」という意味になる所有格の関係代名詞 (B) whoseが正解です。ほかの選択肢は (A) 人以外を先行詞とする関係代名詞（主格・目的格）(C) 人を先行詞とする関係代名詞（主格）(D) 先行詞をとらない関係代名詞（主格・目的格）。

3. (B)

英文の訳　繁盛している店は，客が本当に求めているものを見つけるために，定期的に調査を行っている。

解説　選択肢にはさまざまな関係代名詞が並んでいます。空所の前にはfind outがあり，この目的語がなく，空所の後ろの動詞wantの目的語もありません。また，関係代名詞の先行詞になるものもないので，先行詞を含んだ関係代名詞 (B) whatが入ると判断できます。空所にwhatを入れるとwhat their customers really want「客が本当に求めているもの」という名詞のカタマリになり，これがfind outの目的語として機能します。ほかの選択肢は (A) 人以外を先行詞とする関係代名詞（主格・目的格）(C) 人を先行詞とする関係代名詞（主格）(D) 関係代名詞（所有格）。

4. (B)

英文の訳　私たちは気軽に相談できる会計事務所を探している。

解説　選択肢にはさまざまな関係代名詞が並んでいます。空所の後ろには主語weと動詞consultがあり，consultの目的語がないことから，空所には目的格の関係代名詞が入るとわかります。先行詞は空所の前にあるan accounting firmで「人以外」なので,「人以外」を受ける目的格の関係代名詞である (B) whichが正解です。ほかの選択肢は (A) 先行詞をとらない関係代名詞（主格・目的格）(C) 人を先行詞とする関係代名詞（主格）(D) 関係代名詞（所有格）。

NOTE

LESSON 35 注意すべき関係代名詞 EXERCISE

→本冊111ページ

1. Most customers of this drugstore who ------- its sale is held every Friday come every week.

(A) know
(B) knows
(C) knowing
(D) known

2. We strongly recommend RS Airline, with ------- most passengers are highly satisfied.

(A) whose
(B) that
(C) which
(D) what

3. Mr. & Mrs. Ron are the first couple ------- took advantage of this building for their wedding.

(A) that
(B) whom
(C) which
(D) what

4. All participants ------- have a special coupon can have free drink at the reception.

(A) which
(B) that
(C) whom
(D) whose

〈先行詞＋関係代名詞〉とそのあとに続く形の組み合わせに注目しましょう。関係代名詞の直後に置く動詞は，先行詞に対応した形を選びましょう。また，先行詞に形容詞の最上級やallなどが含まれる場合はthatを選びます。関係代名詞の前に前置詞がくる場合もあります。

答え合わせが終わったら，音声に合わせて英文を音読しましょう。

1. (A)

英文の訳　割引セールが毎週金曜日に行われることを知っている，この薬局の客のほとんどは毎週やってくる。

解説　選択肢には動詞knowのさまざまな形が並んでいるので，適切な動詞の形を選ぶ問題だとわかります。空所直前の主格の関係代名詞whoの先行詞がthis drugstoreではなく，Most customersであることが見抜けるかがポイントです。空所にはmost customersという複数形の名詞に呼応する動詞の（A）knowが入ります。ほかの選択肢は（B）動詞（3単現のs）「知っている」（C）動名詞「知っていること」・現在分詞「知っている」（D）過去分詞「知られた」。

2. (C)

英文の訳　私たちは，乗客のほとんどがとても満足しているRSエアラインを強く勧める。

解説　選択肢にはさまざまな関係代名詞が並んでいます。空所の後ろには主語passengers＋動詞are satisfied があり，文の要素は欠けていません。この問題はbe satisfied withのwithが関係代名詞の前に出た形だと見抜けるかがポイントです。withの目的語になる関係代名詞なので，目的格の関係代名詞の（C）whichが正解です。ほかの選択肢は（A）関係代名詞（所有格）（B）関係代名詞（主格・目的格）（D）先行詞をとらない関係代名詞（主格・目的格）。ちなみに（B）thatは〈前置詞＋関係代名詞〉の形では使えません。

3. (A)

英文の訳　ロン夫妻は，この建物を結婚式のために利用した最初のカップルである。

解説　選択肢にはさまざまな関係代名詞が並んでいます。空所直後にtookという動詞があることから，空所には主格の関係代名詞が入るとわかります。選択肢の中で先行詞に人をとれる主格の関係代名詞は（A）thatだけなので，これが正解です。ちなみに，空所の前のthe first coupleが先行詞でthe firstがあるため，関係代名詞にthatが好まれる典型的な例です。ほかの選択肢は（B）人を先行詞とする関係代名詞（目的格）（C）人以外を先行詞とする関係代名詞（主格・目的格）（D）先行詞をとらない関係代名詞（主格・目的格）。

4. (B)

英文の訳　特別クーポンをもっている参加者は全員，歓迎会で無料の飲み物がもらえる。

解説　選択肢にはさまざまな関係代名詞が並んでいます。空所直後にhaveという動詞があることから，空所には主格の関係代名詞が入るとわかります。選択肢の中で先行詞に人をとれる主格の関係代名詞は（B）thatだけなので，これが正解です。ちなみに，この文でも先行詞にallが含まれているため，関係代名詞にはthatが好まれます。ほかの選択肢は（A）人以外を先行詞とする関係代名詞（主格・目的格）（C）人を先行詞とする関係代名詞（目的格）（D）関係代名詞（所有格）。

NOTE

LESSON 36 関係副詞とは EXERCISE

本冊113ページ

1. JS Island Inc. explained to their client the reason ------- they will increase the budget next year.

(A) where
(B) how
(C) when
(D) why

2. Dora Sportswear is located in the area ------- young tennis players practice.

(A) how
(B) why
(C) when
(D) where

3. This is the ------- Four Kids Agency has been developing in Singapore.

(A) where
(B) way
(C) why
(D) how

4. They stopped operating the delivery service during the period ------- they renovated their building.

(A) when
(B) where
(C) why
(D) how

空所の直前にある名詞＝先行詞と，空所のあとに注目しましょう。空所のあとが完全な文の場合，関係副詞を置きます。関係副詞は先行詞が「理由」ならwhy，「場所」ならwhereというように，適切な組み合わせをしっかり見極めましょう。

ANSWER

答え合わせが終わったら，音声に合わせて英文を音読しましょう。

041

1. (D)

英文の訳 JSアイランド社は，来年の予算を増やす理由を顧客に説明した。

解説 空所の後ろには〈主語they＋他動詞increase＋目的語the budget〉の完全な文が続いています。空所の前のreasonが先行詞なので，これに対応できる関係副詞の（D）whyが正解です。空所に理由を表す関係副詞whyを入れると，the reason why they will increase the budget next year「来年の予算を増やす理由」という名詞のカタマリができ，文意も通ります。ほかの選択肢は（A）場所を表す関係副詞（B）方法を表す関係副詞（C）時を表す関係副詞。

2. (D)

英文の訳 ドーラ・スポーツウェアは若いテニス選手たちが練習をする地域にある。

解説 空所の後ろには〈主語players＋自動詞practice〉の完全な文が続いており，選択肢にはさまざまな関係副詞が並んでいるので，適切な関係副詞を選ぶ問題だとわかります。空所の前のthe areaが先行詞で，「場所」を表すので，これに対応する関係副詞の（D）whereが正解です。空所に場所を表す関係副詞whereを入れると，the area where young tennis players practice「若いテニス選手たちが練習をする地域」という名詞のカタマリができ，文意も通ります。ほかの選択肢は（A）方法を表す関係副詞（B）理由を表す関係副詞（C）時を表す関係副詞。

3. (B)

英文の訳 これが，フォーキッズ・エージェンシーがシンガポールで発展しているやり方である。

解説 空所の直前にtheがあることから，空所には名詞が入るとわかります。よって正解は名詞の（B）way「やり方」です。空所にwayを入れると，the way Four Kids Agency has been developing in Singapore「フォーキッズ・エージェンシーがシンガポールで発展しているやり方」という名詞のカタマリができ，文意も通ります。ちなみに，the wayとhowを入れ替えて使うこともできます。ほかの選択肢は（A）場所を表す関係副詞（C）理由を表す関係副詞（D）方法を表す関係副詞。

4. (A)

英文の訳 彼らは建物を改築する期間，配達サービスの運営をやめた。

解説 空所の後ろには〈主語they＋他動詞renovated＋目的語their building〉の完全な文が続いており，選択肢にはさまざまな関係副詞が並んでいるので，適切な関係副詞を選ぶ問題だとわかります。空所の前のthe periodが先行詞で，「時」を表すので，これに対応する関係副詞の（A）whenが正解です。空所に時を表す関係副詞whenを入れると，the period when they renovated their building「建物を改築する期間」という名詞のカタマリができ，文意も通ります。ほかの選択肢は（B）場所を表す関係副詞（C）理由を表す関係副詞（D）方法を表す関係副詞。

NOTE

関係代名詞と関係副詞のちがい EXERCISE

→本冊115ページ

1. PC Dog Center provides the best training ------- can meet the owners' requests.

(A) that
(B) whatever
(C) where
(D) why

2. Mr. Asher has been assigned to a branch ------- the productivity is low, with the goal of improving it.

(A) who
(B) which
(C) where
(D) when

3. S&H Company will move its office to a district ------- more elderly people live.

(A) which
(B) in which
(C) how
(D) what

4. This is ------- the most sustainable business works in this area.

(A) when
(B) what
(C) how
(D) which

空所の直前にある名詞＝先行詞と，空所のあとに注目しましょう。特に空所のあとが完全な文であれば関係副詞を，不完全であれば関係代名詞を置きます。文末に置くべき前置詞が関係代名詞の前に置かれることもあるので注意しましょう。

ANSWER

答え合わせが終わったら，音声に合わせて英文を音読しましょう。

1. (A)

英文の訳 PCドッグ・センターは飼い主のリクエストに応えられる最高のトレーニングを提供している。

解説 選択肢にはさまざまな関係詞が並んでいるので，適切な関係詞を選ぶ問題だとわかります。空所の後ろには〈助動詞can＋動詞meet＋目的語the owners' requests〉があり，can meetの主語にあたる名詞がないので，空所には主格の関係代名詞が入るとわかります。先行詞は空所直前のthe best trainingという「人以外」を表す名詞で，これに対応する主格の関係代名詞 (A) thatが正解です。ほかの選択肢は (B) 複合関係詞（主格・目的格）「～するもの［こと］は何でも」(C) 場所を表す関係副詞 (D) 理由を表す関係副詞。

2. (C)

英文の訳 アッシャー氏は，改善するという目標をもって，生産性が低い支社に配属された。

解説 選択肢にはさまざまな関係詞が並んでいるので，適切な関係詞を選ぶ問題だとわかります。空所の後ろには〈主語the productivity＋動詞is＋形容詞low〉という完全な文が続いており，空所には関係副詞が入るとわかるので，関係代名詞 (A) whoと (B) whichは消えます。空所直前の名詞a branch「支社」に対応する，「場所」を表す関係副詞の (C) whereが正解です。ほかの選択肢は (A) 人を先行詞とする関係代名詞（主格・目的格）(B) 人以外を先行詞とする関係代名詞（主格・目的格）(D) 時を表す関係副詞。

3. (B)

英文の訳 S&Hカンパニーは，より多くのお年寄りが住んでいる地域に事務所を移転する予定だ。

解説 先行詞が「場所」を表すa districtで，後ろに〈主語people＋動詞live〉があることに注目します。a district「地域」が先行詞なので，「場所」を表す関係副詞のwhereが適当ですが，選択肢の中にはないので，whereの代用ができる (B) in whichが正解です。liveの後ろにあった前置詞inが，関係代名詞の前に移動したパターンです。ほかの選択肢は (A) 人以外を先行詞とする関係代名詞（主格・目的格）(C) 方法を表す関係副詞 (D) 先行詞をとらない関係代名詞（主格・目的格）。

4. (C)

英文の訳 これが，この地域で最も持続可能なビジネスが効果を上げる方法である。

解説 選択肢にはさまざまな関係詞が並んでいます。空所の後ろに〈主語business＋自動詞works〉の完全な文があり，空所の前には先行詞がありません。よって，先行詞がなくても成立する関係副詞の (C) howが正解です。空所に「方法」を表す関係副詞howを入れると，how the most sustainable business works in this area「この地域で最も持続可能なビジネスが効果を上げる方法」という名詞のカタマリができ，文意にも合います。ほかの選択肢は (A) 時を表す関係副詞 (B) 先行詞をとらない関係代名詞（主格・目的格）(D) 人以外を先行詞とする関係代名詞（主格・目的格）。

LESSON 38 比較級・最上級とは EXERCISE

本冊117ページ

1. Which day is ------- for you, Monday or Tuesday?

(A) more convenient
(B) most convenient
(C) as convenient as
(D) convenience

2. The fever hasn't gone down much, but Mr. Sanders seems ------- than yesterday.

(A) good
(B) better
(C) best
(D) worst

3. GP Architecture proposed ------- costs for construction than KS Corporation did.

(A) low
(B) lower
(C) lowest
(D) cheap

4. The new shop is the most ------- in this town and allows for a lot of stock to be displayed.

(A) space
(B) spaces
(C) spacious
(D) spaciously

Tips

空所の近くにあるキーワードに注目しましょう。比較級であればA or Bまたはthanが，最上級であれば冠詞theなどのキーワードがあるはずです。形容詞と副詞で迷った場合は，比較級や最上級の形をはずして，文の形を見極めてから適切な選択肢を選びましょう。

答え合わせが終わったら，音声に合わせて英文を音読しましょう。

1. (A)

英文の訳　月曜日と火曜日のどちらのほうがあなたのご都合がよいですか。

解　説　文末でMonday or Tuesdayと２つの曜日を挙げて，都合のよいほうをたずねているという文脈をつかみましょう。２つの曜日を比べているので，この文脈に合う比較級の（A）more convenient「より都合のよい」が正解です。ほかの選択肢は（B）形容詞covenientの最上級「最も都合のよい」（C）as＋形容詞＋as ～「～と同じくらい都合のよい」（D）名詞「便利さ」。

2. (B)

英文の訳　熱はそれほど下がっていないが，サンダース氏は昨日よりも具合がよさそうだ。

解　説　空所の後ろにthanがあるのがポイントです。thanに対応する比較級が空所に入るとわかります。選択肢のうち比較級は（B）better「より元気な」だけで，「熱はそれほど下がっていないが，昨日よりも」という文脈にも合います。ほかの選択肢は（A）形容詞「よい」（C）good/wellの最上級「最もよい・よく」（D）badの最上級「最も悪い」。

3. (B)

英文の訳　GP建設はKS社よりも低い建設費を提案した。

解　説　空所の後ろにあるthanがポイントです。thanに対応する比較級が空所に入るとわかります。よって比較級の（B）lower「より低い」が正解です。文末のdidはproposedのくり返しを避けたものです。ほかの選択肢は（A）形容詞「低い」（C）形容詞lowの最上級「最も低い」（D）形容詞「安い」。

4. (C)

英文の訳　新しい店はこの街で最も広く，多くの商品を陳列できる。

解　説　空所直前のthe mostがポイントです。the mostの後ろには形容詞か副詞がきますが，空所はisの補語にあたるので形容詞の（C）spacious「広々とした」が正解です。ほかの選択肢は（A）名詞「空間」（B）名詞（複数形）「空間」（D）副詞「広々として」。

NOTE

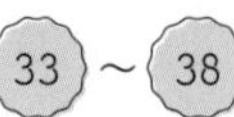
→本冊118～119ページ

1. At the department meeting, Johnny Ross took minutes ------- he later showed to his supervisor.

(A) those
(B) that
(C) whenever
(D) who

2. Security guards at the CLR Graphic Design can only allow people ------- staff IDs are verified to enter the building.

(A) their
(B) what
(C) whose
(D) because

3. Peace Consumer Goods service representatives always direct customer complaints to the person ------- can best handle the issue.

(A) when
(B) who
(C) they
(D) in which

4. Night Sky Museum gives out free passes to students ------- schools bring them to visit on field trips.

(A) whose
(B) so
(C) whomever
(D) that's

ANSWER

答え合わせが終わったら，音声に合わせて英文を音読しましょう。

1. (B)

英文の訳　部署の会議で，ジョニー・ロスはあとで上司に見せる議事録をとった。

解説　空所直前の名詞minutesと，空所の後ろに続く文が不完全な文（動詞showedに続く目的語がない）なのがポイント。空所の後ろには〈主語he＋動詞showed〉があり，showedの目的語がないことから，空所には目的格の関係代名詞が入るとわかります。先行詞は空所の前にあるminutesで「人以外」なので，「人以外」を受けることのできる目的格の関係代名詞である（B）thatが正解です。ほかの選択肢は（A）代名詞「それら」・形容詞「それらの」（C）複合関係詞「～するときはいつでも」（D）人を先行詞とする関係代名詞（主格・目的格）。

重要語句　□minutes　議事録　□supervisor 上司

---

2. (C)

英文の訳　CLR グラフィックデザインの警備員は，社員証が照合できた人だけ建物に入るのを許可することができる。

解説　空所直前の名詞peopleと，空所の後ろに冠詞や代名詞が付いていない名詞staff IDsと動詞are verifiedがあるのがポイントです。peopleを先行詞として，staff ID'sを修飾できる所有格の関係代名詞（C）whoseが正解です。ほかの選択肢は（A）代名詞（所有格）「彼らの」（B）先行詞をとらない関係代名詞（主格・目的格）（D）接続詞「～するので」。

重要語句　□security guard　警備員　□verify　～を照合する

---

3. (B)

英文の訳　ピース日用品店のサービス担当者はいつも，問題を最も適切に扱うことができる人に，客からの苦情をまわす。

解説　空所の後ろに動詞can best handleとその目的語the issueがありますが，主語がないので，空所には主格の関係代名詞が入るとわかります。先行詞は空所の前のthe personで「人」なので，「人」を受ける主格の関係代名詞である（B）whoが正解です。ほかの選択肢は（A）時を表す関係副詞・接続詞「～する時」（C）代名詞（主格）「彼らは」（D）前置詞＋人以外を先行詞とする関係代名詞。

重要語句　□representative　係員，担当　□direct　～を差し向ける，送る
□complaint　苦情　□handle　～を扱う　□issue　問題

---

4. (A)

英文の訳　ナイトスカイ美術館では，遠足で学校が連れてきた学生にフリーパスを配っている。

解説　空所直前の名詞studentsと，空所の後ろに冠詞や代名詞がついていない名詞schoolsと動詞bringがあるのがポイントです。studentsを先行詞として，schoolsを修飾できる所有格の関係代名詞（A）whoseが正解です。ほかの選択肢は（B）副詞「そのように，だから」（C）複合関係代名詞「～するだれにでも」（D）代名詞＋be動詞（isの省略形）「それは～である」。

重要語句　□give out ～　～を配る　□field trip　遠足

→本冊118～119ページ

5. On his first day of work, Charlie Patterson received an employee code of conduct ------- explained major office rules of the firm.

(A) it
(B) they
(C) for which
(D) that

6. Arnold Gruden became superintendent of the school district on the day ------- Ms. Lynn retired.

(A) why
(B) what
(C) that
(D) when

7. The board reviewed the important parts of the contract draft ------- prices and schedules were outlined.

(A) they
(B) those
(C) how
(D) where

8. The clerk at the front desk will help you with ------- you need.

(A) whoever
(B) wherever
(C) whatever
(D) however

5. (D)

英文の訳 働き出した初日に，チャーリー・パターソンは，会社の主な規則を説明した社員用行動規範を受け取った。

（解 説） 空所の後ろに動詞explainedとその目的語major office rules of the firmがありますが，主語がないので，空所には主格の関係代名詞が入るとわかります。先行詞は空所の前のan employee codeで「人以外」なので，「人以外」を受けることのできる主格の関係代名詞である(D) that が正解です。ほかの選択肢は (A) 代名詞（主格・目的格）「それは，それを」(B) 代名詞（主格）「彼らは」(C) 前置詞＋人以外を先行詞とする関係代名詞（目的格）。

重要語句 ☐employee 従業員 ☐code of conduct 行動規範

6. (D)

英文の訳 アーノルド・グルーデンはリン氏が退職したその日に，学区の最高責任者になった。

（解 説） 選択肢にはさまざまな関係詞が並んでいます。空所の後ろに〈主語Ms. Lynn＋自動詞retired〉の完全な文が続いているのがポイントです。空所の前のthe dayが先行詞なので，これに対応できる関係副詞の (D) whenが正解です。空所に時を表す関係副詞whenを入れると，the day when Ms. Lynn retired「リン氏が退職した日」という名詞のカタマリができ，文意も通ります。ほかの選択肢は (A) 理由を表す関係副詞 (B) 先行詞をとらない関係代名詞（主格・目的格）(C) 関係代名詞（主格・目的格）。

重要語句 ☐superintendent 最高責任者 ☐district 地区 ☐retire 退職する

7. (D)

英文の訳 理事会は，価格と日程が説明された契約書の草案の大切な部分を見直した。

（解 説） 空所の後ろには主語prices and scheduledと述語動詞（受動態）were outlinedの完全な文が続いているのがポイントです。関係副詞の (C) howか (D) whereが空所に入る候補ですが，先行詞のthe important parts of the contract draftは価格と日程が説明された「場所」と考えられるので，場所を表す関係副詞の (D) whereが正解です。ほかの選択肢は (A) 代名詞「彼らは」(B) 代名詞「それら」・形容詞「それらの」(C) 方法を表す関係副詞。

重要語句 ☐review ～を見直す ☐contract 契約 ☐draft 草案
☐outline ～の概略を示す

8. (C)

英文の訳 フロントの係員が，あなたの必要とすることは何でもお手伝いします。

（解 説） 選択肢にはさまざまな複合関係詞が並んでいます。先行詞がなく，空所の後ろに〈主語you＋動詞need〉があり，他動詞needの目的語が欠けている不完全な文なのがポイントです。空所に複合関係代名詞の (C) whateverを入れると，whatever you need「あなたの必要とするどんなことでも」という名詞のカタマリができ，needの目的語として機能し，文意も通ります。ほかの選択肢は (A) 複合関係詞（主格）「～する人ならだれでも」(B) 複合関係詞「～する場所ならどこでも」(D) 複合関係詞「どんなに～しても」。

重要語句 ☐clerk フロント係，店員 ☐front desk 受付，フロント

9. The severe snowstorm is the reason ------- all flights from the airport have been temporarily delayed.

(A) why
(B) when
(C) then
(D) so

10. The new photocopier must be installed in a place ------- it won't block any office hallway.

(A) because
(B) where
(C) why
(D) so much

11. Mr. Gunn was given a new cost control task ------- he was well suited to handle.

(A) that
(B) in those
(C) whatever
(D) what

12. D&M Industries always welcomes recruits ------- are familiar with cutting-edge systems and technologies.

(A) they
(B) who
(C) in which
(D) those

9. (A)

英文の訳　激しい吹雪が，空港から出るすべての便が一時的に遅れている原因です。

解説　空所直前に名詞the reasonがあり，空所の後ろが完全な文なのがポイントです。the reasonを先行詞として修飾し，後ろに完全な文が置ける，理由を表す関係副詞の（A）whyが正解です。ほかの選択肢は（B）時を表す関係副詞（C）副詞「そのとき，その次に」（D）副詞「そのように，だから」。

重要語句　□severe　激しい，厳しい　□snowstorm　吹雪　□temporarily　一時的に　□delay　～を遅らせる

10. (B)

英文の訳　新しいコピー機はオフィスの廊下をふさがない場所に設置されなければならない。

解説　空所直前に名詞placeがあり，空所の後ろが完全な文なのがポイントです。placeを先行詞として修飾し，後ろに完全な文が置ける，場所を表す関係副詞の（B）whereが正解です。ほかの選択肢は（A）接続詞「～なので」（C）理由を表す関係副詞（D）副詞句「非常に」。

重要語句　□photocopier　コピー機　□install　～を設置する　□hallway　廊下

11. (A)

英文の訳　ガン氏は，彼が扱うのに適任な新しい費用管理の任務を与えられた。

解説　空所直前に名詞taskがあり，空所の後ろに他動詞handleの目的語がない不完全な文が続いているのがポイントです。taskを先行詞とする目的格の関係代名詞である（A）thatが正解です。ほかの選択肢は（B）前置詞＋代名詞「それらの中に」（C）複合関係詞「～するものは何でも」（D）先行詞をとらない関係代名詞（主格・目的格）。

重要語句　□task　任務　□suited　適した　□handle　～を扱う

12. (B)

英文の訳　D&M 産業は，最先端のシステムや技術にくわしい新入社員を常時歓迎している。

解説　空所直前の名詞recruitsと，空所直後に動詞areがあり，主語がないのがポイントです。先行詞はrecruits「新入社員」で「人」なので，「人」を受ける主格の関係代名詞（B）whoが正解です。ほかの選択肢は（A）代名詞（主格）「彼らは」（C）前置詞＋人以外を先行詞とする関係代名詞（D）代名詞「それら」・形容詞「それらの」。

重要語句　□industry　産業　□recruit　新入社員　□cutting-edge　最先端の　□technology　技術

LESSON 39 接続副詞とは EXERCISE

→本冊121ページ

East Coast Car Rental

Reserve your next rental vehicle with East Coast Car Rental. We have only recent -------(1.) in excellent condition. East Coast Car Rental offers the lowest daily rental rates in the industry. -------(2.), our agreement with Carter Petroleum provides East Coast Car Rental customers with a five percent discount on all fuel purchases. -------(3.). We have offices at all major domestic and international airports. Alternatively, you can take -------(4.) of our vehicle delivery service for a small additional fee. There are substantial discounts for rental periods over one week. Speak with our helpful rental agents to learn more.

1. (A) publications
(B) models
(C) fashions
(D) albums

2. (A) Nevertheless
(B) Otherwise
(C) Furthermore
(D) In the meantime

3. (A) All customer service inquiries are handled through the Web site.
(B) East Coast Car Rental now offers electric vehicles exclusively.
(C) Our customers don't mind paying a little more for excellent service.
(D) This is why East Coast Car Rental is Seattle's largest vehicle rental agency.

4. (A) advantage
(B) advantageous
(C) advantageously
(D) advantaged

長文穴埋め問題（Part 6）の中には，これまで練習してきた短文穴埋め問題（Part 5）と同じように，空所の直前直後に大きなヒントがある問題が出題されます。ただし，接続副詞を選ぶ問題は，前後の文に注目することが重要です。文脈を理解して，適切な接続副詞を選びましょう。

答え合わせが終わったら，音声に合わせて英文を音読しましょう。

1. (B)

解説 空所を含む文では，イーストコースト自動車レンタルが取り扱っている商品・サービスを説明していると考えられます。形容詞recent「最近の」のあとに置いて，文脈に合う名詞は(B) models「モデル」です。ほかの選択肢は（A）名詞「出版物」（C）名詞「流行」（D）名詞「アルバム」で，どれもレンタカーの文脈に合いません。

2. (C)

解説 空所の前では「レンタル料金が最安である」ことを述べており，空所のあとでは「燃料購入料金の５パーセントが割引される」と述べています。よって，「さらに」と類似の情報を追加で述べる際に用いる（C）Furthermoreが空所に入ると判断できます。ほかの選択肢は（A）接続副詞「それにもかかわらず」(B) 接続副詞「そうでなければ」(D) 副詞句「その間に」。

3. (D)

解説 空所の前まではイーストコースト自動車レンタルのサービス内容や料金，利点に関して述べています。この文脈に合うのは（D）This is why East Coast Car Rental is Seattle's largest vehicle rental agency.「これが，イーストコースト自動車レンタルがシアトル最大の自動車レンタル店である理由です。」です。ほかの選択肢は（A）「すべてのカスタマーサービスへのお問い合わせは，ウェブサイトを通して処理されます。」(B)「イーストコースト自動車レンタルは現在，もっぱら電気自動車を提供しています。」(C)「当社のお客さまは，すばらしいサービスに対して少々多めに支払うことを気にしません。」

4. (A)

解説 空所の前に他動詞takeがあることから，空所には目的語となる名詞が入るとわかります。選択肢の中で名詞は（A）advantageだけなので，これが正解です。また，空所の前のtakeと空所直後のofを見て，take advantage of ～「～を利用する」という熟語を思いつけば，すぐに正解を選べます。ほかの選択肢は（B）形容詞「有利な」（C）副詞「有利に」（D）形容詞「恵まれた」。

英文の訳

イーストコースト自動車レンタル

次回はイーストコースト自動車レンタルでレンタカーを予約してください。当社は，状態のよい最近のモデルのみをご用意しております。イーストコースト自動車レンタルは，業界最安値の１日レンタル料金をご提示しています。さらに，カーター・ペトロレアムとの提携によって，イーストコースト自動車レンタルをご利用のお客さまには，すべての燃料購入の際に５％の割引が適用されます。これが，イーストコースト自動車レンタルがシアトル最大の自動車レンタル店である理由です。当社はすべての主要な国内空港・国際空港に営業所を有しています。それ以外にも，少額の追加料金で，自動車配送サービスをご利用いただくこともできます。1週間を超えるレンタル期間に対しては，大幅な割引がございます。くわしくは，当社の頼れるレンタル係員にご相談ください。

文挿入問題のポイント EXERCISE

→本冊123ページ

NOTICE

Are you an amateur artist hoping to sell your work? Every year, Barkworth City Gallery holds an exhibition of one local amateur artist's paintings. -------**1.** . We -------**2.** applications between June 1 and June 19. Please call us at 241-555-1129 to apply for it. Applicants must upload a high-resolution digital -------**3.** . Last year we selected Red Rafter. Mr. Rafter sold many of his works and accepted an invitation to collaborate on a project with Tim Mush and Claire Hart. He is now painting full-time at -------**4.** studio in Auckland.

1. (A) Thank you for attending our recent show.
(B) The exhibition will be held in early September this year.
(C) We have already chosen this year's artist.
(D) This month's show was also a big success.

2. (A) accepted
(B) were accepted
(C) are accepting
(D) have accepted

3. (A) portfolio
(B) message
(C) recording
(D) device

4. (A) our
(B) my
(C) your
(D) their

Tips 文挿入問題は，4つの選択肢の文中にある，the / this / we などの指示語や代名詞に注目して，空所の前の文との関連性をチェックしましょう。選択肢の中には，本文に出てきている単語を使っているものもありますが，内容が適切かどうかをていねいに確認してください。

ANSWER

答え合わせが終わったら，音声に合わせて英文を音読しましょう。

1. (B)

解説 空所の前ではアマチュアアーティストに向けた「毎年開催する展覧会」を案内しています。空所**1.** から２つあとの文で電話での応募を促しているので，展覧会はこれから開催されるとわかります。この文脈に合うのは (B) The exhibition will be held in early September this year.「今年は，その展覧会は９月上旬に開催される予定です。」です。空所の前の文で登場したan exhibitionが，(B) ではThe exhibitionと定冠詞を伴って表現されている点も大きなヒントになります。ほかの選択肢は (A)「最近の展覧会にご参加いただきありがとうございます。」(C)「私たちはすでに今年のアーティストを選びました。」(D)「今月の展覧会も大成功でした。」

2. (C)

解説 選択肢には動詞acceptの変化した形が並んでいます。空所のあとで，申し込むには電話するように指示していることから，application「申し込み」は現在も受付中であると判断できます。よって，現在進行形の (C) are accepting「受け付けている」が正解です。ほかの選択肢は (A) 動詞（過去形）「受け付けた」・過去分詞「受け付けられた」(B) be動詞（過去形）＋過去分詞「受け付けられた」(D) have＋過去分詞（現在完了形）「受け付けたことがある，受け付けている，受け付けた」。

3. (A)

解説 絵画の展覧会への申し込みに際して提出が求められているものなので，「絵画」に関わるものが空所に入ると推測できます。選択肢の中では (A) portofolio「作品集」が最適です。空所の前のa high-resolution digital「解像度が高いデジタルの」という形容詞とも意味が合うので，これが正解です。ほかの選択肢は (B) 名詞「メッセージ」(C) 名詞「録音」(D) 名詞「装置」。

4. (D)

解説 空所の前の文に出てくる登場人物３人の関係に注目します。この文の主語Heは前文の主語Mr. Rafterで，Mr. RafterはTim MushとClaire Hartという２人の人物から共同プロジェクトに招待されたとあります。この文脈を踏まえると，He（Mr. Rafter）はTim MushとClaire Hartとともに活動していると考えられるので，空所にはTim Mush and Claire Hartを受ける代名詞の (D) their「彼らの」を入れるのが適切だと判断できます。ほかの選択肢は (A) 代名詞（所有格）「私たちの」(B) 代名詞（所有格）「私の」(C) 代名詞（所有格）「あなたの」。

英文の訳

お知らせ

あなたは自分の作品を売りたいと思っているアマチュアアーティストですか。毎年，バークワース市立美術館は，地元のアマチュアアーティスト１名の絵画の展覧会を開催しています。今年は，その展覧会は９月上旬に開催される予定です。６月１日から６月19日の間，応募を受け付けています。展覧会に応募するには，241-555-1129までお電話ください。応募者は，解像度の高いデジタルポートフォリオをアップロードする必要があります。昨年，私たちはレッド・ラフター氏を選びました。ラフター氏は作品を数多く売り，ティム・マッシュ氏とクレア・ハート氏との共同プロジェクトへの誘いを受け入れました。彼は現在，オークランドにある彼らのスタジオで，フルタイムで絵を描いています。

模擬試験

→本冊124ページ

1. Families always return home with a great ------- of their visit to LIB Amusement Park.

(A) memory
(B) memorize
(C) memorable
(D) memorably

2. The board of directors had differing opinions on CFO Leo Heartfield's proposal, so a final vote on ------- was set up.

(A) it
(B) them
(C) theirs
(D) us

3. The state authorities decided to issue a travel ------- to drivers because of the worsening weather.

(A) advise
(B) adviser
(C) advisably
(D) advisory

4. This warranty covers the television for a period of two years ------- applies only to internal components.

(A) or
(B) but
(C) not
(D) neither

ANSWER

答え合わせが終わったら，音声に合わせて英文を音読しましょう。

047

1. (A)

英文の訳　家族連れはLIB遊園地を訪れて，いつもすばらしい思い出をつくって帰路につく。

解　説　空所の前にある冠詞aと形容詞greatがポイントです。冠詞と形容詞のあとに置けるのは名詞なので，(A) memory「思い出」が正解です。ほかの選択肢は (B) 動詞（原形）「覚える」(C) 形容詞「記憶に残る，記憶すべき」(D) 副詞「印象深く」。

重要語句　□ return　戻る　□ amusement park　遊園地

2. (A)

英文の訳　取締役会はCFO（最高財務責任者）のレオ・ハートフィールドの提案について異なる意見をもっていたので，その提案についての決選投票が行われた。

解　説　カンマの前までに「提案(proposal)についての取締役会の意見がさまざまである」とあり，空所を含む文は「このproposalについての決選投票をする」という趣旨であることをまずつかみます。この文脈から空所にはproposalという単数名詞を言いかえた表現が入るとわかるので，単数を受ける代名詞の (A) itが正解です。ほかの選択肢は (B) 代名詞（目的格）「彼らに［を］」(C) 所有代名詞「彼らのもの」(D) 代名詞（目的格）「私たちに［を］」。

重要語句　□ board of directors　取締役会　□ differing　異なる　□ opinion　意見　□ proposal　提案　□ vote　投票

3. (D)

英文の訳　悪化する天候のため，州当局は車を運転する人に向けて旅行注意情報を出すことを決めた。

解　説　空所の前にある他動詞issueがポイントです。「～を出す」という意味の他動詞なので，後ろに目的語として名詞が入ります。travelと組み合わせて「旅行注意情報」という意味になる (D) advisory「勧告，注意報」が適切です。ほかの選択肢は (A) 動詞（原形）「助言する」(B) 名詞「助言者」(C) 副詞「賢く，道理にかなって」。

重要語句　□ state　州　□ authorities　当局　□ issue　～を出す　□ worsen　悪化する

4. (B)

英文の訳　この保証書は2年間このテレビを保証するが，内部機器に限り適用される。

解　説　空所の前で〈主語This warranty＋動詞covers＋目的語the television〉という文が成立しており，空所のあとにappliesという動詞が続いていることから，coversとappliesという動詞をつなぐ接続詞が入ることがわかります。(A) orと (B) butが接続詞ですが，空所前後の文脈の意味を照らし合わせると，空所の前では「テレビは2年間保証」とあり，空所のあとには「内部機器のみ」と保証内容を限定しているので，空所には「しかし」という意味の (B) butが入ります。ほかの選択肢は (A) 接続詞「または」(C) 副詞「～ない」(D) 副詞「～もまた～ない」。

重要語句　□ warranty　保証　□ period　期間　□ apply　適用する　□ internal　内部の

5. Ms. Sally Mack will ------- the work crew that is installing the new lighting system throughout the building.

(A) direction
(B) directly
(C) direct
(D) director

6. Free-bird.com allows users to ------- buy and sell stocks online at their convenience.

(A) digit
(B) digital
(C) digitize
(D) digitally

7. Flower Textiles Co. ------- a new factory outside Dakar that consumes 16.5% less energy than the old one.

(A) been constructed
(B) constructor
(C) to construct
(D) is constructing

8. An increased R&D budget is a major reason ------- SWYW Inc. developed more patents this year.

(A) it's
(B) why
(C) where
(D) for which

5. (C)

英文の訳 サリー・マック氏は建物全体に新しい照明システムを取り付ける作業員のグループに指示する予定だ。

解 説 空所直前の助動詞willがポイントです。助動詞の後ろに置くのは動詞の原形なので，(C) direct「～に指示する」が正解です。ほかの選択肢は (A) 名詞「指示，方向」(B) 副詞「直接的に」(D) 名詞「指示者，指導者，重役」。

重要語句 □crew 班，グループ □install ～を取り付ける

6. (D)

英文の訳 Free-bird.comは，ユーザーたちが自分たちの都合のよいときにオンラインのデジタル方式で株を売り買いすることを可能にしている。

解 説 空所の前の動詞allowsと目的語usersを見て，空所を含む文が〈allow＋人＋to 不定詞〉「人に～するのを許す」という構造をとっていることに気づけるかがポイントです。空所の直前のtoは不定詞のtoですが，そのあとにbuyという動詞があるので，空所にはこの動詞を修飾する副詞である (D) digitally「デジタルで」が入ります。ほかの選択肢は (A) 名詞「数字」(B) 形容詞「デジタルの」(C) 動詞（原形）「デジタル化する」。

重要語句 □stock 株 □at one's convenience ～の都合のよいときに

7. (D)

英文の訳 フラワー繊維社はダカールの外に，古い工場よりエネルギー消費が16.5%少ない新しい工場を建設している。

解 説 空所の前に主語となる会社名があり，空所の後ろには動詞がないので，空所には述語動詞が入ります。選択肢のうち，述語動詞になれるのは現在進行形の (D) is constructingだけです。よって，これが正解です。ほかの選択肢は (A) be動詞（過去分詞）＋過去分詞「建設された」(B) 名詞「建設会社」(C) 不定詞「建設すること，建設するための，建設するために」。

重要語句 □textile 繊維 □outside ～の外に □consume ～を消費する

8. (B)

英文の訳 研究開発予算の増加が，今年SWYW社がより多くの特許を開発したおもな理由だ。

解 説 空所の前で〈主語An increased R&D budget＋動詞is＋補語a major reason〉という文が完結しており，空所の後ろも，〈主語SWYW Inc.＋動詞developed＋目的語more patents〉という完全な文が続いているのがポイントです。この時点で空所に入るのは関係副詞の (B) whyか (C) whereの2つに絞られます。先行詞は空所直前の名詞reasonで，理由を表すので，これに対応する (B) whyが正解です。ほかの選択肢は (A) 代名詞＋be動詞（isの省略形）「それは～である」(C) 場所を表す関係副詞 (D) 前置詞＋関係代名詞。

重要語句 □R&D (Research & Development) 研究開発 □budget 予算 □major おもな □develop ～を開発する □patent 特許

→本冊125ページ

9. The new medicine created by 3B Pharmaceuticals will have to go through ------- tests before being approved for sale.

(A) multiply

(B) multiplier

(C) multiple

(D) multiplicity

10. Triangle Fast Burgers ------- its new Wonder Meal Set nearly nine months ago, but only began to profit substantially from it this quarter.

(A) releases

(B) will release

(C) released

(D) releasing

11. DW Plastics has raised its output ------- August, when a large number of new orders were received.

(A) as

(B) unless

(C) without

(D) since

12. THX Motors Co. ------- about four million cars, trucks, and other vehicles by the end of the year.

(A) manufacture

(B) to manufacture

(C) will have manufactured

(D) has been manufacturing

9. (C)

英文の訳 3B製薬によってつくられた新薬は，販売が許可される前に多数の試験を受けなければならないだろう。

解説 空所直前の句動詞go throughと空所直後の名詞testsがポイントです。空所には句動詞go throughの目的語である名詞のtestsを修飾する形容詞が入るとわかります。よって正解は形容詞の（C）multiple「多数の」です。ほかの選択肢は（A）動詞（原形）「掛け算をする」（B）名詞「乗数」（D）名詞「多様性」。

重要語句 □medicine 薬品 □create ～をつくる □pharmaceutical 調剤，薬剤

10. (C)

英文の訳 トライアングル・ファスト・バーガーズは約９か月前にワンダーミールセットを発売したが，この四半期でやっとその実質的な利益が出始めた。

解説 まずはbutより前の空所を含む文の構造をつかみましょう。空所の前には主語Triangle Fast Burgersがあり，空所の後ろには動詞がないので，空所には述語動詞が入るとわかります。空所を含む文の後半のnearly nine months agoが時制をきめる際のポイントです。～agoという明らかに過去を示す表現があるので，過去形の（C）released「～を発売した」が正解です。ほかの選択肢は（A）動詞（３単現のs）「～を発売する」（B）助動詞＋動詞（原形）「～を発売する予定だ」（D）名詞「解放」・動名詞「発売すること」・現在分詞「発売している」。

重要語句 □profit 利益を得る □substantially 実質的に

11. (D)

英文の訳 DWプラスティックスは，大量の新規発注を受けた８月以来，増産している。

解説 空所の前にある現在完了形の動詞has raisedと，空所直後の名詞Augustがポイントです。名詞の前に置けて，現在完了形とも合う前置詞の（D）since「～以来」が正解です。ほかの選択肢は（A）接続詞「～なので，～のように」・前置詞「～として」（B）接続詞「～でない限り」（C）前置詞「～なしに」。

重要語句 □raise ～を増加させる，～を上げる □output 生産（高）・産出（量）
□receive ～を受け取る，～を受ける

12. (C)

英文の訳 THXモーターズ社は年末までに，自動車，トラック，その他の車両を約400万台生産しているだろう。

解説 空所の前には会社名で主語のTHX Motors Co.がありますが，空所の後ろには動詞がないので，空所には述語動詞が入るとわかります。文末にある「時」を表す表現by the end of the yearが時制を決定する際のポイントです。この表現と合う未来完了形の（C）will have manufactured「～の生産を済ませているだろう」が正解です。ほかの選択肢は（A）動詞（原形）「～を生産する」（B）不定詞「生産すること，生産するための，生産するために」（D）has＋be動詞（過去分詞）＋現在分詞（現在完了進行形）「（これまで）～を生産してきている」。

重要語句 □million 100万 □vehicle 乗り物，車両

→本冊125ページ

13. Fighters Watch Co. customer service representatives are standing by to provide assistance ------- customers need it.

(A) who

(B) why

(C) whichever

(D) whenever

14. The shops of York Paris Shoes produced a ------- effect by diffusing their original aroma on the premises.

(A) please

(B) pleased

(C) pleasing

(D) pleasure

15. The executives of Dream Technology ------- outsourcing some non-core functions of the firm.

(A) to discuss

(B) discussion

(C) discusses

(D) have been discussing

13. (D)

英文の訳 ファイターズ・ウォッチ社の顧客サービス担当者たちは，顧客が必要なときにいつでも手助けをするために待機している。

解　説 選択肢にはさまざまな関係詞が並んでいます。空所の後ろに〈主語customers＋動詞need＋目的語it〉という完全な文がきているのがポイントです。後ろに完全な文を置けるのは関係副詞の（B）whyか複合関係詞の(D) wheneverですが，文脈から「～なときはいつでも」という意味の（D）wheneverが正解です。ほかの選択肢は（A）人を先行詞とする関係代名詞（主格）(B) 理由を表す関係副詞（C）複合関係代名詞「～するものはどれでも」。

重要語句 □customer　顧客　□representative　担当者　□provide　～を提供する
□assistance　手助け

14. (C)

英文の訳 ヨーク・パリ・シューズの店舗では，店内にオリジナルアロマをまくことで心地よい効果を生み出した。

解　説 空所の前に冠詞aがあり，後ろにeffectという名詞があることから，空所には名詞を修飾する語が入るとわかります。選択肢の中で名詞を修飾できるのは，過去分詞の（B）pleasedと現在分詞の（C）pleasingです。ここで，名詞effectとpleaseの関係に注目するのがポイントです。effect「効果」が「心地よくする」という能動の関係であることから，空所には現在分詞の（C）pleasingが入ります。ほかの選択肢は（A）動詞（原形）「～を心地よくする」(B) 動詞（過去形）「～を心地よくした」・過去分詞「心地よくされた」(D) 名詞「喜び」。

重要語句 □produce　～を生み出す　□effect　効果　□diffuse　（気体など）を発散する
□premises　構内，店舗

15. (D)

英文の訳 ドリーム・テクノロジーの重役たちは，会社の中核ではない機能のいくつかを外注することを検討している。

解　説 空所の前には主語The executives of Dream Technologyがありますが，空所の後ろには動詞がないので，空所には述語動詞が入るとわかります。述語動詞として機能できて，複数形の主語（executives）に対応する現在完了進行形の（D）have been discussing「～を（ずっと）検討している」が正解です。ほかの選択肢は（A）不定詞「検討すること，検討するための，検討するために」(B) 名詞「検討，議論」(C) 動詞（３単現のs）「～を検討する」。

重要語句 □executive　重役　□technology　技術　□outsource　～を外注する
□non-core　中核でない　□function　機能

→本冊125～126ページ

16. The warehouse workers ------- products in the warehouse manually until they received equipment to help them.

(A) organize
(B) organization
(C) is organizing
(D) had been organizing

17. Guests at the Sonia Quarta concert are asked to refrain from ------- during her performance.

(A) talked
(B) to talk
(C) talking
(D) have talked

18. The two reporters ------- on the global economy earlier, but had to update their analysis with breaking news.

(A) comment
(B) commentator
(C) is commenting
(D) had commented

19. Shipments to TIL Department store will be paid for only after the company ------- their quality.

(A) verify
(B) to verify
(C) would have verified
(D) has verified

16. (D)

英文の訳　倉庫の作業員たちは，助けになる装置を得るまで，倉庫の商品を手作業で整頓していた。

解　説　空所の前には主語The warehouse workersがありますが，空所の後ろには動詞がないので，空所には述語動詞が入るとわかります。文の後半にあるuntil they receivedが述語動詞の時制を決めるポイントです。過去よりもさらに前に起きたことを表すので，空所には過去完了進行形の（D）had been organizing「（それ以前は）～を整頓していた」が入ります。ほかの選択肢は（A）動詞（原形）「～を整頓する」（B）名詞「組織」（C）be動詞＋現在分詞（現在進行形）「～を整頓している」。

重要語句　□warehouse　倉庫　□manually　手で　□equipment　装置，機器

17. (C)

英文の訳　ソニア・クオータのコンサートの観客は，演奏中の会話は慎むよう求められている。

解　説　空所直前の前置詞fromがポイントです。後ろに置けるのは選択肢の中では動名詞の（C）talking「話すこと」だけです。ほかの選択肢は（A）動詞（過去形）「話した」・過去分詞「話された」（B）不定詞「話すこと，話すための，話すために」（D）have＋過去分詞（現在完了形）「話したことがある，話している，話した」。

重要語句　□refrain from ～　～を控える　□performance　演奏

18. (D)

英文の訳　２人のレポーターはその前に，世界経済についてコメントしていたが，ニュース速報があったことで分析を改めなくてはならなかった。

解　説　まず接続詞but以前の文の構造を考えます。空所の前に主語のThe two reportersがありますが，空所の後ろに動詞がないので，空所には述語動詞が入るとわかります。カンマ直前のearlierとカンマ以降の文にあるbut had to updateが時制を決定する際のポイントです。これらの表現から過去(had to)よりもさらに前に(earlier)起きたことを表すので，空所には過去完了形の（D）had commented「（その前に）コメントしていた」が入ります。ほかの選択肢は（A）動詞（原形）「コメントする」・名詞「コメント」（B）名詞「コメンテーター」（C）be動詞＋現在分詞（現在進行形）「コメントしている」。

重要語句　□economy　経済　□update　～を更新する　□analysis　分析

19. (D)

英文の訳　TILデパートへの発送品は，会社がその品質の確認を済ませてはじめて支払いがされる。

解　説　まず空所の前の文の構造を考えます。冒頭のShipments ... storeが主語，will be paid forが受動態で述語動詞になっており，文が完結しています。after以降の接続詞節内の，空所の前にはthe companyという名詞（主語）があり，後ろにはtheir qualityという名詞（目的語）があるので，空所には述語動詞が入るとわかります。「品質の確認が完了したあと，支払いをする」という文脈から，空所には現在完了形の（D）has verifiedが入ります。ほかの選択肢は（A）動詞（原形）「確かめる」（B）不定詞「確かめること，確かめるための，確かめるために」（C）助動詞＋have＋過去分詞（仮定法過去完了）「確かめただろう」。

重要語句　□shipment　発送品　□quality　品質

→本冊126ページ

20. CIO Bob Halford will take charge of ------- new data security measures at the next committee meeting.

(A) will announce
(B) have announced
(C) announcement
(D) announcing

21. To maintain its reputation, Ambigram Cinema Co. ------- on feedback from guests.

(A) depend
(B) depending
(C) depends
(D) dependent

22. Moment Publishing Co. ------- three floors in a downtown office building for its headquarters for the next seven years.

(A) lease
(B) leases
(C) will be leasing
(D) had leased

23. The national government restated on its Web page that the future of the country ------- to the growth of trade.

(A) to link
(B) linking
(C) is linked
(D) linker

20. (D)

英文の訳 最高情報責任者のボブ・ハルフォードは，次の委員会で新しいデータの安全対策を公表することを担当するだろう。

解 説 空所直前にある前置詞ofと空所の後ろにあるnew data security measuresという名詞がポイントです。選択肢の中で，前置詞の後ろに置けるのは名詞の（C）と動名詞の（D）ですが，空所直後に目的語となる名詞があるので，空所には動名詞の（D）announcing「～を公表すること」が入ります。ほかの選択肢は（A）助動詞＋動詞（原形）「～を公表するだろう」（B）have＋過去分詞（現在完了形）「～を公表したことがある，公表している，公表した」（C）名詞「公表」。

重要語句 ☐CIO（Chief Information Officer） 最高情報責任者
☐take charge of ～ ～を担当する ☐measures 対策，手段 ☐committee 委員会

21. (C)

英文の訳 評判を保つため，アンビグラム・シネマ社は客の反応を頼りにしている。

解 説 空所の前に主語になる名詞Ambigram Cinema Co.がありますが，空所の後ろには動詞がないので，空所には述語動詞が入るとわかります。この時点で（A）dependと（C）dependsの2つに選択肢が絞れますが，主語のAmbigram Cinema Co.は会社名で単数扱いをすることから，3単現のsのついた（C）dependsが正解になります。ほかの選択肢は（A）動詞（原形）「頼る」（B）動名詞「頼ること」・現在分詞「頼っている」（D）形容詞「依存した」。

重要語句 ☐maintain ～を保つ ☐reputation 評判 ☐feedback 反応，意見

22. (C)

英文の訳 モーメント出版社は今後7年間，中心街にあるオフィスビルの3フロアを本社用に借りる予定だ。

解 説 空所の前に主語になる名詞Moment Publishing Co.がありますが，空所の後ろには動詞がないので，空所には述語動詞が入るとわかります。文末にある「未来の期間」を表すfor the next seven yearsが時制を決定する際のポイントです。この表現に対応する，未来を表す（C）will be leasing「～を借りているだろう」が正解です。ほかの選択肢は（A）動詞（原形）「～を借りる，貸す」・名詞「賃貸借」（B）動詞（3単現のs）「～を借りる，貸す」（D）had＋過去分詞（過去完了形）「～を借りていた，貸していた」。

重要語句 ☐downtown 中心街 ☐headquarters 本社

23. (C)

英文の訳 政府はウェブページで，国の将来は貿易成長と結びついていると改めて述べた。

解 説 空所を含む文はthatに導かれる名詞のカタマリで，restatedの目的語になっています。その前提で考えると，空所の前にthe future of the countryという主語があり，空所の後ろに動詞がないので，空所にはthat節内の述語動詞となるものが入るとわかります。よって，述語動詞になれる受動態の（C）is linked「結びつけられている，結びついている」が正解です。ほかの選択肢は（A）不定詞「結びつけること，結びつけるための，結びつけるために」（B）動名詞「結びつけること」・現在分詞「結びつけている」（D）名詞「結びつける人［もの］」。

重要語句 ☐government 政府 ☐restate ～を再び述べる ☐growth 成長 ☐trade 貿易

24. The maintenance team ------- all of its machines and tools when its work shift ended for the day.

(A) collect
(B) collection
(C) collecting
(D) collected

25. M&B Hotel may soon ------- its reservation process, since some customers have found it too complex.

(A) simple
(B) simply
(C) simplify
(D) simplification

26. Joyce Sharman ------- her recent presentations with images and statistics on the southern and east coast markets.

(A) illustrator
(B) to illustrate
(C) has been illustrating
(D) to be illustrated

27. As head of YWA Consulting, Steven Li gave the keynote address at the conference, ------- the opening speech.

(A) not yet
(B) as well as
(C) not only
(D) if not

24. (D)

英文の訳　保守チームはその日の勤務が終わったときに，機械や道具のすべてを回収した。

解　説　接続詞whenより前の，空所を含む文の構造を考えます。文頭に主語となる名詞のThe maintenance teamがありますが，空所のあとには動詞がないので，空所には述語動詞が入るとわかります。後半のwhen its work shift endedが述語動詞の時制を決める際のポイントです。when節の動詞がendedという過去形なので，時制の一致により空所にも過去形の動詞が入るため，過去形の（D）collected「～を回収した」が正解です。ほかの選択肢は（A）動詞（原形）「～を回収する」(B) 名詞「回収，収集品」(C) 動名詞「回収すること」・現在分詞「回収している」。

重要語句　□maintenance　保守管理　□shift　勤務のシフト

25. (C)

英文の訳　M&Bホテルは，一部の利用客が複雑すぎると感じているので，近々予約の手順を簡素化するだろう。

解　説　空所の前にある助動詞mayがポイントです。助動詞に続くのは動詞の原形なので，（C）simplify「～を簡単にする」が正解です。ちなみにsoonは副詞で，助動詞と動詞の間に挟んで置くことができるので注意しましょう。ほかの選択肢は（A）形容詞「単純な」(B) 副詞「単純に」(D) 名詞「単純化」。

重要語句　□reservation　予約　□process　手順，方法　□complex　複雑な

26. (C)

英文の訳　ジョイス・シャーマンは，南部と東部の海岸市場の画像と統計を用いて最近のプレゼンテーションをわかりやすく説明している。

解　説　空所の前に主語となる人名のJoyce Sharmanがありますが，空所の後ろには動詞がないので，空所には述語動詞が入るとわかります。選択肢の中で，述語動詞になれるのは現在完了進行形の（C）has been illustrating「（これまで）～をわかりやすく説明している」だけなので，これが正解です。ほかの選択肢は（A）名詞「イラストレーター」(B) 不定詞「わかりやすく説明すること，わかりやすく説明するための，わかりやすく説明するために」(D) 不定詞to＋be動詞＋過去分詞「わかりやすく説明されること，わかりやすく説明されるための，わかりやすく説明されるために」。

重要語句　□recent　最近の　□presentation　プレゼンテーション　□statistics　統計
□coast　海岸

27. (B)

英文の訳　YWAコンサルティングの長として，スティーブン・リーは，会議の開会のあいさつとともに，基調講演をした。

解　説　空所の前のkeynote addressと，空所の後ろのopening speechがポイントです。文脈に適する（B）as well as「～に加えて」が正解です。同等の意味を表す名詞句がas well asによって並列されています。(C) not only「～だけでなく」を使って並列を表すにはbut（also）と組み合わせる必要があります。ほかの選択肢は（A）「まだ～ではない」(D)「～ではないにせよ」。

重要語句　□keynote address　基調講演　□conference　会議

→本冊127ページ

28. Sam Burns was certainly in -------, since he was able to get the final print copy of *World Top Business Magazine* at the newsstand.

(A) luck
(B) lucky
(C) luckiness
(D) luckily

29. Several staff members are going to straighten up the conference room before the attendees -------.

(A) arrive
(B) arrival
(C) will arrive
(D) arrived

30. Employees at SPO Records usually complete all of their projects in a ------- manner.

(A) time
(B) timeliness
(C) timely
(D) timer

28. (A)

英文の訳 サム・バーンズは，売店で最後の1冊の『ワールド・トップ・ビジネス・マガジン』を手に入れることができたので，確実に運がよかった。

解説 空所の前にある前置詞inがポイントです。前置詞のあとには，名詞が入るため，(A) luckか (C) luckinessに絞られますが，be in luckで「運がいい」という意味の表現になるので (A) luckが正解です。ほかの選択肢は (B) 形容詞「運がいい」(C) 名詞「運がいいこと」(D) 副詞「幸運にも」。

重要語句 □certainly 確かに □print copy 印刷物（の一冊）
□newsstand 売店，新聞雑誌売り場

29. (A)

英文の訳 職員の数名が，参加者が到着する前に会議室を整頓する予定だ。

解説 空所の前にあるbefore the attendeesがポイントです。これを〈前置詞＋名詞〉ととると空所が余ります。〈接続詞＋主語〉と考えると，空所には述語動詞が入ります。この文前半の動詞are going to straighten upは未来を表しますが，「～する前」などの時や条件を表す副詞節の中では，未来を表す場合でも現在形を使うので (A) arrive「到着する」が正解です。ほかの選択肢は (B) 名詞「到着」(C) 助動詞＋動詞（原形）「到着する予定だ」(D) 動詞（過去形）・過去分詞「到着した」。

重要語句 □straighten up ～を片付ける，整頓する □conference 会議 □attendee 参加者

30. (C)

英文の訳 SPOレコーズの従業員はたいてい，すべての企画をスケジュール通りに完了する。

解説 空所直前の冠詞aと空所直後の名詞mannerがポイントです。空所にはmannerを修飾する語が入るので，選択肢の中では形容詞の (C) timelyが正解です。in a timely manner「予定に間に合って，迅速に」はTOEIC L&Rテストの頻出熟語なので，このまま覚えておきましょう。ほかの選択肢は (A) 名詞「時間」(B) 名詞「タイミングがよいこと」(D) 名詞「タイマー」。

重要語句 □employee 従業員 □complete ～を完了する □project 企画

本冊128ページ

Belmont Public Library
March 18

Mr. Ryan Wilson
37 Hardey Avenue
Starlight, WI 54025

Dear Mr. Wilson:

I am writing to inform you that the copies of *Sharkbear* and *Homer's Day* that you borrowed from the library on February 20 are now overdue. Please return ------- **31.** as soon as possible. ------- **32.** . The library will be closed between March 19 and March 23 for some minor renovations. ------- **33.** , patrons will be able to return items using the returns chute at the main entrance. You can check whether or not your return has been processed by ------- **34.** the Web site at www.belmontpubliclibrary.org.

Sincerely,

Tilda Day
Assistant Librarian — Belmont Public Library

答え合わせが終わったら，音声に合わせて英文を音読しましょう。

全文の訳

ベルモント公共図書館
3月18日

ライアン・ウィルソン様
ハーデイ大通り37番地
スターライト，WI 54025

ウィルソン様

2月20日にあなたが図書館から借りた『シャークベアー』と『ホーマーズ・ディ』の書籍返却期限が過ぎていることをお知らせするために，私はこの手紙を書いています。できる限り早くそれらの本をご返却ください。ほかの本を借りる前に，5ドルの延滞料金をお支払いいただかなければなりません。図書館は3月19日から3月23日の間，小規模な改装のため閉館される予定です。ですが，ご利用者は正面玄関にある返却ポストを利用して，本を返却することができます。ご自身の返却が受理されたかどうかは，www.belmontpubliclibrary.org.の当館ウェブサイトにアクセスしてご確認いただけます。

敬具

ティルダ・デイ
司書助手 — ベルモント公共図書館

重要語句

- □ inform　～に知らせる
- □ copy　（書籍などの）冊
- □ overdue　期限を過ぎた
- □ minor　小規模な
- □ patron　常連客，（会員登録した）利用者
- □ process　～を処理する
- □ librarian　司書

→本冊128ページ

31.

(A) it
(B) some
(C) neither
(D) them

32.

(A) You must pay a $5 late fee before borrowing any further books.
(B) We have asked the borrower to bring them back at once.
(C) As they are now more than a month late, replacements will be purchased.
(D) You are welcome to keep them as a reminder of your visit.

33.

(A) Moreover
(B) In contrast
(C) However
(D) In addition

34.

(A) accessed
(B) accessing
(C) accessible
(D) access

31. (D)

解 説 選択肢にはさまざまな代名詞が並んでいるので，適切な代名詞を選ぶ問題です。空所のある文の前の文でthe copies of ...「…の書籍」について触れており，これを返却するようにお願いされています。複数形の名詞the copiesを受ける代名詞として適切な（D）themが正解です。ほかの選択肢は (A)「それ」(B)「いくらか」(C)「どちらも～ない」で，どれも代名詞。

32. (A)

解 説 文脈に合う文を挿入する問題です。図書返却の期限切れの通知として自然な文脈になるのは（A）You must pay a $5 late fee before borrowing any further books.「ほかの本を借りる前に，5ドルの延滞料金をお支払いいただかなければなりません。」で，これが正解。文中に書かれた書籍の貸し出し日と手紙の日付を見ると1か月はたっていないので，(C)「それらは現在1か月以上の延滞となっているので，代わりのものが購入されます。」は不適切。ほかの選択肢は（B）「私たちは借り手に，それらをすぐに返すよう頼みました。」(D)「ご自身の訪問を思い出させるものとして，自由にそれらを保管してください。」。

33. (C)

解 説 選択肢には接続副詞や副詞句が並んでいます。文と文をつなぐ適切な語句を選ぶ問題です。空所のある文の前の文で，閉館する期間が述べられていて，本の返却ができないことが示唆されています。しかし，空所の後ろでwill be able to return「返すことができる」という内容がきているので，逆接を表す接続副詞の（C）However「しかしながら」が正解です。ほかの選択肢は(A) 接続副詞「さらに」(B) 副詞句「対照的に」(D) 副詞句「その上」。

34. (B)

解 説 選択肢には動詞accessの変化形や派生語が並んでいます。空所直前に前置詞byがあり，前置詞の後ろには名詞または動名詞を置くことから，動名詞の（B）accessing「～にアクセスすること」が正解です。ほかの選択肢は（A）動詞（過去形）「～にアクセスした」・過去分詞「アクセスされた」(C) 形容詞「アクセス可能な」(D) 動詞（原形）「～にアクセスする」・名詞「アクセス」。

→本冊129ページ

To: Olga Yates <oyates@savagemills.com>
From: Murray Klimt <mklimt@savagemills.com>
Date: August 9
Subject: My trip

Dear Olga,

I will be operating our booth at the Freemantle Engineering Convention next week. It will be ------- (**35.**) from August 13 to August 15. I would like to wear a different color promotional T-shirt each day. I think there are six different colors. I do not need ------- (**36.**) of them. Could you just send me enough for the trip? My size is medium, but I can wear a large if none are available in medium. I am driving up to the Greendale office this afternoon. ------- (**37.**). Please have the shirts delivered to me there, as I may not have time ------- (**38.**) to head office.

Sincerely,

Murray Klimt
Marketing — Savage Mills

全文の訳

受信者：オルガ・イェーツ<oyates@savagemills.com>
送信者：マレー・クリムト<mklimt@savagemills.com>
日付：８月９日
件名：私の出張旅行

オルガ様

私は来週のフリーマントル・エンジニアリング・コンベンションでわが社のブースを運営する予定です。それは８月13日から８月15日まで開催されます。それぞれの日で異なる色の宣伝用のTシャツを着たいと思っています。６つの色があると思います。６色全部は必要ありません。今回の出張に十分な数だけ，私に送っていただけませんか。私のサイズはMサイズですが，もしMサイズが品切れであれば，Lサイズも着られます。私は今日の午後，グリーンデールのオフィスまで車で行く予定です。そこは私が次の３日間滞在するつもりの場所です。本社へ戻る時間がないかもしれないので，そこへ私宛てにシャツを届けてもらえたらと思います。

敬具

マレー・クリムト
マーケティング — サヴェージ・ミルズ

重要語句
- ☐ operate　～を運営する
- ☐ promotional　宣伝のための
- ☐ available　利用できる，入手できる
- ☐ up to ～　～まで
- ☐ head office　本社

本冊129ページ

35.

(A) held

(B) closed

(C) installed

(D) postponed

36.

(A) any

(B) one

(C) more

(D) all

37.

(A) I will be back in our headquarters tomorrow morning.

(B) That is where I will be for the next three days.

(C) I would prefer a small shirt if any are left.

(D) Thank you for suggesting that design.

38.

(A) is returned

(B) returning

(C) to return

(D) has returned

35. (A)

解 説 選択肢にはさまざまな動詞が並んでいます。文脈に合う適切な動詞を選ぶ問題です。空所を含む文の主語であるItは，前文のFreemantle Engineering Convention「フリーマントル・エンジニアリング・コンベンション」というイベントをさします。その主語に合う意味をもつ (A) held「開催された」が正解です。空所直後にあるfrom August 13 to August 15は開催期間を示しており，これも大きなヒントになります。ほかの選択肢は (B)「閉鎖された」(C)「設置された」(D)「延期された」。

36. (D)

解 説 選択肢にはさまざまな名詞や代名詞が並んでいます。文脈に合う適切な名詞または代名詞を選ぶ問題です。空所を含む文の前文で「宣伝のためのTシャツが6色ある」と述べられています。後ろの文では，「十分な数だけ(enough)送ってほしい」と述べており，空所を含む文では「6色すべてはいらない」ということを述べていると推測できます。空所には直前のnotと結びついて，「すべてではない」という意味になる代名詞の (D) allが入るとわかります。ほかの選択肢は (A) 代名詞「どれも」(B) 名詞「1つ」(C) 名詞「より多くのもの」。

37. (B)

解 説 文脈に合う文を挿入する問題です。空所の前の文でGreendale office「グリーンデールのオフィス」という場所が示されており，そのあとの文脈としてふさわしい (B) That is where I will be for the next three days.「そこは私が次の3日間滞在するつもりの場所です。」が正解です。後ろの文で，「そこに (there) 送ってほしい」とあるのも大きなヒントです。(A)「私は明日の朝には本社に戻っているはずです。」は空所のあとの文で「本社へ戻る時間がないかもしれない」と述べていることと矛盾します。ほかの選択肢は (C)「もし残っていたら，私はSサイズのシャツがいいです。」(D)「そのデザインをご提案いただきありがとうございます。」

38. (C)

解 説 適切な動詞の形を選ぶ問題です。空所の直前に〈主語I＋動詞may not have＋目的語(名詞) time〉があり文が成立しているので，空所には述語動詞は入りません。そのあとに置けるのはtimeを修飾する不定詞の形容詞用法 (C) to return「戻るための」だけです。ほかの選択肢は (A) be動詞＋過去分詞 (受動態)「戻された」(B) 動名詞「戻ること」・現在分詞「戻っている」(D) has＋過去分詞 (現在完了形)「戻ったことがある，戻っている，戻った」。

→本冊130ページ

MEMO

To: Housekeeping Staff
From: Mads Peterson
Date: December 12
Subject: New policy

In accordance with the hotel's new environmental policy, we will be trying to cut down on unnecessary washing and drying. ------- **39.**, the hotel has created a small sign for guests to hang on their doorknobs when they do not need towels and mats replaced. If you see this sign, you should leave the towels and mats ------- **40.** where they are when you clean the room. ------- **41.**. The head of housekeeping Ms. Love will answer any questions you may have about the new policy. ------- **42.** is currently in the process of updating the employee manual to include the new information.

答え合わせが終わったら，音声に合わせて英文を音読しましょう。

全文の訳

業務連絡
宛先：客室清掃スタッフ
差出人：マッズ・ピーターソン
日付：12月12日
件名：新しい方針

ホテルの新しい環境保護の方針にしたがい，私たちは不必要な洗濯と乾燥の数を減らす努力をします。したがって，タオルやマットを交換してもらう必要がないときに，宿泊客がドアノブに掛けておくことのできる小さな標示を作成しました。この標示を見たら，客室を掃除するときにタオルやマットは掛かっている状態のままにしておいてください。もちろん，宿泊客がチェックアウトしたあとは，すべてのタオルとマットは取り替えられる必要があります。客室清掃部長のラブさんが，この新しい方針に関してみなさんが抱くいかなる質問にもお答えします。彼女は現在，新しい情報を含めるために，従業員マニュアルの更新作業を進めているところです。

重要語句

- ☐ memo　（社内の）連絡票
- ☐ in accordance with　～にしたがって
- ☐ environmental　環境（保護）の
- ☐ policy　方針
- ☐ cut down on ～　～を減らす
- ☐ replace　～を交換する
- ☐ head　長
- ☐ housekeeping　客室清掃
- ☐ currently　現在
- ☐ update　～を更新する
- ☐ include　～を含む

→本冊130ページ

39.

(A) Therefore
(B) But
(C) Otherwise
(D) Instead

40.

(A) to hang
(B) are hanging
(C) were hung
(D) hanging

41.

(A) Similarly, you should replace all of the room's bed linen.
(B) Naturally, all towels and mats must be replaced after guests check out.
(C) The policy has been in place since the hotel was founded.
(D) We are planning to continue with the old policy because of this survey.

42.

(A) It
(B) Mine
(C) She
(D) Ours

39. (A)

解説 文と文をつなぐ適切な語句を選ぶ問題です。空所の前の文は「不必要な洗濯と乾燥の数を減らす」という内容で，後ろでは「交換してもらう必要がないときに，宿泊客がドアノブに掛けておくことのできる小さな標示を作成した」という展開になっています。よって，自然な文脈になる副詞の（A）Therefore「したがって」が正解です。ほかの選択肢は（B）接続詞「しかし」（C）接続副詞「さもないと」（D）副詞「その代わりに」。

40. (D)

解説 適切な動詞の形を選ぶ問題です。空所の前のyou should leave the towels and matsに注目します。まず，空所の前にこれらの〈主語＋動詞＋目的語〉があるので，空所には述語動詞は入りません。この時点で，（B）are hangingと（C）were hungは消えます。また，〈leave＋もの＋補語（形容詞または分詞）〉「ものを～の状態のままにしておく」という構造に気づけば，空所には現在分詞の（D）hangingが入るとわかります。ほかの選択肢は（A）不定詞「掛けること，掛けるための，掛けるために」（B）be動詞＋現在分詞（現在進行形）「掛かっている」（C）be動詞（過去形）＋過去分詞（受動態）「掛けられた」。

41. (B)

解説 文脈に合う文を挿入する問題です。空所の前の文までで，タオルやマットの交換についての新たな方針が導入され，お客様が標示を出している場合はタオル，マットの交換はせずそのままの状態にしておく，という方針が語られています。この内容に続くものとして適切なのは，お客様のチェックアウト後についての対応を示す（B）Naturally, all towels and mats must be replaced after guests check out.「もちろん，宿泊客がチェックアウトしたあとは，すべてのタオルとマットは取り替えられる必要があります。」で，これが正解です。（A）は「同様に，あなたは客室のベッドリネン類もすべて交換するべきです。」とあり，「交換しない」という文脈に合いません。（C）は「その方針は，ホテルが創設されて以来ずっと実施されています。」という意味ですが，この方針は今回新たに設けられたものなので文脈に合いません。（D）は「この調査により，私たちは古い方針を継続する予定です。」という意味ですが，this survey（この調査）をさす内容が前文までにないので不適切です。

42. (C)

解説 適切な代名詞を選ぶ問題です。空所の前の文で登場しているMs. Love「ラブさん」をさす（C）Sheが正解です。ほかの選択肢は（A）「それ」（B）「私のもの」（D）「私たちのもの」で，どれも代名詞ですが，いずれも文中にさすものがないので不適切です。

Landsborough Times

Local News

(18 January) — On Friday, members of the Landsborough City Council voted in favor of holding a fun run in September. ------- **43.** voted against the idea, explaining that it would be too expensive. Mayor Marg White agreed to wait for a cost-benefit ------- **44.** before making the event permanent.

------- **45.**. In recent years, local accommodation providers and restaurant owners have reported a decrease in profits. ------- **46.**, several of the area's tour companies have had 10 to 12 percent fewer passengers in the last 18 months. The publicity campaign for the event will be designed to attract visitors from surrounding areas. The organizing committee is planning to advertise in newspapers and on local radio stations.

答え合わせが終わったら，音声に合わせて英文を音読しましょう。

051

全文の訳

ランズボロータイムズ

地域のニュース

1月18日――金曜日に，ランズボロー市議会議員たちは，市民マラソンを9月に開催することを賛成多数で可決した。費用がかかりすぎると説明して，その考えに反対票を投じた人もいた。マージ・ホワイト市長は，このイベントを恒例行事とする前に，費用対効果の分析結果を待つことに同意した。

そのイベントは，苦闘中である町の観光部門を強化すると期待されている。近年，地元の宿泊施設の提供者やレストランのオーナーたちは，利益の減少を報告している。同様に，地域の旅行会社のいくつかは，過去18か月間，旅行客の数が10～12パーセント減少していた。このイベントの広報キャンペーンは，周辺の地域から訪問者を呼び込むよう企画される。組織委員会は，新聞や地域のラジオ局で宣伝する計画を立てている。

重要語句

- ☐ city council　市議会
- ☐ vote　投票する，採決する
- ☐ in favor of ～　～に賛成して
- ☐ fun run　市民マラソン
- ☐ against　～に反対して
- ☐ explain　～を説明する
- ☐ mayor　市長
- ☐ agree　賛成する
- ☐ permanent　恒久的な，永続する
- ☐ accommodation　宿泊施設
- ☐ passenger　乗客，旅行客
- ☐ publicity　広報
- ☐ design　～を考案する，企画する
- ☐ attract　～を呼び込む，引きつける
- ☐ surrounding　周辺の
- ☐ organizing committee　組織委員会
- ☐ advertise　宣伝する

→本冊131ページ

43.

(A) Another
(B) Any
(C) Some
(D) Either

44.

(A) analyst
(B) analysis
(C) analyzing
(D) analyze

45.

(A) Next year's event promises to be even more exciting.
(B) The primary objective is to promote healthy lifestyles.
(C) Participation in the fun run will be restricted to local residents.
(D) It is hoped that the event will boost the town's struggling tourism sector.

46.

(A) Similarly
(B) On the other hand
(C) However
(D) For example

43. (C)

解説 適切な代名詞を選ぶ問題です。空所の前では市民マラソンの開催が賛成多数で可決したと述べられています。空所以降の「反対票を投じた者もいたが，市長は同意した」という内容と合わせて適切なのは (C) Some「その中の何人か」で，これが正解です。ほかの選択肢は (A)「もうひとつの，別の」(B)「どんな〜でも」(D)「(2つのうちの)どちらか」で，どれも代名詞です。

44. (B)

解説 適切な品詞を選ぶ問題です。空所直前のcost-benefitのように名詞をハイフンでつないだ複合語は，形容詞になります。その前に冠詞のaがついていることからも，空所に入るのは名詞が適切だとわかります。「費用対効果の」のあとに置くのにふさわしい名詞は (B) analysis「分析」で，これが正解です。ほかの選択肢は (A) 名詞「アナリスト，分析者」(C) 動名詞「分析すること」・現在分詞「分析している」(D) 動詞（原形）「分析する」。

45. (D)

解説 文脈に合う文を挿入する問題です。空所のあとに，local accommodation providers「地元の宿泊施設の提供者」，restaurant owners「レストランのオーナー」，tour companies「旅行会社」などの観光に関わるキーワードが並び，それらの業績が低迷していることが述べられています。その前に置いて自然な文脈になるのは (D) It is hoped that the event will boost the town's struggling tourism sector.「そのイベントは，苦闘中である町の観光部門を強化すると期待されている。」で，これが正解です。ほかの選択肢は (A)「来年のイベントは，さらにわくわくするものとなることを約束する。」(B)「その主要な目的は，健康的なライフスタイルを促進することだ。」(C)「市民マラソンへの参加は，地元の住民に制限される。」

46. (A)

解説 文と文をつなぐ適切な語句を選ぶ問題です。空所の前の文でa decrease in profits「利益の減少」とあり，空所の後ろでも10 to 12 percent fewer passengers「旅行客の数が10〜12パーセント減少」という，似たような内容が述べられています。よって (A) Similarly「同様に」が正解です。ほかの選択肢は (B) 副詞句「これに対して，他方」(C) 接続副詞「しかしながら」(D) 副詞句「たとえば」。

NOTE

NOTE

NOTE